吉田永弘 著

転換する日本語文法

和泉書院

本書のはじめに

　本書は、おもに中世に起きた文法変化に着目して、変化が起きた時期と過程を実証的に示し、その変化が起きた理由を解明することを目的とする。古代語の文法がどのように変化していくのか、その様子を描いていきたい。そして、変化した後から、変化する前を見つめ直して、古代語の文法の理解を深めたい。

　本書の問題意識はきわめて素朴であって、古典文法の初学者でも持つ問いに基づいている。例えば、以下のような問いである。

（1）　活用形のうち、「已然形／仮定形」は、古典語と現代語で名称が異なるのはなぜか？

（2）　「已然形」以外の活用形は古代語と現代語で同じ用法なのか？

（3）　「る・らる」は「自発・可能・受身・尊敬」の四つの意味を表すのはなぜか？　また、これらに共通する意味はあるのか？

（4）　断定の助動詞に「なり」と「たり」の2種類があるのはなぜか？何か使い分けの規則があるのか？

　少し学ぶと解決することがある一方で、さらにわからないことも出て来る。(1)に関しては（a）〜（d）、（2）に関しては（e）（f）、（3）に関しては（g）〜（i）、（4）に関しては（j）、というように新たな問いが浮かぶ。

（a）　「已然形＋ば」が仮定を表すようになった時期はいつか？　また、それはなぜか？

（b）　それまで「已然形＋ば」が表していた領域をどのように表したのか？

（c）　逆接仮定の「とも」が「ても」に代わる時期はいつか？　また、それはなぜか？

（d）　条件表現はどのように推移しているのか？
（e）　古典語では、動詞の基本形（無標形）が未来（意志）を表さないのはなぜか？
（f）　推量の助動詞の「む」が現代語の「う」と異なって文中で多く使われるのはなぜか？
（g）　可能の「る・らる」が肯定文では使われないのはなぜか？　また、それまではどのように表していたのか？
（h）　「尊敬」の用法はどのようにして生まれたのか？
（i）　尊敬の「る・らる」が敬意逓減の法則に反して中世に高い敬意を表すようになるのはなぜか？
（j）　「だ」の源流の「にてあり」はいつから断定表現となったのか？

　これらの問いに対して、自分なりに答えようとしたのが本書である。このような問題意識のもとに、条件表現、可能表現、尊敬表現、断定表現に関する問題を扱うが、本書に一貫しているのは、ある形式が同じ形態を保ったまま、異なる意味を表すようになる変化を扱っている点である。その際、元の用法の規定を行ない、その用法から外れた例をもって新しい用法の出現と認め、その用法が現れるに至る過程を観察し、変化した理由を他の形式との関係のなかで探っている。また、ある形式が変化した後の用法から、その前の時代を見ることによって、新たな分類法の提案も行なっている。
　本書では、扱う問題によって、時代区分の名称を変えているが、中世と言う場合は、おおよそ12世紀から16世紀まで（院政期から織豊期まで）の500年間を指している。また、南北朝期を境として、中世前期と中世後期とに呼び分けることもある。中世の前の時代を古代と呼び、後の時代を近代と呼ぶ。必要に応じて、古代を上代・中古に分けて呼んだり、近代を近世・近代・現代に分けて呼んだりもする。「古代語と現代語」のように古代と現代をペアで使うこともある。また、12世紀と言ったり、院政期と言ったりする。これらは、一貫性がない使い方であるが、大きな流れを記す場合と、変化の段階を記す場合とがあるため、やむを得ないことである。要するに「適当」に

使う。以下に見る具体的な考察では、挙例と照らし合わせて見ることで、時代区分の名称による混乱は生じないものと思われる。

　本書の構成は以下の通りである。

　第Ⅰ部【古代語文法の変容】では、古代から中世にかけて変化する、①助動詞の「む」の文中用法の衰退、②「仮定形」の成立、③肯定文で用いられた可能の「る・らる」の用法の変化をとりあげ、それぞれの表す事態について、既実現の事態か未実現の事態か、という観点から分析した。その結果、①は助動詞を後接しない形（無標形）が未実現を表すようになった変化、②は既実現を表した「已然形」が未実現も表すようになった変化、③は無標形が未実現を表す変化と同様の変化であることを示す。

　その一方で、古代語の活用形を既実現か未実現かの観点で見ると「未然形接続の助動詞＝未実現を表す、連用形接続の助動詞＝既実現を表す」というように、活用形と意味が対応する体系であることを確認した上で、その体系が、中世後期に崩壊することを示して、①～③の変化が同じ大きな流れのなかで起きた変化であると想定して、本書の基本的な捉え方を提示する。

　第Ⅱ部【条件表現】では、原因理由を表す「ほどに」と「によって」、目的を表す「ために」、逆接仮定を表す「ても」をとりあげ、いずれも古代語の活用体系の崩壊によって生じた変化であることを指摘する。まず、「ほどに」が「うちに」の意の時間的用法から「ので・から」の意の因果的用法を表すようになる状況を観察し、やがて「によって」が「ほどに」に取って代わる表現になる状況を観察する。次に、「ために」が「む」を受ける構文から受けない構文になる変化を示し、「む」と無標形が変容する状況を示す。さらに、「ても」が「とも」に取って代わって逆接仮定の意を表すようになる過程を、副詞「たとひ」との呼応現象などに着目して明らかにする。

　第Ⅲ部【可能表現】では、「る・らる」が肯定文で可能を表すようになるのは中世になってからという通説を検証する。「事態の実現の有無」と「事態の実現の仕方」の二つの観点から分析することで、中古・中世・近世の用法が異なっていることを示す。これを受けて、否定文の不可能表現に対しても同じ観点から分析し、肯定文と同様の変化があることを明らかにする。ま

た、可能表現の変化が、条件表現と同様に、古代語の活用体系の崩壊によるものであることを述べる。

　第Ⅳ部【尊敬表現】では、「る・らる」の「自発・可能・受身・尊敬」の４用法のうち、「尊敬」は後出の用法のため、「自発」起源説、「受身」起源説など発生用法が問題とされてきたが、「尊敬」の２種の用法（公(おおやけ)尊敬・一般尊敬）を再検討し、主語が漠然としているという特徴を持つ「公尊敬」が、「尊敬」を表すのではなく、主催者が他者を通して行なった行為を表す用法だとして「主催」という用法を提案する。そして、「主催」の主語が読み替えられることによって「尊敬」が成立したと考えられることを述べる。これをもとに、「る・らる」の用法の共通点と歴史的な展開を考察する。

　第Ⅴ部【断定表現】では、現代語の「だ・である」の源流である「にてあり」が、従来は断定表現ではなく存在表現であったことを、前接名詞が「属性」という偏りを示すことに注目して、その偏りがなくなる時期を断定表現化の時期だと認定して示す。この観点を用いて、従来、断定の助動詞とされてきた「たり」が「にてあり」相当の形式であったことを明らかにする。

　使用したテキストと参考文献は巻末にまとめて掲げた。資料の引用にあたっては、表記等、手を加えたところがある。また、本文中に参考文献を示す場合、「氏名（発行年）」とし、必要に応じて「氏名（発行年：頁数）」のように示した。

目　次

本書のはじめに ……………………………………………………… i

I　古代語文法の変容

第1章　転換期としての中世 ……………………………………… 3
    1　はじめに　3
    2　連体法の「む」の衰退　3
    3　「仮定形」の成立　5
    4　肯定可能の「る・らる」の拡張　9
    5　転換期としての中世　12
    6　おわりに　15

II　条件表現

第2章　「ほどに」小史─原因理由を表す用法の成立─ ……………… 21
    1　はじめに　21
    2　諸説の整理　22
    3　平安時代の用法　24
    4　因果的用法の成立　29
    5　因果的用法の成立要因　36
    6　おわりに　38

第3章　「によって」の接続助詞化─因果性接続助詞の消長─ ……… 43
    1　はじめに　43
    2　問題のありか　44
    3　接続助詞「によって」の成立　46
    4　変化の背景と要因　59
    5　おわりに　64

第4章 「ために」構文の変遷―「む」の時代から無標の時代へ― ………70
1　はじめに　70
2　「ために」構文の変遷　71
3　変化の要因―「む」の衰退―　85
4　おわりに　91

第5章 「とも」から「ても」へ ……………97
1　はじめに　97
2　中古の「ても」　97
3　副詞「たとひ」の構文　101
4　不定語との照応　103
5　反実仮想文中での使用　104
6　「ても」の一語化　105
7　おわりに　112

第6章 「たとひ」構文の変遷………115
1　はじめに　115
2　「たとひ」から「たとえ」へ　115
3　文体的特徴　116
4　14世紀前半までの使用状況　119
5　14世紀後半以降の使用状況　124
6　「たとひ」構文　130
7　おわりに　134

Ⅲ　可能表現

第7章 「る・らる」における肯定可能の展開 ……………139
1　はじめに　139
2　中古の肯定可能　139
3　〈既実現可能〉と〈未実現可能〉　141
4　〈既実現可能〉の「る・らる」の位置づけ　144
5　〈未実現可能〉の成立　146

6 〈未実現可能〉の出現要因　151
　　　7 おわりに　153

第 8 章　「る・らる」における否定可能の展開　157
　　　1 はじめに　157
　　　2 肯定可能の展開　157
　　　3 否定形の用法　160
　　　4 中古の用法　163
　　　5 意志的用法の出現　167
　　　6 未実現不可能の出現　169
　　　7 「一般論」を表す用法について　170
　　　8 おわりに　171

Ⅳ　尊敬表現

第 9 章　「る・らる」における尊敬用法の分類　177
　　　1 はじめに　177
　　　2 「一般尊敬」と「公尊敬」　178
　　　3 新たな規定　179
　　　4 タイプAとタイプB・Cの差異　183
　　　5 おわりに　184

第 10 章　いわゆる「一般尊敬」の拡張　185
　　　1 はじめに　185
　　　2 中古の用法 (1) ―源氏物語―　186
　　　3 中古の用法 (2) ―和文資料と変体漢文資料―　189
　　　4 用法の拡張　192
　　　5 おわりに　194

第 11 章　いわゆる「公尊敬」について　196
　　　1 はじめに　196
　　　2 用法の変化　196
　　　3 尊敬用法の発生過程　203

4　おわりに　206

第12章　尊敬用法の「る・らる」の位置づけ……209
　　　1　はじめに　209
　　　2　「主催」の位置づけ　210
　　　3　「主催」を設定する立場からの説明　217
　　　4　「尊敬」の発生過程についての諸説の検証　219
　　　5　おわりに　224

第13章　「主催」から「尊敬」へ―「仰せらる」と「くださる」―……227
　　　1　はじめに　227
　　　2　「仰せらる」　227
　　　3　「くださる」　236
　　　4　おわりに　242

V　断定表現

第14章　断定表現「にてあり」の成立―前接名詞に注目して―………247
　　　1　はじめに　247
　　　2　断定表現の認定基準　248
　　　3　中古の「にてあり」　250
　　　4　断定表現「にてあり」の成立　255
　　　5　固有名詞・代名詞を承けた例　258
　　　6　応答文から見た「にてあり」　259
　　　7　おわりに　260

第15章　体言承接の「たり」の位置づけ……264
　　　1　はじめに　264
　　　2　「たり」の研究史　265
　　　3　問題のありか　267
　　　4　「たり」と「にてあり」　269
　　　5　「にてあり」の文法化と「たり」の衰退　278
　　　6　おわりに　280

第 16 章　今昔物語集の「にてあり」と「たり」 …………………283
 1　はじめに　283
 2　今昔物語集について　283
 3　「にてあり」の性格　285
 4　文体的視点　288
 5　歴史的視点　290
 6　おわりに　291

使用テキスト ………………………………………………294

参考文献 ……………………………………………………303

本書のおわりに ……………………………………………313

索引（人名・事項）…………………………………………317

I
古代語文法の変容

第1章　転換期としての中世

1　はじめに

　まず、本章では、古代から中世にかけて変化する、連体法の「む」、「仮定形」の成立、肯定文で用いられた可能の「る・らる」の用法の変化をとりあげて考察する。そして、それぞれの変化を実現の有無に着目し、同じ大きな流れのなかで起きた変化であることを示す。

2　連体法の「む」の衰退

　現代語の意志・推量を表す「う・よう・だろう」の「う」は、古代語の「む(mu→m)」が「ん(n)」を経て変化した形式である。「む」から「う」へは形態が変化しているだけではなく、意味用法も異なっていることはよく知られている。すなわち「む」は、終止法だけではなく、連体法でも盛んに用いられていた。

　（1）　月の<u>出でたらむ</u>夜は、見おこせたまへ。　　　　（竹取物語、73頁）

　現代語の「う」は連体法ではほとんど用いられないので、「む」が連体法で用いられた場合の意味の把握は難しい。学校文法では、終止法で用いられた場合の意志・推量とは異なり、連体法で用いられた場合の意味を仮定・婉曲などと呼び、例えば「ような」（小学館『古語大辞典』）のような現代語訳を与えている。この場合、終止法の意志・推量の意味と連体法の仮定・婉曲の意味とがどのような関係にあるのか明らかではない。両者に共通する性格について、従来あまり関心を持たれることはなかったが、1990年代に入って「む」の用法の統一的な把握に目が向けられるようになった[1]。それが、連体法で用いられる場合の意味の再検討につながっていく。例えば、高山善

行（2005）は、
　（２）　まことに心ばせあらむ人は、わが方にぞ寄るべきや。
　　　　　　　　　　　　　　　　　　　　　（源氏物語・蜻蛉、1980頁）
　（３）　南面に、このごろ来る人あり。　　（蜻蛉日記、215頁）
のような「人」を「む」形で修飾する例（２）と助動詞の付かない無標形で修飾する例（３）との差異を考察し、「む＋人」の場合は、（３）の無標形の場合に見られるような存在詞「あり」を述語にした例がなく、時間・場所表現との共起もほとんどないなど、現実世界に実在する「人」を表し得ないことから、「む」の機能を「非現実性を明示する標識」であるとして、仮定・婉曲を積極的に表す形式ではないことを示している[2]。現在の古典語研究では、連体法で用いられる「む」は仮定・婉曲を表しているのではなく、事態が未実現の場合に義務的に現れる形式であるとの認識が広まってきている（小田勝2015：156、中村幸弘・碁石雅利2012：153、『ベネッセ　古語辞典』など）[3]。

　このように古代語の連体法の「む」の性格が明らかにされてきたが、それでは、いつ頃から連体法の「む」が衰退していくのだろうか。以下にその転換期が中世後期にあることを示し、あわせてその変化がもたらした影響について考察する。

　まず、確認しておきたいことは、連体法の「む」が現れなくなる時期は、「む」から「ん」「う」に形態が変化した時期ではないということである。次のように、「う」が出現している中世の資料でも、連体法での使用例がある。
　（４）　馬の足の及ばうほどは、手綱をくれてあゆませよ。
　　　　　　　　　　　　　　　　　　　　（覚一本平家物語、巻4、243頁）
　（５）　この難儀を救ひ、お助けあらうお方は、その方よりほかはあるまじい。　　　　　　　　　　　　　　　　　　（エソポのハブラス、447-4）
中世後期に至っても、連体法の「う」が生産的に用いられていたことは既に指摘されているところである（福嶋健伸2011）。このように、「む」から「う」への形態の変化と、用法の変化とは一致しないのである。

　中世後期には、連体法の「う」が生産的に用いられていた一方で、変化が生じている事例も見られるようになる。例えば、目的を表す「ために」は古

代から使われ続けているが、詳しく見ると修飾節に変化がある（第4章参照）。すなわち、古代語では修飾節に「む」が現れていたのが現れなくなるという変化である。その過程を観察していこう。まず、古代語では、次のように「む（＋が）＋ために」の構文で表していた。

（6）　財ヲ買ハムガ為ニ、銭五千両ヲ子ニ令持テ隣国ニ遣ル。
　　　　　　　　　　　　　　　　　　　　　　（今昔物語集、9・13）
（7）　月ヲ見ム為ニ来レル也。　　　　（今昔物語集、24・27）

時代が下り中世後期になると、「う＋ために」（8）とともに、「無標形＋ために」（9）(10)も見られるようになる。

（8）　その御恩を報ぜうために、この度リヂヤの国王の勅札をここに持って参った。　　　　　　　　　　　　　（エソポのハブラス、431-24）
（9）　物を奪い取るために、内に押し入る。
　　　　　　　　　　　　　　　　（羅葡日対訳辞書、Irripio、399右8）
（10）　詩を作るために人の集まるを詩会といふ。　（日葡辞書、Xiquai）

このように中世後期を転換期として、連体法の「む」の代わりに無標形を用いるようになるという変化が起きている。

この変化は、未実現の事態を表す有標形式がなくてもよくなるという変化であるが、連体法の変化に遅れて近世になって終止法でも同様の変化が生じた。

（11）　（二人ヲ）すぐに京の牢屋へ引き渡す。ことにだんだん詮議ある者、慮外をぬかしたら、おのれともに搦める。
　　　　　　　　　　　　　　　　　　　（近松・大経師昔暦、9・247頁）

終止法では「う」が使われ続けるので目立たないが、こうして、現代語と同じように動作を表す動詞の無標形の終止法で未実現の事態（未来の事態）を表すようになったのは、連体法の「む」の衰退と連動する変化なのである。

3　「仮定形」の成立

学校文法では、古代語で「已然形」と呼んでいる活用形を、現代語では「仮

定形」と呼んでいる。これは、接続助詞「ば」を接続した形態が同じ形態であるにもかかわらず、表す意味が異なることによる。「(～に)なれば」の例をとりあげて比較してみよう。

(12) 長月になれば、紅葉むらむら色づきて、宮の御前（＝秋好中宮ノ住ム西南ノ町ノ庭ハ）、えも言はずおもしろし。

(源氏物語・少女、711頁)

(13) あすになれば、なおります。　　　　　(太宰治『斜陽』)

古代語の(12)は、すでに長月（＝九月）になって紅葉が色づいている。「長月になる」ことは既実現の事態である。それに対して現代語の(13)は、まだ明日になっていないし、まだ治ってもいない。「明日になる」ことは未実現の事態である。このように、古代語で既実現の事態を表した形が、現代語では未実現の事態を表す形に変化している。この変化の転換期も中世に認められる。それでは、どのようにして起こった変化なのだろうか。また、なぜ起こったのだろうか。古代語の「已然形＋ば」を観察していこう。

古代語の「已然形＋ば」は、「確定条件」を表すが、前件と後件の関係によって三つの用法に分けることができる。

一つ目は、「原因理由（必然条件）」用法で、前件は後件の事態の成立する原因理由にあたり、「～から・ので」と現代語訳される。

(14) 十八日。なほ、同じ所にあり。海荒ければ、船出ださず。

(土左日記、32頁)

前件の「海が荒れている」事態は、後件の「船を出さない」事態の成立する理由となっている。

二つ目は、「偶然条件」用法で、前件の事態が成立した後に、後件の事態が成立した（あるいは事態を認識した）ことを表し、「(たまたま)～たところ」と現代語訳される。

(15) 秋の夜の長きに、目をさましてきけば、鹿なむ鳴きける。

(大和物語、158段)

前件の「聞く」行為をした後、後件の「鹿が鳴く」事態を認識した。後件の事態は前件とは無関係に生じている。

三つ目は、「一般条件（恒常条件）」用法で[4]、前件の事態が成立すると常に後件の事態が成立することを表し、「〜すると（常に・必ず）」と現代語訳される。

(16)　（他人カラ）心深しやなど褒め立てられて、あはれ<u>進みぬれば</u>、やがて尼になりぬかし。　　　　　　　　　　　　　（源氏物語・帚木、44頁）

特定の人物について述べているのではなく、前件の「感慨深くなる」事態が成立すると後件の「尼になってしまう」事態が成立するものだという一般論を表している。

　実際の用例を上の三つの用法に分類するのは解釈によるところが大きく、厳密に分類することはできない[5]。同じ資料を用いて調査を行なっても、調査者によって数値に差が生じるのは仕方がないことなのである。そのような事情を考慮に入れても、三つの用法の使用状況の分布には時代的な差異を指摘することができる。すなわち、古代語では「原因理由」に偏りを見せ、「偶然条件」と「一般条件」の使用率が低く、中世語では「原因理由」が衰え、「一般条件」の使用率が高くなるという差異である（次章5節、および、矢島正浩 (2013) の第2章を参照）。三つの用法は、前件の成立した後に後件が成立するという認識上の先後関係がある点で共通しているのだが、そのうち「原因理由」と「偶然条件」が個別的・一回的な事態の実現を表しているのに対して、「一般条件」は事態が実現するのが特定の時点のことではなく、前件と後件の結びつきが常に成立することを表している。そのため、「一般条件」は前二者に比べて既実現の事態という性格が薄く、「已然」とは呼びにくい用法なのである。研究者によっては、「確定条件」の下位分類とする阪倉篤義 (1993) の他、「仮定条件」の下位分類としたり（松下大三郎 1930）、「仮定条件」と「確定条件」との中間に位置づけたり（小林賢次 1996）しているのも、「一般条件」の持つ既実現の事態という性格が弱いためである。三者の立場の位置づけの評価については、仁科明 (2006)、矢島正浩 (2013) で検討されているが、本書の位置づけについては、本章5節で示すことにする。

　さて、中世語で「一般条件」が多くなるのは、既実現の事態を表すという性格が弱くなっていることを示し[6]、それが未実現の事態についても用いら

れることにつながり、「仮定条件」を表す例が現れるに至る。

(17) 若、狭キ地ニ居レバ、近ク炎上アル時、ソノ災ヲ遁ルヽ事ナシ。若、辺地ニアレバ、往反（＝往復するのに）ワヅラヒ多ク、盗賊ノ難ハナハダシ。 　　　　　　　　　　　　　　　　　　　　　　　　　　　　　　　　　　（方丈記、16頁）

(18) これは少しも苦しうもござない儀ぢゃ。もし頼政ぢゃは、光基などと申す源氏どもにあざむかれたればこそ、まことに一門の恥辱でもござらうずれ。 　　　　　　　　　　　　　　　　　　　　　　　　　　　（天草版平家物語、16-1）

　上の2例はともに副詞「もし」を受けているので、現実の事態を描写しているのではなく仮定した事態について用いられているが、(17)はある特定の個人の家を建てる場所について述べているのではなく、一般的に「狭いところに住む」場合、「郊外にいる」場合について述べている。つまり「一般条件」で、一般論を述べた事例と解釈される。それに対して(18)は、キリシタンの作った中世後期の口語体の平家物語の例であるが、孫の平資盛が関白に恥辱を与えられたことを怒る清盛に向かって子の重盛が諫めた言葉である。「資盛が関白ではなくて源氏に欺かれていたら」という個別の事態について仮定しているので、「仮定条件」を表していると解釈される（小林賢次1996、2章・5章）。(18)の原拠となった平家物語そのものは現存しないが、14世紀後半に成立した覚一本平家物語では、(18)の対応箇所に未実現の事態を表す「ん」（「候はんには」）が現れており、この点からも(18)は未実現の事態を表している「仮定形」の例と見るのが妥当だろう。

(19) 是は少もくるしう候まじ。頼政・光基など申源氏共にあざむかれて候はんには、誠に一門の恥辱でも候べし。

　　　　　　　　　　　　　　　　　　　　　　　　（覚一本平家物語、巻1、40頁）

　このように、中世後期になると「一般条件」が拡張して「仮定条件」を表す例が現れ、「仮定形」が成立するのである。この「一般条件」から「仮定条件」へという流れは、先に見たように用法の分類に異なりは見られるけれども、阪倉篤義（1993）・小林賢次（1996）も、変化の過程として一致した見解となっている。近年では、この変化の背景に「「経験内での恒常性」重視から「一般性・法則性」重視へ」（仁科明2006）とか、「因果関係を具体的な

ことがらに見出すのではなく思考内で把握する方向に条件表現の重心が推移した」(矢島正浩 2013：91) とかの認識・思考の変化を想定したダイナミックな歴史を描く研究も現れ、条件表現の歴史的研究は深化している。

4　肯定可能の「る・らる」の拡張

「る・らる」が可能の意味を表す場合は、否定表現・反語表現で不可能（＝否定可能）を表す場合に限って用いられ、肯定文で用いた可能（＝肯定可能）を表すようになるのは徒然草（14世紀）の頃からと言われている。肯定可能が出現した転換期を中世に見ているわけである。この問題について、詳細は第7章で述べるが、本節では、肯定可能の「る・らる」が出現する過程と要因の概略を述べる。

まず、現代語での肯定可能の例（作例）を見ていくことにする。

  A ドアが開いたので、姿を見ることができた。
  B 大きな流木に縄をつけて引いてみたら、引くことができた。
  C 人はどんな所でも暮らすことができるものだ。
  D このチーズなら食べることができると思うよ。

肯定可能の歴史を分析する際の着眼点は二つある。一つの着眼点は、事態が既に実現したかまだ実現していないかという実現の有無の観点である。A「見る」・B「引く」は既実現の事態、D「食べる」は未実現の事態である。C「暮らす」は、ABDのような個別的な事態とは異なり観念の上で可能となる事態を一般論として述べているので、時間軸上に位置づけられない。ひとまず不定としておく。もう一つの着眼点は、実現の仕方が意志的か非意志的かという意志性の観点である。Aは「ドアが開く」という状況の力によって偶発的に実現しているので非意志的な実現、Bは「引く」ことを自ら努力して達成したので意志的な実現の例である。CDは既実現ではないが、実現する場合には意志的に実現すると考えられる。以上をまとめると、次のようになる。

  A 既実現・非意志的

B　既実現・意志的
C　不定・意志的
D　未実現・意志的

このように、A～Dは事態の性格が異なるが、肯定可能表現の歴史を見た場合、それぞれ出現する時期も異なっているのである。

古代語には肯定可能の「る・らる」がないと言われるが、A「既実現・非意志的」の例は見られる。

(20)　隙見ゆるに、寄りて、西ざまに見通したまへば、この際に立てたる屏風、端の方おしたたまれたるに、紛るべき几帳なども、暑ければにや、うち掛けて、いとよく<u>見入れらる</u>。（源氏物語・空蟬、86頁）

この例は、屏風や几帳など遮るものがないという状況によって、現在「見入れらる（＝中をのぞくことができる）」事態が実現している。古代語の肯定可能の「る・らる」は、このように状況によって偶発的に実現したことを表す例に限られ、努力して達成した事態を表すことはない。肯定可能がないと言われるのは、B～Dが見られないことに加えて、Aの実現の仕方が非意志的である点で自発と解釈される余地があることによるのだろう。Aと自発は、非意志的に実現する点で共通するが、実現を望んでいるか否かに違いがある。実現を望んでいない事態が自然に生じる自発に対して、Aは事態の実現を望んでいる（(20)は部屋の中を見たいと思って近寄っている）。このように、自発とは異なる肯定可能の例が古代語には見られる。

中世語ではB「既実現・意志的」の例とC「不定・意志的」の例が前期から見られる。

(21)　試ニ縄ヲ付テ曳見ムト思テ曳ニ、軽ク<u>曳ルレバ</u>、喜テ曳ニ、道行ク人、力ヲ加ヘテ共ニ曳ク程ニ、　　　　　（今昔物語集、11・31）
(22)　家の造りやうは夏をむねとすべし。冬はいかなる所も<u>住まる</u>。

（徒然草、55段）

(21)は、曳いてみようと思って自ら努力した結果、曳くことができたのでBの例である。(22)は、肯定可能のはやい例として挙げられる例であるが、「冬はどんな所にも住めるものだ」という一般論を表したCの例である。

Cの例は、次のように、徒然草以前にも現れる。

 (23) (大豆ハ)温かなる時、酢をかけつれば、すむつかりとて、にがみて（＝皺ガ寄ッテ）よく<u>挟まるる</u>なり。しからざれば、すべりて挟まれぬなり。 (宇治拾遺物語、4・17)

この例も、「酢をかけると挟めるものだ」という一般論を表している。ところで、(22) の「住む」、(23) の「挟む」は意志的な動詞であるが、非意志的な動詞の一般論の例は、用例は少ないながらも、古代語にも見られる(小田勝 2015：102)。

 (24) 花の色は白きしもこそ<u>たのまるれ</u>うつりがたしと聞くにつけても
                 (定頼集、189)

この例は「花の色は白いのが信頼できるものだ」という一般論を表しているが、「頼む」は具体的な動作を伴わない心情を表す動詞である。従来注目されていた徒然草の例は、一般論を表す点において新しいのではなく、意志的な動作を表す点において新しいのである。古代語から中世語への変化は、BCの例の出現という具体的な動作を伴う意志的な動詞を用いた例が現れた点にある。

中世前期にはDの例が確認できないという特徴がある。つまり、未実現の事態を「る・らる」の形で表すことができなかったのである。これまでの考察ではCの実現性を不定としてきたが、この事実を踏まえ、一般論を表すCも既実現の事態と認識されていたと考えてみる。すなわち、肯定可能の「る・らる」は、既実現の事態を表し、未実現の事態を表せなかったと捉えるのである。やがて、中世後期から近世にかけて「未実現・意志的」のDが現れる。

 (25) 某が（＝私の）坪の内に見事なくさびらが一本はへてござつたほどに、<u>くわるゝ</u>くさびらかとぞんじて取てみたれば、
               (虎明本狂言・くさびら、449 頁)

 (26) 爰ニナニモナキ垰ノ下ヱ只落テ死デ見ニ、中中張合無シテ飛レザル也。然レドモ此比ニナツテ、少シ<u>飛ルル</u>カト思フ也。
                 (驢鞍橋、上・13)

それぞれ「食う」「飛ぶ」という事態はまだ実現していない。このようにD「未実現・意志的」が現れて現代語と同じ表現領域を獲得したのである。

5　転換期としての中世

2節では無標形が「む」で表していた未実現の領域に侵出する変化、3節では「已然形」が仮定条件を表すようになる変化、4節では「る・らる」が未実現の肯定可能をも表すようになる変化を見てきた。以上の変化をまとめると、下の〔図1〕のようになる。

〔図1〕古代語から近代語へ

	古代	中世	近代
2節	「む」 →	無標形	→
3節	已然形 →	仮定形	→
4節	A →		
		B・C →	
		D →	

　これらの変化は個別に起きているのではなく、軌を一にした変化のように思われる。すなわち、表現の拡張という観点で見ると、いずれも既実現の事態を表す形式が未実現の領域に拡張している。一方、表現の縮小という観点で見ると、未実現の領域の縮小がある。つまり、既実現・未実現双方の領域に変化が生じていることが推測されるのである。最後に、このような変化が起きた背景について探っていきたい。

　古代語では、活用形と意味の対応が見られる（小柳智一 2004）。すなわち、事態の様相を表す助動詞の意味と接続の対応を見ると、未実現の様相を表す「む」「むず」「ず」「じ」「まし」「まほし」は未然形に、既実現の様相を表す「き」「けり」「つ」「ぬ」「たり」「けむ」は連用形に、未実現だが実現性の強い様相を表す「べし」「まじ」「らむ」は終止形に接続する。これが中世後期にはどのようになっているのか、『エソポのハブラス』（1593）での使用状況

を見ていこう。

　まず、未然形接続の助動詞では、「む」「むず」が「う」「うず」となる。ただし、2節で見たように、連体法の衰退は始まっている。「ず」は、元の連体形「ぬ」を終止形として「少しも劣らぬ。」(442-22) のように用いるようになっている。連体形が終止形の位置を襲うのは活用語全般に起きた変化である。また、「少しも叶はなんだ。」(491-24) のように打消過去の「なんだ」が新たに生まれている。既実現の事態を表すにもかかわらず、未然形に接続している。「じ」は「よも思ひ忘れられじ」(465-2) 1例のみの使用で、「まし」と「まほし」は消滅した。「まほし」に代わり希望の意を表す「たい」が「ひそかに言ひたいことがある」(475-22) のように現れているが、これは未実現の事態を表すにもかかわらず、連用形に接続している。

　次に、連用形接続の助動詞では、過去・完了を表す助動詞は「たり」から変化した「た」で表すようになった。「けむ」に相当する形として「つらう」という化石的に残った「つ」と「らむ」から変化した「らう」との複合した形があるが、3例しか用いられていない。

　最後に、終止形接続の助動詞では、「らむ」は今述べたように「らう」に変化したが単独使用例は1例だけである。「べし」は少数用いられているが、その表現性は未然形接続の「うず」に引き継がれた (山田潔2001)。「まじ」は「まじい・まい」に変化するが、「そなた一人のにはせまじい。」(481-4) のように未然形に接続した例もある。

　このような助動詞の盛衰があり、既実現・未実現を活用形によって表し分ける体系は崩壊した。2～4節で見た変化もこの流れのなかにある。

　3節の変化は、「已然形＋ば」が「一般条件」に偏り、やがて「仮定条件」を表すようになるという変化であった。古代語では「未然形＋ば」で「仮定条件」、「已然形＋ば」で「確定条件」を表していた。それが中世語では「未然形＋ば」が「ならば」「たらば」という形に固定化する (小林賢次1996)。その結果、「未然形＋ば」が「仮定条件」を表すという意識は稀薄になっていったと考えられる。それと並行して「已然形＋ば」が「確定条件」を表すという意識も稀薄になっていき、「確定条件」のなかで中核をなす「原因理

由」を「ほどに」「によって」などの他の形式が担うようになっていったのだろう。そして、「已然形＋ば」の用法のなかで最も既実現とは言いにくい「一般条件」を表す用法に偏り、ついには「仮定条件」をも表すようになったと推測される。これと並行的に考えると、4節で見た肯定可能の「る・らる」のＣ「一般論」も「既実現・意志的」から「未実現・意志的」へというように認識が変化したのではないだろうか。それと符合するように、Ｄ「未実現・意志的」が出現するのである。したがって、3節で位置づけを問題とした「一般条件」は、古代語では既実現領域（確定条件）に位置づけられ、近代語では未実現領域（仮定条件）に位置づけられるものと思われる。

　2節の変化は「む」が衰退した領域に、無標形が侵出する変化であった。古代語の無標形は、「テンス＝現在、アスペクト＝不完成相」という既実現を表しているものの、テンスでは有標の「む・き」、アスペクトでは有標の「つ・ぬ・たり」に対する消極的な形式として既実現の意味を担っている（仁科明2003）。「む」が衰退した未実現の領域に無標形が侵出し得たのは、このような性格によるのである。これを踏まえると、4節で見た肯定可能の「る・らる」が古代語でＤ「未実現・意志的」を表せなかったのは、「る・らる」単独だと、無標形と同じく既実現を表したからだろう。「未実現・意志的」を表す場合には、専用の形式はなく、「む」を初めとした未実現の事態を表す形式を用いて表していたと考えられる。

　(27)　心あてに折らばや折らむ初霜の置きまどはせる白菊の花

(古今和歌集、277)

　(28)　かばかりになりては、飛び下るとも下りなむ。　（徒然草、109段）

(27)は「折るなら折れるのではないだろうか」の意、(28)は「下りられるだろう」の意である。次のように、「る・らる」も「む」を伴えば未実現の可能を表すこともできた。

　(29)　流れいづる方だに見えぬ涙河沖干む時や底は知られむ

(古今和歌集、466)

　(30)　斉桓一心得ニクイゾ。左伝ノ事ヂヤト心得ラレウ。

(毛詩抄、巻18・39オ)

(29) は「底は知ることができるのではないだろうか」の意、(30) は「理解することができる」の意である。ただし、古代語では用例は少なく、動詞も (29) の「知る」のような非意志的な例に限られるようである。このような例の「む」を用いなくてもよくなると、未実現の可能の例になる。これは2節で見た無標形が主節においても「む」の領域に侵出し、未実現の事態（未来の事態）を表すようになった変化と軌を一にするのである。このように未実現の事態を表す形式が衰えて、その領域に既実現の事態を表す形式が拡張した。「已然形＋ば」と無標形が拡張し得たのは、既実現性の弱い形式（用法）だったからである。

こうして、現代語のようにそれぞれの形式が活用形とは関係なく既実現・未実現を（時にはまたがって）表すようになっていく。

6　おわりに

以上、本章では、
1　既実現を表した無標形が、未実現の事態を表すようになる変化
2　既実現を表した「已然形＋ば」が、仮定した事態を表すようになる変化
3　既実現を表した肯定可能の「る・らる」が、未実現可能を表すようになる変化

の三つの変化が、既実現・未実現を活用形によって表し分ける体系が崩壊したことによって生じた変化であることを見てきた。このように、既実現の領域と未実現の領域に着目することが、文法の変化を考察するうえで有効な視点であることを示した。

本章で扱った「む」については第4章で、肯定可能の「る・らる」については第7章で改めてとりあげる。また、「已然形＋ば」の変化については、既実現の意味が最も薄い「一般条件」に偏ることを見たが、阪倉篤義 (1993) では、この変化を次のように捉えている。

「動詞已然形＋ば」がもと表した、順接の偶然確定・必然確定・恒常確

定の三条件のうち、偶然確定は「たれば」「たところで」「ところに」「ところを」「ところが」「と」などによって表されるようになり、また必然確定は、右に挙げた「ところで」「ほどに」「によつて（によりて）」「をもつて」「ゆゑに」「ものゆゑに」「さかひに」「あひだ」「から」「まま」等々さまざまの形式によって、それぞれのニュアンスに応じて、より的確に表現し分けられることになった。こうして「已然形＋ば」の形式は、もと表していた意味のうちの二つが他の形式によって表現される勢いとなって、結局、恒常確定の条件を表すものだけが、この形式プロパーの意味として残ることになってしまった。(109頁)

すなわち、他形式の拡張が、「已然形＋ば」の「一般条件」（＝「恒常確定」）への偏りをもたらしたという見方である。本章では、活用形の意味機能の変容に偏りの要因を求めたが、それでは、「原因理由」（＝「必然確定」）を表す形式として、おもな位置を占めることになる、「ほどに」「によって」はどのようにしてその位置についたのだろうか、ということが問題となる。次章で「ほどに」、第3章で「によって」を扱い、中世の原因理由を表す形式の消長を見ていくことを入り口として、条件表現の変容を捉えていきたい。

注
1) 例えば、山口明穂（1991）は「まだ起きてはいない事態を言葉の世界で実現する」と述べ、野村剛史（1995）は「事柄、文事態をまず単に想像的に示しているだけ」と述べ、尾上圭介（2001）は「非現実領域に位置する事態を（それが成立するとの承認を与えることなく）単に一つの事態表象として思い描くだけの形式」（360頁）と述べている。
2) これは被修飾語が「人」以外の場合にもあてはまると考えられる。例えば、（1）は「出でたらむ」の形で、まだ月が出ていない事態を表すのに対し、次の例は「出でたる」の形で、現在月が出ている事態を表す。
　　○花やかにさし出でたる夕月夜に、うちふるまひ給へるさま・匂ひに似る物なく、めでたし。　　　　　　　　　　　　　　（源氏物語・賢木、335頁）
3) ただし、山本淳（2003）では、「む」の使用条件を「話者が未確認の事実であることを明示する必要があると判断した時」とするものの、枕草子の諸本間の「む」の有無の異同に着目し、「その使用については恣意的である」との見

方を示している。「む」の使用が義務的かそうでないかの判断は難しい。そのため、本章と第 4 章では、常に「む」が現れる構文環境に着目して、その変化について述べている。
4)　「一般条件」には、「そういうものだ」という一般論を表す例と、「いつもそうなっている」という恒常的事態を表す例とが含まれる（仁科明 2006）。前者に重点を置いた名称が「一般条件」、後者に重点を置いた名称が「恒常条件」ということになる。ただし、使用者が自覚的に使っているとは限らない。
5)　因果関係といっても厳密な関係ではなく、緩やかな解釈によるものである。例えば、(12) は、紅葉が色づいた理由を長月になったことに認めれば、「原因理由」になり、単なる継起的な関係と捉えれば「偶然条件」になる。ところが、「原因理由」と見た場合、長月になったことは紅葉が色づいた直接的な理由ではないので、(14) と比べて因果関係としての結びつきは弱い。その一方で「偶然条件」と見た場合、長月になって紅葉が色づくことは全く関係がないわけではないので、(15) と比べて偶然性は弱い。
6)　「偶然条件」が時代を通じて使用率が低いのは、前件と後件の事態の関連が薄いためだろう。

II
条件表現

第2章　「ほどに」小史
　　―原因理由を表す用法の成立―

1　はじめに

　活用語に承接する「ほどに」が、室町時代から江戸時代にかけて原因理由を表す用法（以下「因果的用法」と呼ぶ）を持っていたことは、広く知られている。次の（1）は、キリシタン宣教師ロドリゲスの編んだ文法書『日本大文典』（1604-8）に記載された例であり、（2）～（4）は、同時代の口語資料として取り扱われる、キリシタン資料、抄物資料、狂言台本に見られる例である。
（1）　動詞の後に置かれた Fodoni（程に）は理由を示し、Niyotte（に依って）と同意である。　　　　　　　　　　　（日本大文典、土井忠生訳、455頁）
（2）　人ガアレバクイモノヲスルホドニ、烟ガアルゾ。
　　　　　　　　　　　　　　　　　　　　　　　（玉塵抄、巻12、3・266頁）
（3）　平家の由来が聞きたいほどに、あらあら略してお語りあれ。
　　　　　　　　　　　　　　　　　　　　　　　　（天草版平家物語、3-10）
（4）　国本にはまちかねていまらせう程に、かひ物をととのへて、急で下らふ。　　　　　　　　　　　　　　　　　（虎明本狂言・まんぢう、上300頁）
　当時の因果的用法の「ほどに」の状況については、抄物資料、キリシタン資料、狂言資料を扱った小林千草（1994）によって、口語性の強い資料で使用率が高いこと、やがて「によって」「ところで」にその地位を奪われること、しかし固定的な形では江戸時代末期まで用いられたこと、などが明らかにされた。また、因果的用法の「ほどに」が、平安時代の和文資料に多く用いられた「～するうちに」などと解せる「ほどに」に由来するものであることもよく知られている。しかし、それでは「ほどに」がいつ頃からどのようにして因果的用法を持つに至ったのかとなると、必ずしも明らかになってい

るとは言えないようである。そこで本章では、「ほどに」が原因理由を表すようになった時期とその過程を明らかにし、あわせて、その要因についても考察を加えることにする[1]。

2 諸説の整理

「ほどに」がいつ頃から原因理由を表すようになったのかという問題を正面からとりあげた研究は見られないようである。辞典類の挙例のほかには、平安時代の「ほどに」「あひだ」の考察や、室町・江戸時代の原因理由表現の考察の中で、簡単に触れられる程度である。それらを整理すると、「ほどに」が原因理由を表すようになった時期として、平安時代中期、鎌倉時代、南北朝・室町時代、の三つに見解が分かれている。

まず、平安時代中期とする望月郁子（1969）は、「かげろふ日記の頃から、ホドニは、時を過ごすので・時なのでなどの意とも、……ので・……故と単なる理由・原因の意とも、どちらともとれる用例が見られ、さらに進んで、理由・原因を示す一つの接続助詞として使われるようになって行く」と述べ、次のような例を挙げている。

（5）風はやきほどに櫻吹きあげられつつ立てるさま、絵にかきたるやうなり。　　　　　　　　　　　　　　　　　　（蜻蛉日記、302頁）

（6）我はと、くすしく（＝生真面目ニ）、口もち、けしきことことしくなりぬる人は、たちゐにつけて、われ用意せらるるほどに、その人には目とどまる。　　　　　　　（紫式部日記、499頁、黒川本「ほども」）

また、小林千草（1994）は「ホドニの原因・理由を表す接続助詞化した例は、平安後期の文学作品および仮名書簡から現れだし、中世にはいってからも、文語・口語両方に力を伸ばしてきたものと考えられる」（36頁）と述べ、望月郁子（1969）を注に挙げる。ただし、小林氏の言うような仮名書簡の例は確認できないようである。

次に、松村明（1986）は鎌倉時代からとし、次の2例を挙げている。また、『日本国語大辞典』『小学館古語大辞典』も（7）を挙げているので、鎌倉時

代と見ているようである（『小学館古語大辞典』の「主要出典一覧」に、覚一本平家物語は「鎌倉期」とある）。

（7） （大納言成親ノ北方ノ所ハ）女房、侍、おほかりけれども、或世をおそれ、或人目をつつむほどに、とひとぶらふ者一人もなし。

（覚一本平家物語、巻2、187頁）

（8） おびたたしく鳴りどよむほどに、もの言ふ声も聞えず。

（方丈記、26頁、前田家本・一条兼良本「鳴りどよむ音に」）

最後に、南北朝・室町時代と見るものとして山口堯二（1996）がある。山口氏は、「（「ほどに」は）後句の事態が存在・生起する場面を示す用法にはじまって、それと両立しえた間接的な原因理由の表示性が、中世にはより明示的になり」と述べ、「理由を表示していると見うる例」として鎌倉時代の宇治拾遺物語の（9）を挙げるが、「まだ稀であり、全体として見れば、……場面を示すことを基本的な用法としていた」とする。そして、原因理由を表す用例として、筑波問答の（10）、正徹物語の（11）、虎明本狂言などから例を挙げている。南北朝・室町時代頃からと見ているものと思われる[2]。

（9） しろき衣きたる僧いできて、「鬼ども、この法師、とくゆるせ。我は地蔵菩薩なり。……この恩忘れがたし。必ず許すべきものなり」とのたまふほどに、鬼どもゆるしをはりぬ。（宇治拾遺物語、3・13）

（10） 歌の道は昔の人あまりに執心し侍りし程に、或は一首に命をかへ、難をおひては思ひ死にしたるためしも侍りき。　（筑波問答、82頁）

（11） 雅経は定家の門弟たりし程に代々みな二条家の門弟の分なり。

（正徹物語、上13、170頁）

以上の3説のうち、いずれが妥当なのだろうか、あるいは、いずれも妥当ではないのか、本章では、平安時代の「ほどに」の用法を捉えたうえで、「ほどに」の構成する句とその後続句（以下「前件句・後件句」と称す）の表す事態間の関係に着目して、検討していくことにしたい。

3　平安時代の用法

　平安時代において「ほどに」は、一語化しているとは言い難く、「ほど」の表す意味に応じて、おもに、時間・空間・程度を表す３用法を持っている。これらをそれぞれ「時間的用法」「空間的用法」「程度的用法」と呼ぶことにする。用例を挙げる。

(12)　(源氏)まづこなた(＝空蟬)の心見はててと思すほどに伊予介上りぬ。
　　　　　　　　　　　　　　　　　　　　　　　(源氏物語・夕顔、108頁)
(13)　女君(＝空蟬)は、ただ此の障子口筋交ひたるほどにぞ臥したるべき。
　　　　　　　　　　　　　　　　　　　　　　　(源氏物語・帚木、68頁)
(14)　さとこぼるる雪も、名に立つ末の、と見ゆるなどを、いと深からずとも、なだらかなるほどにあひしらはむ人もがなと見給ふ。
　　　　　　　　　　　　　　　　　　　　　　(源氏物語・末摘花、223頁)

(12)は「思っていらっしゃるうちに」と解される時間的用法の例、(13)は「斜めに向かいあった辺りに」と解される空間的用法の例、(14)は「見苦しくない程度に」と解される程度的用法の例である。いずれの例も、「思す時に」「筋交ひたる所に」「なだらかに」のように或る一点を指示するのではなく、その点の周囲を含み幅を持たせた表現となっている。
　ところで、すぐ後に述べるが、因果的用法の確実な用例は平安時代にはまだないようである。ただし、因果的用法の起源になるものは、上の三つの用法の中にあり、それは従来も言われてきたように、時間的用法だと考えられる。その理由は次の二つである。

　a 時間的用法が「ほどに」の用例の大部分を占め、平安時代の中心的な用法である。例えば、源氏物語では、「ほどに」の用例373例（後件句が省略されたものなどを除く）のうち、294例が時間的用法、65例が程度的用法、14例が空間的用法である。
　b 因果的用法の表す因果関係には、「因果」ということの本質上、先に原

因理由があって後に結果帰結を表すという、先後関係がある。このような先後関係を認めうるのは時間的用法だけである。

しかし、時間的用法がどのようにして因果的用法に連続していくのかは、不明のままである。以下の考察では、時間的用法の「ほどに」に重点を置き、因果関係ということを考慮に入れて検討していくことにする。その際、前件句の事態と後件句の事態との間に因果関係の認められる例を（甲）とし、認められない例を（乙）とする。

さて、平安時代における時間的用法の「ほどに」の前件句・後件句の表す事態間の関係に着目すると、「前件句の事態と後件句の事態とが時間的に重なる」という関係のあることがわかる[3]。つまり、前件句は、事態が実現している間や実現する頃の時間幅を表して、その時間帯に後件句の事態が実現しているのである。このような事態間の特徴を〈重時性〉と呼び、これの見られる段階を第Ⅰ段階とする。さらに、〈重時性〉の例は、後件句のあり方によって2種に分けることができる。一つは、作用性の述語が現れ、事態の生起を表すもの（a）であり（このタイプには時間的先後関係がある）、もう一つは、状態性の述語が現れ、前件句の事態の継続中の状態を表すもの（$β$）である（このタイプには時間的先後関係はない）。以上のような観点から平安時代の時間的用法の「ほどに」を整理すると、次のようになる。

時間的用法　Ⅰ〈重時性〉 ┃ 甲（因果関係あり）┃ a　［生起］
　　　　　　　　　　　　　┃　　　　　　　　　┃ $β$　［状態］
　　　　　　　　　　　　　┃ 乙（因果関係なし）┃ a　［生起］
　　　　　　　　　　　　　┃　　　　　　　　　┃ $β$　［状態］

〔Ⅰ・甲・a〕
(15) （帝ガ桐壺更衣ヲ）あながちに御前去らずもてなさせ給ひしほどに、おのづから軽き方にも見えしを、　　　　　　　（源氏物語・桐壺、6頁）
(16) （帝ハ）あまりはえ物せさせ給はざりけるほどに、帝さるべき女房

26　Ⅱ　条件表現

　　　　を（登子ノトコロヘ）通はせさせ給ひて、（登子ハ）忍びて紛れ給ひ
　　　　つつ参り給ふ。　　　　　　　　　　　　　（栄花物語、巻1、38頁）

〔Ⅰ・甲・β〕

(17)　（惟光）「この五六日ここに侍れど、病者の事を思ひ給へ扱ひ侍る<u>ほ
　　　どに</u>、隣の事はえ聞き侍らず」　　　　　（源氏物語・夕顔、104頁）

(18)　（夕霧ガ几帳ノホコロビカラ明石ノ姫君ヲ覗コウトスルガ）人の繁くま
　　　がへば、何のあやめも見えぬ<u>ほどに</u>、いと心もとなし。
　　　　　　　　　　　　　　　　　　　　　　　（源氏物語・野分、878頁）

〔Ⅰ・乙・α〕

(19)　それを右大将にいまそがりける藤原の常行と申すいまそがりて、講
　　　の終はる<u>ほどに</u>、歌詠む人々を召しあつめて、今日のみわざを題に
　　　て、春の心ばえある歌奉らせ給ふ。　　　　　（伊勢物語、77段）

(20)　（顕信）「……、かく（出家シタイ）と申さむもいと恥づかしう侍り
　　　し<u>ほどに</u>、かう（右馬頭ニ）までしなさせ給ひにしかば、我にもあ
　　　らでありき侍りしなり。……」　　　　　　（栄花物語、巻10、336頁）

〔Ⅰ・乙・β〕

(21)　清水などに参りて、坂もとのぼる<u>ほどに</u>、柴たく香のいみじうあは
　　　れなるこそをかしけれ。　　　　　　　　　　（枕草子、229段）

(22)　（男）「おのれはとてもかくても経なむ。女のかく若き<u>ほどに</u>かく（貧
　　　シク）てあるなむ、いといとほしき。京にのぼりて宮仕へをせよ。
　　　……」　　　　　　　　　　　　　　　　（大和物語、148段、316頁）

　まず、〔Ⅰ・甲・α〕の (15) は、「御前去らずもてな」す事態が実現している間に「軽き方にも見え」るという事態が生起したと解釈される（「見ゆ」は、ここでは「見えている」状態ではなく、「見えるようになる」作用を表している）。したがって、二つの事態は時間的に重なり、前件句の事態が実現している間に後件句の事態が生起している。また、「軽き方にも見え」たのは「御前去らずもてな」したことによるので、因果関係はあると言える。(16) は、帝が「え物せさせ給はざりける」状態の間に、登子が「参り給ふ」という事

態が生起したと解釈され、登子が「参り給ふ」のは、帝が「え物せさせ給はざりける」ことによるので、因果関係はあると言える。

次に、〔Ⅰ・甲・β〕の (17) は、「病者の事を思ひ給へ扱ひ侍る」事態が実現している間、「隣の事はえ聞き侍らず」という状態であったことを述べている。よって、二つの事態は時間的に重なっており、前件句の事態が実現している間の状態を後件句が表している。また、「隣の事はえ聞き侍らず」となったのは「病者の事を思ひ給へ扱ひ侍る」からなので、やはり因果関係はあると見られる。(18) は、「何のあやめも見えぬ」状態の間、夕霧が「いと心もとなし」という状態であったと解釈され、「いと心もとなし」であるのは、「何のあやめも見えぬ」ことによるので、因果関係はあると言える。

〔Ⅰ・乙・α〕の (19) は、「講の終はる」頃に「人々を召しあつめて、……歌奉らせ給ふ」という事態が生起したと解釈される。二つの事態は時間的に重なり、後件句の事態は前件句の事態が実現する頃に生起している。また、「……歌奉らせ給ふ」のは「講の終はる」ことによるわけではないので、因果関係はないと考えられる。(20) は、顕信が父道長に出家したいと申し上げるのも「いと恥づかしう侍りし」状態であった間に、顕信を「かうまでしなさ」すという事態が生起したと解釈される。また、「かうまでしなさ」すのは、「いと恥づかしう侍りし」ことによるのではないので、因果関係はないと言える。

最後に、〔Ⅰ・乙・β〕の (21) は、「坂もとのぼる」事態が実現している間、「柴たく香のいみじうあはれなる」状態であったと解される。したがって、二つの事態は時間的に重なっており、後件句の表す状態は前件句の事態が実現している間のことである。また、「柴たく香のいみじうあはれなる」のは「坂もとのぼる」ことによらないので、因果関係はない。(22) は、女性が「若き」状態である間に、「かくてある」という状態であるのは気の毒だと述べている。また、「かくてある」のは、「若き」ことによるのではないので、因果関係はないと言える。

前件句の表す時間幅は、(19)(「講の終はる」)のように、時間幅を持たない動詞の例があるので、「ほど」が表していると考えられる。また、平安時

代に見られる用例は、上の四つの類型の中に位置づけることができ、この範囲を超える例は見出せないようである[4]。よって、「ほどに」は前件句の事態の時間幅を表し、後件句の事態との間に〈重時性〉のあることを表していると考えられる。このような時間関係とは無関係に因果関係だけを表していると解釈しなければならない例がないので、因果関係の認められる例（甲）も、「ほどに」が積極的に因果関係を表しているのではなく、解釈上二次的に読みとれるに過ぎないと思われる。一方で、因果関係の認められない例（乙）が多く見られる[5]ことも、この見方を支持するだろう。

したがって、例えば、(17)は、小学館新編日本古典文学全集本では「病人のことを案じて看病にかかりきりになっておりますので、とても隣のことなど耳に入る暇もございません」と訳されているが、〈重時性〉の段階では「ほどに」に積極的な因果関係を認めず、「世話をいたしております間で」とでも訳しておいた方が穏当である。つまり、「ほどに」が時間関係に関わる限り、すべて時間的用法と考え、因果関係が読みとれるからといって（甲）の用例を直ちに因果的用法の例と見なすのは適当でないと思うのである。手堅く、時間関係から脱却した「ほどに」の用例の出現をもって因果的用法の成立と考えたい。このような立場に立つと、平安時代にはまだ「ほどに」は原因理由を表さなかったと考えられる。

最後に、「ほどに」の承ける述語を見ると、動作（15・17・21）や変化（19）を表す場合の他に、状態を表す場合（16・18・20・22）がある。そして、状態を表す場合は必ず一時的な状態であって、恒常的な状態を表す例は見られない。一時的な状態は恒常的な状態と異なり、その状態の開始から終結までの時間幅が把握できる。このような状態を表す述語だけを承けるということは、「ほどに」が時間幅に関わっていることを裏付けると言えるだろう。もし「ほどに」が因果関係に関わっているなら、一時的な状態を表す述語の他に、恒常的な状態を表す述語を承けていてもよいはずである。

なお、時間的用法の「ほどに」の現代語訳としては、承ける述語が動作を表す場合は「～うちに」「～あいだ（に）」、変化を表す場合は「～ころ（に）」「～時分（に）」、状態を表す場合は「～あいだ（で）」などがあたる。

4 因果的用法の成立

4.1 〈先後性〉と〈因果性〉

次に時代は下って、院政期の今昔物語集には、次のような「同時」を表す例が見られる。

(23) （亀）「爰ハ何コゾ」ト云フ。鶴モ亦、忘テ、「此ヤ」ト云フ程ニ、口開ニケレバ、亀落テ身命ヲ失ヒテケリ。　　　（今昔物語集、5・24）

この用例は、鶴が「此ヤト云フ」と同時に「口開」くので、前件句の事態が実現している間に後件句の事態があるとは言いにくい例である点で注目される。むしろ、「〜時に」というのに近いと言ってよいかもしれない。

このような用例が見えはじめる院政・鎌倉時代になると、前件句の事態の生起中に後件句の事態があるとは言えない例が現れる。以下に挙げる例は、前件句の事態と後件句の事態とが時間的な重なりを持たず、前件句の事態が後件句の事態に先行するという、二事態間の時間的先後関係だけを表している。このような事態間の特徴を〈先後性〉と呼び、これの見られるようになった段階を第Ⅱ段階とする。ただし、この段階もまだ時間的用法のなかにあり、因果的用法の段階にはないと考えられる。この〈先後性〉の用例にも、因果関係が読みとれる例（甲）と読みとれない例（乙）とがある。また、後件句の事態は前件句の事態成立後の生起を表すもの（a）だけであり、状態を表すもの（$β$）は見られない。これは、時間的先後関係が〈重時性〉の〔Ⅰ・a〕にはあるが、〔Ⅰ・$β$〕にはないので、〈先後性〉は〔Ⅰ・a〕が拡張したものであることを示しているものと考えられる。院政・鎌倉時代になって新たに現れた「ほどに」の用法を整理すると、次のようになる。

　　時間的用法　Ⅱ〈先後性〉 ｛ 甲（因果関係あり）
　　　　　　　　　　　　　　　　乙（因果関係なし）

〔Ⅱ・甲〕

(24) （大物主神）「ツトメテ、クシノハコノ中ニ入テイタランヲ見ヨ。ミテヲドロク事ナカレ」ト云ケルホドニ、(女は) ツトメテ、箱ヲ見ケレバ、ウツクシキ小クチナハアリケリ。　　（信西日本紀鈔、145頁）

(25) 「たそ」と御尋あれば、実忠朝臣めされ候つる程に、参りたるよし申ければ、　　　　　　　　　　　　　　　　　　（古今著聞集、539）

(26) 「ヨクミヨ」ト仰ラレケルホドニ、「タダヲホニヲホクナリ候テ、宇治ノ方ヘモフデキ候」ト申ケレバ、　　　　　　　（愚管抄、198頁）

(27) 重盛不思議ノ事ヲ聞出タリツル程ニ、俄ニカクハ催シタリツルナリ。
　　　　　　　　　　　　　　　　　　　（延慶本平家物語、1末49ウ）

〔Ⅱ・乙〕

(28) （後三条院）「ここはいづくぞ」と問はせ給ふ。春宮大夫ぞ伝へ問ひ給ふ。(遊女)「これは長柄となむ申す」といふほどに、「その橋はありや」と尋ねさせ給へば、候ふよし申す。
　　　　　　　　　　　　　　　　　　　　（栄花物語、巻38、498頁）

(29) 七日みつ夜の夢に、宝珠を給ると見侍ける程に、その朝、袖より白珠おちたりけり。　　　　　　　　　　　　　　（古今著聞集、26）

(30) 大炊王ト申ケルヲ東宮ニタテテ位ヲ又ユヅリ給ケルホドニ、又其大炊王、悪キ御心オコリテ、ヱミノ大臣ト一心ニテ孝謙ヲソムキ給ケレバ、　　　　　　　　　　　　　　　　　　　　　（愚管抄、145頁）

(31) 此歌ヲミテ奏シケル程ニ、ヤガテ其日、女院ノ御中ニ、シキシマト云雑仕、法師ト二人、彼御衣ヲカヅキテ、師子舞シテ、クルイマイリテケリ。　　　　　　　　　　　　　　　　　　　（沙石集、226頁）

例えば、〔Ⅱ・甲〕の(24)は、大物主神が「云」うことと、女が「箱ヲ見」ることとの間に時間的な重なりが認められない。また、女が「箱ヲ見」たのは、大物主神が「云」ったことによるので、因果関係はあると言える。〔Ⅱ・乙〕の(28)は、遊女が「いふ」ことと、後三条院が「尋ね」ることには時間的な重なりは認められない。また、後三条院が「尋ね」た直接の原

因は遊女が「いふ」ことではないので、因果関係はないと言える。
　この段階でも、因果関係のある例（甲）とない例（乙）とがあり、「ほどに」が因果関係だけを表すと解釈しなければならない例もない。したがって、「ほどに」は積極的に因果関係に関わっているのではなく、依然として時間関係に関わっていると言える。
　なお、(27)の延慶本平家物語（延慶2-3年〈1309-10〉本奥書、応永26-27年〈1419-20〉書写）の例の、覚一本平家物語（応安4年〈1371〉成）の対応箇所では、次のように「て」で表している。

(32)　重盛不思議の事を聞出し<u>て</u>めしつるなり。

（覚一本平家物語、巻2、177頁）

〈先後性〉の「ほどに」は、この場合の「て」のように、単に二事態間の時間的先後関係を表していると思われる。すなわち、「ほどに」は、二事態間の〈重時性〉を表すという平安時代の中心的意味を失っているので、実質的な意味を失って形式化していると考えられる。強いて訳すと、「〜とき」「〜と」「〜ところ」「〜て」などがあたる。
　このような〈先後性〉の「ほどに」の現れる院政・鎌倉時代においても、大部分の用例は〈重時性〉の用例であり、〈先後性〉の用例は稀である。しかし、〈先後性〉の「ほどに」が現れると、「ほどに」が時間関係から離れて、積極的に前件句の事態を原因理由、後件句の事態を結果帰結とする因果関係に関わるものが見られるようになる。このような事態間の特徴を〈因果性〉と呼び、これの見られるようになった段階を第Ⅲ段階とする。そして、この〈因果性〉を表す用法こそ因果的用法に他ならない。因果的用法の用例には因果関係の認められる（甲）しかなく、因果関係の認められない（乙）はありえない。

因果的用法　Ⅲ〈因果性〉

　この因果的用法の用例がまとまった形で見られる、資料価値の高い資料としては、次に挙げる『応永二十七年本論語抄』（以下、応永本論語抄とする）

が恐らくはやいものだろう。そこには、因果的用法の「ほどに」（本文に問題のある例を除く）が 366 例（うち、後述の「さるほどに」が 36 例）見られる。

〔Ⅲ〕

(33)　然レバ、昭公ノ娶レルハ、呉ノ女ナルホドニ、呉姫ト云ベキヲ、
　　　　　　　　　　　　　　　　　　　　　　　　　　　（345 頁）

(34)　衆星変動シテ廻レドモ、北辰ハ不(ル)廻ホドニ衆星共シテ北辰ヲ崇敬スル也。　　　　　　　　　　　　　　　　　　　　（70 頁）

(35)　聖人ノ道ハ、深遠幽微ナルホドニ、諸弟子学ベドモ不及シテ、孔子ノカクスカト怨者アリ。　　　　　　　　　　　　　　（336 頁）

(36)　聖人ハ知深ク、道遠キホドニ、受テ我過トスルコト、反テ礼ニ合ヘリ。　　　　　　　　　　　　　　　　　　　　　　　（346 頁）

(37)　十乗ハ四十匹也。一車ニ四馬ヲカクルホドニゾ。　　　　（246 頁）

(38)　死ベクシテ生ヲ幸ト云。生ベクシテ死ヲ不幸ト云。顔回ハ長生ヲモ得ベキ者ナルガ、早世スルホドニ、不幸短命ニシテ死ト云也。
　　　　　　　　　　　　　　　　　　　　　　　　　　　（266 頁）

　例えば、(33) は、「呉ノ女ナル」ことと「呉姫ト云ベキ」こととは、時間的な重なりも時間的な先後も認められず、ただ論理上の因果関係があるだけなので、「ほどに」は因果的用法であると言える。また、「ほどに」の承ける述語に注目すると、断定表現となっており、「呉ノ女ナル」ことは不変的な事態なので、時間関係から脱却していることがわかる。(34)～(36) は状態性の述語を承けた例である。平安時代に見られた例はすべて一時的な状態を表すものであったが（前節末）、これらは恒常的な状態を表しており、明らかに平安時代の例とは異なっていることがわかる。(37)(38) は、動詞を承けていても、やはり時間関係から脱却している。

　同じく室町時代、応永頃の世阿弥自筆能本にも因果的用法の例は認められるので、この頃には「ほどに」が原因理由を表す形式として定着していたことがわかる。

(39) トク〰クタレ。チカラナキタイハウデアル<u>ホドニ</u>、カヤウニナサ
ケナクアタラデワカナワヌ事ニテアル。

（多度津左衛門、応永 31 年〈1424〉奥書、影印 33 頁）

(40) イノウエクロトテ、クキヤウノメイバナリシ<u>ホドニ</u>、廿ヨチヤウノ
ウミノヲモヲヤス〰トヲエギワタリ、ヌシヲタスケ［欠損］。

（知章、応永 34 年〈1427〉「久次」奥書、影印 120 頁）

ところで、応永本論語抄は、第一冊（称光天皇宸翰）に応永 27 年（1420）の識語があるものであるが、第二冊から第五冊を書写した五条為綱は、貞治・応安年間（1362-75）に確認される人物であることから、第二冊から第五冊は南北朝時代中期の書写であると推定されている（中田祝夫 1976：44）。さらに、その原拠本があったことも考慮に入れると、因果的用法の成立は少なくとも南北朝時代まで遡る蓋然性が高くなるのである。以下、因果的用法のはやい用例を検討していくことにする。

4.2 〈因果性〉の出現時期

年号が記載されている資料では、鎌倉時代、建永 2 年（1207）正月朔日の法然の書状がはやい。

(41) 志ハアワレニ候<u>程ニ</u>、名号ヲ書テ参セ候。ワキノウタハ真如堂ノ如来ヨリサヅケタビ候歌ニテ候。金色ニシタク候ヘドモ、イソグビンギニテ候<u>程ニ</u>、墨ノマヽ参セ候。京ト国ト程トホク候<u>程ニ</u>、シルベニ判ヲ加ヘテ参セ候。

（鎌倉遺文、1663 号）

しかし、この書状は『真如堂縁起』（大永 4 年〈1524〉跋）に見られるもので、『昭和新修法然上人全集』では「法然上人の撰述又は法語等と伝へてゐる所謂真偽未詳のもの」を集めた「伝法然書篇」に収められている。『法然上人全集』における因果的用法の例は、他に「母儀に遣はさるる御返事」「法然聖人御母へ進上の御消息」に見られるが、いずれも「伝法然書篇」に収められているものだけであり、また、法然と同時代の他の資料に因果用法の例が見られないことから、この書状は疑わしいと言わざるをえない。

次に挙げるのは、弘安 5 年（1282）9 月 19 日の日蓮の書状における因果的

用法の用例であるが、日蓮の真筆遺文（『日蓮大聖人御真蹟対照録』による）では因果的用法の用例が確認できず、やはり疑わしい例である。

(42) くりげの御馬はあまりおもしろく覚え候程に、いつまでもうしなふまじく候。

(波木井殿御報、日本古典文学大系・日蓮集、484 頁、鎌倉遺文、14698 号)

上のような疑わしい例を除くと[6]、次に挙げる 13 世紀末の文書に見られる用例が恐らく因果的用法のはやい用例であろう。

(43) もんぞどもハ、よるもおそろしく候ほどに、かすがまちに候くらにあづけおきて候。

(典侍局譲状案、正応 5 年〈1292〉、鎌倉遺文、17802 号)

(44) あとの人ハ、いまだいづれもわかき人にて候ほどに、なに事も申をき候ハで候。　(見性書状案、永仁 2 年〈1294〉、鎌倉遺文、18546 号)

ただし、これも案文の例であり、13 世紀末の言語が反映したものではない可能性も残る。資料的な制限もあるが、物語・日記類では、14 世紀中頃になっても稀に見られる程度である。数例挙げる。

(45) 玉津嶋の一句の外は、よろしき句侍らぬほどに、かやうにとられ侍るにや。　(和歌庭訓、4・120 頁)

(46) 摂政殿の「幾夜我浪にしほれて貴布祢川」は、貴船へは夜まゐる程に、「幾夜我」と読める也。　(正徹物語、下 51、217 頁)

(47) 面白き体にて侍るほどに、人毎に学ぶべきなり。

(桐火桶、4・287 頁)

このように、因果的用法の用例は、鎌倉時代末期（13 世紀末）の文書に見られる例がはやいが[7]、それ以降、応永本論語抄までの例は非常に稀であり、資料の信頼性にも不安が残る。後に口語性の強い抄物での使用率が高いこと（小林千草 1994）から見て、口語として発生した因果的用法の「ほどに」は、文献資料での使用が回避されたものと思われる。結局、原因理由を表す「ほどに」の成立は鎌倉時代末期であり、まとまった用例が見られるのは室町時代応永頃からということになる。したがって、2 節で挙げた三つの説のうち、最後のものが本章の結論に最も近いということになる。

なお、「さるほどに」が原因理由を表す例も応永本論語抄に見られる。

(48) 是（＝子曰）ヨリ以下全部ヲ皆孔子ノ語ト習フ也。サルホドニ、子曰ノ両字ヲ第一ノ始ニ置也。　　　　　　　　　　（応永本論語抄、29頁）

4.3 時間的用法から因果的用法へ

以上、「ほどに」の前後の句の表す事態間の関係がⅠ〈重時性〉からⅡ〈先後性〉を経てⅢ〈因果性〉へ連続し、それに伴って時間的用法から因果的用法が成立してきたことを見た。その過程をまとめると、次の〔図1〕のようになる。

〔図1〕「ほどに」の用法の展開

		因果関係		事態間の特徴	用法名	時　代
		有	無			
時間関係	有	重時性 Ⅰ甲	Ⅰ乙	〈重時性〉	時間的用法	平安
		先後性 Ⅱ甲	Ⅱ乙	〈先後性〉		院政・鎌倉
	無	Ⅲ	×	〈因果性〉	因果的用法	鎌倉末期・室町

因果的用法が現れる段階になると、〔Ⅰ・甲〕〔Ⅱ・甲〕の用例も、時間関係より因果関係が優越していると見て、原因理由を表すとして支障はないであろう。しかし、すべての用例が原因理由を表しているわけではなく、次のように〔Ⅰ・乙〕の例も見られる（〔Ⅱ・乙〕の例は見られない）。

(49) 日数を経るほどに、しだいに四肢六根は弱りはて、進退ここにきはまった。　　　　　　　　　　（エソポのハブラス、463-20）

このようにして、因果的用法の「ほどに」と時間的用法のうちの〈重時性〉の「ほどに」とが並存しつつ江戸時代に至るのである。

以上の考察の結果を踏まえ、最後に2節に挙げた（5）〜（11）に適切な位置を与えれば、次のようになる。

〔Ⅰ・甲・α〕(6)(10)　　〔Ⅰ・甲・β〕(7)(8)　　〔Ⅰ・乙・β〕(5)
〔Ⅱ・甲・α〕(9)　　　　〔Ⅲ〕(11)

　(5)は、望月郁子(1969)の挙例だったが、「風はやきほどに」を「纓吹きあげられつつ」に係っていると見たのであろう(このように解すれば「理由・原因を示す」例のように見える)。しかし、「風はやきほどに」は「纓吹きあげられつつ立てる」に係っていると考えられ、〔Ⅰ・乙・β〕の例とするのがよいと思われる。(7)は「一人もなし」を「ひとりもいなくなった」と〔Ⅰ・甲・α〕として解することもできる。

5　因果的用法の成立要因

　時間的用法から因果的用法への拡張には、時間的用法の「ほどに」の内部に形式化された「ほどに」の段階(Ⅱ〈先後性〉)を持つにしても飛躍がある。時間関係から因果関係へという解釈上の読み替えはなぜ許容されたのか、また、なぜ「ほどに」が原因理由を表すようになったのか、その要因を考えてみたい。
　因果関係は本質的に先後関係(原因理由—結果帰結)があるものであるが、時間関係には先後関係があるものと先後関係がないもの(事態の同時並存)とがある。したがって、時間関係から因果関係へという解釈上の読み替えは、時間関係の中に先後関係があってはじめて許容される。「ほどに」は〈重時性〉の段階でも、時間的先後関係のあるもの(α)があり、既に〈因果性〉に繋がる素地があった。やがて〈重時性〉の中心的な用法である(α)から、時間的先後関係だけを表す〈先後性〉の用法が現れた。このように、「ほどに」は、時間的先後関係を表す形式となったことによって、因果関係を表す形式に読み替えることが容易になったのであろう。しかし、〈先後性〉には因果関係のある(甲)とない(乙)とがあり、(乙)が偶然条件を表す形式や単なる事態の並立を表す形式になる方向もあったはずである。そのようにならなかったのは、「ほどに」の外部に要因を求めなければならない。

「ほどに」が原因理由を表す形式となる外部の要因は、第１章で扱った活用形の意味機能の変容の中に位置づけられ、特に、「已然形＋ば」の変質に求められると思われる。順接確定条件を表す「已然形＋ば」には、偶然条件、原因理由（必然条件）、一般条件の３用法があるが、その３用法の使用状況の移り変わりを見ることにする。資料には、伊勢物語、蜻蛉日記、源氏物語、今昔物語集（本朝部後半）、延慶本平家物語、覚一本平家物語、応永本論語抄の７資料をとりあげ、冒頭の100例の用法を分類する。解釈によって変動はあるかもしれないが、おおよその傾向は知ることができると思われる。調査結果をまとめると〔表１〕のようになる。

〔表１〕「已然形＋ば」の用法

	伊勢	蜻蛉	源氏	今昔	延慶本	覚一本	論語抄
偶然	10	18	8	14	15	13	
必然	82	79	82	82	83	83	30
一般	8	3	10	4	2	4	70

〔表１〕を見ると、３用法が均一に用いられているわけではなく、覚一本平家物語と応永本論語抄の間を境界として、中心が「必然」から「一般」に変わっている。なお、応永本論語抄の「必然」30例のうち、25例は「なれば」という形式のものである。「動詞の已然形＋ば」の形式に限ると、ほとんどが「一般」を表していると言ってよい。これは応永本論語抄だけの傾向ではなく、それ以降も同じ傾向である。例えば、玉塵抄を調査した山田潔（2001：298）では、「一般」（論文中では「恒常確定」）2248例、「必然」77例、「偶然」157例、虎明本狂言を調査した小林賢次（1996：175）では、「一般」（論文中では「恒常条件及び仮定条件」）213例、「必然」34例、「偶然」172例、近世中期上方の資料を調査した矢島正浩（2013：66）では、「一般」（「恒常」）640例、「必然」295例、「偶然」279例の数値を示している。

以上の事実は、「已然形＋ば」が一般条件に偏り、そのため必然条件（原因理由）を表す所が空き間となったことを表している。また、覚一本平家物語と応永本論語抄の間の境界は、「已然形＋ば」の用法だけの境界ではなく、

「ほどに」についても時間的用法しか見られない資料と因果的用法が現れる資料との境界である。このことから、「已然形＋ば」の変質によって空き間となった必然条件（原因理由）の所を、二次的にせよ因果関係を読むことのできた「ほどに」（〔Ⅱ・甲〕）が埋めたものと考えられる。

なお、「已然形＋ば」が変質する過程で一般条件の方に傾いたのは、「已然形＋ば」だけの問題ではなく、「未然形＋ば」にも関わる問題であると思われる。「未然形＋ば」は当時、「ならば」「たらば」に偏っていく段階にあり（小林賢次1996）、「動詞の未然形＋ば」で仮定を表すという意識が稀薄になっていく段階にあった。それと並行して、「已然形＋ば」で確定を表すという意識も稀薄になっていったものと思われる。つまり、「未然形＋ば」（仮定）と「已然形＋ば」（確定）との対立が崩壊したのである。その結果、確定を表す意識が稀薄になった「已然形＋ば」は、確定条件の中で中核をなす必然条件を他の形式に譲ったのではないだろうか。

6　おわりに

以上、「ほどに」が原因理由を表すようになった時期とその過程、また、成立要因について述べてきたが、最後に簡単に整理する。

1　平安時代の時間的用法の「ほどに」は、時間幅を表す意味があり、前件句の事態と後件句の事態とが時間的に重なる〈重時性〉の用法だけを持つ。前件句と後件句の間に因果関係が認められる場合も、二次的に読みとれるものだと考えられる。

2　院政・鎌倉時代から、前件句の事態と後件句の事態とが時間的な重なりを持たず、二事態間の時間的先後関係を表す〈先後性〉の用例が現れる。ただし、依然として時間関係に関わる。

3　鎌倉時代末期になると、時間関係から離れた因果関係を表す〈因果性〉の用例が現れるようになる。これをもって因果的用法の成立と見る。したがって、「ほどに」が原因理由を表すようになった時期は鎌倉時代末期である。ただし、まとまった用例が見えるのは、室町時代応永頃になっ

てからである。
 4 「ほどに」が原因理由を表すようになる要因は、「已然形＋ば」が一般条件に偏り、必然条件を表す所が空き間になったことによると考えられる。

　空き間となった必然条件の所を埋める形式は、因果性を表しうれば何でもよく、たまたま「ほどに」が使われたということであろう。「ほどに」の他にも、原因理由を表す形式として、「あひだ」「によって」「ところで」「さかひ」などが使われるようになるが、これらの形式が使われるのも必然条件の空き間を埋める選択肢でありえたからだと考えられる。それぞれがどのような過程で原因理由を表すようになったのか、それぞれの間にどのような差異があるのか、といったことは本章で扱ったのとはまた別の問題である。次章では、「ほどに」に取って代わる形式となる「によって」に着目し、その展開を追っていく。

注
1) 本章での調査資料は次の通り。
　　土左日記、竹取物語、伊勢物語、大和物語、平中物語、篁物語、蜻蛉日記、枕草子、源氏物語、紫式部日記、和泉式部日記、栄花物語、堤中納言物語、更級日記、夜の寝覚、浜松中納言物語、大鏡、讃岐内侍日記、今昔物語集、法華百座聞書抄、古本説話集、打聞集、宇治拾遺物語、古今著聞集、十訓抄、発心集、仮名法語集、正法眼蔵、正法眼蔵随聞記、方丈記、徒然草、今鏡、水鏡、愚管抄、日蓮集、親鸞集、保元物語、平治物語、延慶本平家物語、覚一本平家物語、とはずがたり、信西日本紀鈔、宝物集、沙石集、神皇正統記、増鏡、応永二十七年本論語抄、世阿弥自筆能本、歌論集能楽論集・連歌論集俳論集（日本古典文学大系）、中世日記紀行集（新日本古典文学大系）、『日蓮大聖人御真蹟対照録』（立正安国会）、『日本歌学大系』（風間書房）、『平安遺文』、『鎌倉遺文』。
2) また、丸山諒男（1968）も桐火桶、正徹物語、謡曲などから例を挙げており、室町時代からと見ているようである。なお、橋本進吉（1969 : 211）も室町時代からと見ているようであるが、挙例はない。
3) 本章の初出時では、〈重時性〉を「前件句の事態の継続中に後件句の事態が

ある」としたところ、竹内史郎（2006）、藤田保幸（2017：222）から、「継続」の用語に問題があるとの批判を受けた。本章では、この文言を避け、初出時に「つまり」と言い換えた箇所を用いて説明した。また、「ほど」の表す「継続」を、藤田氏の指摘に従って、「時間幅」とした。

4) ただし、次のように、異例とも見られる例がある。
 ○道すがら心苦しかりつる御気色を思し出でつつ、立ちも帰りなまほしく、様あしきまで思せど、世の聞えを忍びて帰らせ給ふ<u>程</u>に、えたはやすくも紛れさせ給はず。
 （源氏物語・総角、1631頁、河内本「世の聞えを思しかへさひ給ふ程に」）
この例は、「帰らせ給ふ」と「えたはやすくも紛れさせ給はず」（湖月抄傍注に「たやすくも宇治へえかよひ給はぬ也」〈53オ〉とある）が時間的に重なるとは言えない。次の蜻蛉日記の例も、同じく異例と見られる。
 ○返事聞こゆべきを、まづ、「これはいかなることぞ」とものしてこそはとてあるに、「物忌やなにやと折悪しとて、え御覧ぜさせず」とて、もてかへる<u>ほど</u>に、五六日になりぬ。　　　　　　　　　　（蜻蛉日記、299頁）
この2例は「ほどに」の前接語がともに「帰る」という語であり、この「帰る」が帰途に就いている意でなく、元の場所に戻ってきている意を表すとすると、後述の〔Ⅰ・乙〕の例となり、異例ではなくなる。上の源氏物語の例を後述の〈先後性〉の例とすると、時代的にはやいだけではなく、後件句に状態性の述語が現れる点で〈先後性〉としても異例となる。したがって、上のように解するのがよいと考えられ、（注5）では〔Ⅰ・乙・β〕として処理した）。

5) 例えば源氏物語では、時間的用法の用例294例中、〔Ⅰ・甲・α〕が35例、〔Ⅰ・甲・β〕が11例、〔Ⅰ・乙・α〕が242例、〔Ⅰ・乙・β〕が6例である。

6) 問題となる例を数例挙げる。断定表現を承けていることが因果的用法と認定する一つの目安になるが、次に挙げる例は、一見断定表現を承けているようにも見えるが、そうではない例である。
 ○仁蕆、文本ト師弟ニテ有ル<u>程</u>ニ互ニ隔ツル心无シ。（今昔物語集、9・36）
 ○定綱申ケルハ「十五日ニ参ベキニテ候シ<u>ホドニ</u>、三郎四郎ヲモ待候シ上、折節此ホドノ大雨大水ニ、思ワザルホカニ一日逗留シテ候」ト申ケレバ、
 （延慶本平家物語、2末49オ）
前例は「ニテ有ル」を承けているが、今昔物語集の「にてあり」は断定表現ではないと考えられるので（第14章参照）、「師弟でいる間、互いに疎んじた気持ちはなかった」と解するところだと思われる。後例の延慶本平家物語の頃には、「にてあり」が断定表現となったものが見られるけれども、「ほどに」が

「なり」「にあり」を承けていないことから考えて、ここも「参上するつもりで控えておりました間に」と解した方がよいと思われる。いずれの例も因果関係のない〔Ⅰ・乙〕の例であることも上の解釈の傍証となるだろう。また、次の例は「ナル」を承けているので、因果的用法の例と認めうるものであるが、俊海本では、「誠ニ妙ナル宗ナルヲ」となっている（影印、67頁）ので、確例とは言えない。

○（念仏宗は）実ニ目出度キ宗ナル程ニ、余行余善ヲ撰ミ、自余ヲ仏菩薩神明マデモ軽メ、諸大乗ノ法門ヲモ謗ズル事アリ。　　　　　（沙石集、84頁）

また、とはずがたりでは次の2例が問題となるが、因果的用法はないと考えてよい。

○（院）「よし、ただ寝させよ」と言ふ御気色なりけるほどに、（私ヲ）起こす人もなかりけり。　　　　　　　　　　　　　（とはずがたり、15頁）
○「御幸先立たせおはしましぬるにか」と言へば、「稲荷の御前をば御通りあるまじきほどに、いづ方へとやらん、参らせおはしましてしからん。こなたは人も候ふまじ。……」
　　　　　　　（とはずがたり、306頁、集成本「しからん」を「しかば」と校訂）

前例は、院の一時的な様子であるから、〔Ⅰ・甲・β〕の例。後例は、「稲荷の前を（穢レデ）お通りになってはいけない間は、どちらへとでも、いらっしゃいまして当然でしょう」と解するところであると思われる。

なお、竹内史郎（2007）では、本章とは異なる観点から「ほどに」を分析し、中古の「ほどに」に主題の「は」が含まれた例を指摘することなどから、中古の段階ですでに接続助詞化していることを述べている。例えば、次のような例がそれにあたる。

○大臣は、姫君の御方におはしますほどに、中将の君参りたまひて、東の渡殿の小障子の上より、妻戸の開きたる隙を何心もなく見入れたまへるに、女房のあまた見ゆれば、立ち止まりて音もせで見る。
　　　　　　　　　　　　　　　　　　　　（源氏物語・野分、864頁）

中古の主題の「は」は従属節中に生起することも稀にあり、「ほど（に）」と同じく時間幅のある「ころ」にも次のように見られるので、上のような例も本章では〈重時性〉の例として扱っている。

○姫君たちは、いと心細くつれづれまさりてながめたまひけるころ、中将の君、久しく参らぬかな、と思ひ出できこえたまひけるままに、有明の月のまだ夜深くさし出づるほどに出で立ちて、いと忍びて、御供に人などもなくて、やつれておはしけり。（源氏物語・橋姫、1520頁、＝第3章注10）

7) 鈴木恵（1982）は、公家日記における原因・理由を表す「程」の例として、『九暦』の次の2例を挙げている。

 ○但内弁大臣令申云、永可御出之<u>程</u>、将著幄者。重被仰可早著之由、暫之大臣著座了。   （天慶9年〈946〉4月28日）
 ○置位記筥之<u>程</u>、後聞可注。   （同）

前例は「可御出」間に「著幄」、後例は「置」間に「注」というように、〈重時性〉の例として解釈できるのではないだろうか。

第3章　「によって」の接続助詞化
　　　　―因果性接続助詞の消長―

1　はじめに

　中世日本語では原因理由を表す接続助詞（因果性接続助詞）として、「ほどに」「によって」「ところで」などが用いられるようになる。そのうち「ほどに」は、前章に見たように、「已然形＋ば」に代わって因果性接続助詞の中心的位置を占める形式となった。しかし、「ほどに」は因果性接続助詞の中心的位置に留まり続けたわけではなく、他の形式にその座を奪われることになる。「ほどに」に継ぐ位置を占めた形式が「によって」なのである（小林千草1994）。
　「によって」は、ロドリゲスの『日本大文典』(1604-8) に「動詞の後に置かれたFodoni（程に）は理由を示し、Niyotte（に依って）と同意である」（土井忠生訳455頁）と記されているように、「ほどに」の解説に持ち出されるほど一般的な形式だったことがわかる。天草版平家物語（1592刊）を、本文の近い平家物語（覚一本平家物語〈1371成〉、百二十句〈斯道文庫〉本平家物語）と対照してみても、
　（1）a　昼は人目が繁うござる<u>によって</u>、夜に紛れて参った。
　　　　　　　　　　　　　　　　　　　　　　（天草版平家物語、21-19）
　　　 b　昼は人目のしげう候<u>間</u>、夜にまぎれて参て候。
　　　　　　　　　　　　　　　　　　　　　（覚一本平家物語、巻2、75頁）
　（2）a　帰りのぼらるる平家は一人もなかっ<u>たによって</u>、さすがに心細う
　　　　　思うたか、　　　　　　　　　　　　（天草版平家物語、192-7）
　　　 b　帰シ入リ玉フ平家一人モマシマササリ<u>ケレハ</u>、有声ニ心細ウヤ思
　　　　　ヒケン、　　　　　　　　　　　（百二十句本平家物語、468-4）
のように、原因理由を表す「間」や「已然形＋ば」に対応して「によって」

が用いられていることからも、「によって」を因果性接続助詞と見なして問題はないようである。ところが、接続助詞化する以前の「によりて」とどのように異なるのかについて言及されたことはほとんどなく、また、なぜ「ほどに」に取って代わったのか十分な考察がなされていない。そこで本章では、「によって」がどのように接続助詞化し、なぜ「ほどに」との交替が起きたのか明らかにすることを目的とする。

2 問題のありか

中世・近世の「ほどに」と「によって」の使用状況については、小林千草（1994）が詳しい[1]。まず小林氏は、抄物・キリシタン資料・狂言台本を中心に幅広く調査し、「ほどに」から「によって」へ勢力の交替があることを明らかにした。次の〔表1〕は、小林氏の調査から「抄物A」と称する口語性の高い抄物（漢書抄・史記抄・蕉窓夜話・古活字版日本書紀抄・古活字版毛詩抄・玉塵抄）、キリシタン資料（天草版平家物語・エソポのハブラス）、狂言台本（虎明本・虎寛本）における「ほどに」と「によって」の使用数を抜き出したものである[2]。

〔表1〕「ほどに」と「によって」の使用数（小林千草1994に基づく）

資料名（成立年代）	ほどに	によって
漢書抄（1458–60）	241	1
史記抄（1477）	1068	26
蕉窓夜話（1489）	99	1
日本書紀抄（1528）	509	29
毛詩抄（1535）	471	37
玉塵抄（1563）	105	1
天草版平家物語（1592）	73	179
エソポのハブラス（1593）	10	90
虎明本（1642写）	1750	252
虎寛本（1792写）	741	1204

〔表1〕から、「によって」は抄物資料にはほとんど用いられていないこと、勢力の交替はキリシタン資料から見られること、虎明本はキリシタン資料よりも古い段階を示していると考えられることがわかる。

　次に小林氏は、「ほどに」は「によって」と交替して消滅したのではなく、一部の用法で使われ続けていることを明らかにした。次の〔表2〕は虎明本と虎寛本の共通曲番30番の「ほどに」と「によって」の前接語の使用状況である[3]。

〔表2〕虎明本と虎寛本の前接語（小林千草1994に基づく）

表現	前接語	用言	ぢゃ	な	た・たる	ぬ	まい	う	うずる	たい
虎明	ほどに	108	25	3	35	19	8	29	1	3
	によって	9	5	2	6	6				
虎寛	ほどに	33	2		14	8	1	26		1
	によって	81	34	1	26	16		1		1

　〔表2〕から「によって」が優勢な虎寛本においても、「う」を承接する場合に「ほどに」の勢力が保たれていることが読み取れる。虎寛本の全曲番の調査においても、「によって」が推量・意志・希望の「う」「まい」「たい」を承接する割合は低く、この領域では「ほどに」が「によって」の侵出を抑えていたことを指摘している。

　その他に、後件句が意志・推量・命令の場合にも、「ほどに」が「によって」の侵出を抑えていたことを述べている。

　これを踏まえて、次の2点を問題点として指摘したい。
　Ⅰ　「によって」が接続助詞化する過程はどのようなものか。
　Ⅱ　なぜ「ほどに」から「によって」への勢力の交替が起きたのか。また、なぜ一部の用法に限って「ほどに」が勢力を保ったのか。

　Ⅰについては、「によって」がいつ頃どのような過程で接続助詞になったのか、接続助詞化の認定方法も含めて次の3節で考察する。Ⅱについては、4節で「ほどに」の用法の変化に着目して解釈を試みる。

3 接続助詞「によって」の成立

3.1 研究史

「によって」の接続助詞化について、本格的な研究は見られないようである。接続助詞として挙げられていたとしても、それが自明なこととして挙げられており、何を根拠に接続助詞と認めたかまで触れられることはない。また、その用例がそれ以前の用例とどのように異なるのかという点についても触れられていない。接続助詞化した例は、一般的には、漠然と中世後期からと考えられているようである。例えば『日本語文法大辞典』（明治書院、2001、糸井通浩執筆）の「によって」の項では、「室町時代以降、活用語の終止形を受けて、接続助詞的に用いられるようになった」と解説している。小林千草（1994：38）でも、抄物の次の例を挙げて、「一つの接続助詞相当語になりきっているようである。」と述べている。

（3）　我カ不明ナ<u>ニヨッテ</u>心得ハシチカウタカソ（史記抄、本紀10、2-265）
（4）　黄カ干要チヤ<u>ニヨッテ</u>取タイタソ。　　　　　（毛詩抄、巻17・7オ）

『日本国語大辞典　第二版』（小学館、2002）は、もう少し早い時期と見ているようで、「「によりて」「によって」の形で接続助詞的に用いて、…のために、…からの意を表わす。」として、覚一本平家物語の次の例を挙げている。

（5）　五戒十善の御果報つきさせたまふ<u>によて</u>、今かかる御目を御覧ずるにこそさぶらへ。　　　　　　　　　　（灌頂巻、397頁）

以上のような状況なので、まず、中世末期までの「によって」の使用状況を観察し、時代による変化が認められるかどうかという点から探っていく。

3.2 「によって」の源流

接続助詞「によって」の起源になるのは、「によりて」（助詞「に」＋動詞「より」＋助詞「て」）と考えて問題はない。「によりて」の例は上代から見られる。万葉集には「によりて」と訓める例は14例あり、そのうち活用語に

承接した例は次の2例だけで、ともに「人言の繁き」を承けている。
（6） ねもころに思ふ我妹を人言の繁きによりて（繁尓因而）淀むころかも
(12・3109)
（7） 人言の繁きによりて（之気吉尓余里弖）まを薦の同じ枕は我はまかじやも
(14・3464)

中古になると、和歌には活用語に承接した例が見えないようであるが、和文資料、訓点資料、変体漢文資料それぞれに例が見出せる。ここでは、和文資料として源氏物語（11世紀初）、訓点資料として地蔵十輪経元慶七年点(883)、大慈恩寺三蔵法師伝承徳三年点(1099)・永久四年点(1116)、変体漢文資料として藤原道長（966-1027）の御堂関白記と藤原行成（972-1027）の権記をとりあげ、前接語が体言か活用語かを調査した結果をまとめたのが〔表3〕である[4]。

〔表3〕「によりて」の前接語の例数

資料名	体言	活用語	合計
源氏物語	11	6	17
地蔵十輪経	104	22	126
三蔵法師伝	82	10	92
御堂関白記	345	341	686
権記	624	356	980

和文資料に僅かの例しかなく、変体漢文資料での使用例が非常に多いことが目につく。活用語に承接した例をそれぞれ挙げる。
（8）（僧都→冷泉帝）「かかる老法師の身には、たとひ憂へ侍りとも何の悔いか侍らむ。仏天の告げあるによりて、奏し侍るなり。」
（源氏物語・薄雲、620頁）
（9） 皆、十善業道を修行するに由（り）て、品類（の）差、別なり。
（地蔵十輪経、巻9・112、109頁）
（10） 依有召参上。　　　　　　（御堂関白記、寛弘1.4.28）
和文資料での「によりて」は、使用例の少なさとあわせて位相の偏りが見

られるようである。源氏物語では僧の発話に漢文訓読特有の形式が使われることが知られているが、(8)も夜居の僧都の発話であるところから、築島裕（1963：817）は当該例を挙げて「「によりて」といふのも訓読語らしい。」と述べている。このように和文の形式とは言えないが、変体漢文資料も含めて考えると漢文訓読特有の形式とも言いにくく、訓点資料と変体漢文資料で用いられる形式であると言える。だが、両者で同じように用いられているのではなく、訓点資料の例に比して変体漢文資料での使用例と活用語承接例の多さが際立っている。この点から接続助詞「によって」の源流は変体漢文のなかに求めることができるのではないだろうか。このことは今昔物語集での「によりて」の使用状況の分析からも言えそうである。

今昔物語集には、988例の「によりて」があり、そのうち活用語に承接した例が358例見られる。周知のように、今昔物語集における使用例の分布状況は文体を測る指標となるが、「によりて」について見てみると、次の〔表4〕に挙げるように顕著な差を示している。

〔表4〕今昔物語集の「によりて」

巻	体言	活用語	合計
1～10	310	149	459
11～20	268	183	451
22～31	52	26	78
合計	630	358	988

すなわち、天竺・震旦部（巻1～10）と本朝部前半（巻11～20）で使用数が多く、本朝部後半（巻22～31）は少ないという分布状況である。源氏物語と本朝部後半との使用数の少なさが対応していると言える。さらに注目されるのは、体言承接例は出典に漢文資料の多い天竺・震旦部で、活用語承接例は出典に変体漢文資料の多い本朝部前半で突出している点である。これは先に見たように、訓点資料と変体漢文資料との間の活用語承接例の多寡と対応している。しかし、出典に正格漢文の多い天竺・震旦部でも、活用語承接例が多数あり、訓点資料と同列に扱えない。そこで、「によりて」の使用例を

出典と比較して、出典が今昔物語集に与えた影響を探ってみることにする。資料は、正格漢文の三宝感応要略録、日本漢文の法華験記をとりあげる[5]。

3.2.1 三宝感応要略録の影響

「によりて」が使われている説話で、三宝感応要略録を出典とする説話は、巻6を中心に29説話ある。そのなかで「によりて」の用例数は53例あり、内訳は体言承接の例が35例、活用語承接の例が18例である。まず、体言承接例の対応箇所を見ていく。

(11) a 汝ヂ、高宗ノ勅命ニ依テ大般若経十巻ヲ書写セリ。（今昔、7・2）
　　 b 公依高宗勅。写大般若経十巻。　　　　　　（三宝、中、43）

このように出典の「依」の影響と見られる例が6例ある。また、「によりて」と訓読できる「因」と対応する例も2例見られた。そのほかには、次の(12)のように別の表現を「ニ依テ」に改めた例が4例、(13)のように対応する箇所がない例が23例ある。

(12) a 念仏ヲ修セシカニ依テ、熱鉄還テ清涼ノ如キ也。（今昔、6・18）
　　 b 以念仏力。熱鉄融銅如涼水。　　　　　　　　（三宝、上、14）
(13) a 「昔、其ノ国ニ鬼神有テ人民ヲ悩乱ス。此レニ依テ、国荒レ廃ル。
　　　　　　　　　　　　　　　　　　　　　　　　　（今昔、6・27）
　　 b 昔此国神鬼驕乱。人民荒廃。　　　　　　　　（三宝、上、29）

体言承接例は出典の影響によるものは2割強に留まり、あとは今昔物語集の撰者が選んだ表現なのである。続いて活用語承接例を見ていく。

(14) a 宣徳、因縁有ルニ依テ、願ヲ発シテ華厳経ヲ書キ奉ラムト為ル間、
　　　　事ニ触テ不信ニシテ、此ノ事ヲ忘レヌ。　　（今昔、6・35）
　　 b 唐朝散大夫孫宣徳。雍州永安県人也。徳依因縁発願。将造花厳経間。触事生不信即捨廃。　　　　　　　　（三宝、中、4）

このように出典の「依」と対応した例が2例あり、(14)のように出典の「依＋名詞」という構文に動詞を補って訓読した例である。また、「によりて」と訓読できる「因」と対応した例も2例ある。この場合も「因＋名詞」の構文に動詞を補って表現したものである。そのほかに次の(15)の第1例のように対応する箇所のない例が10例、第2例の「故」のようにほかの表現と

対応している例が3例見られる。

(15) a 「我等ハ此レ、武当山ニ有リシ青キ雀也。集マリ聚テ比丘ノ无量義経ヲ誦シ給ヒシヲ聞シ<u>ニ依テ</u>、命終シテ忉利天ニ生ゼリ。我等、其ノ恩ヲ報ゼムト思フ<u>ニ依テ</u>、来テ経及ビ師ヲ供養スル也」
(今昔、7・13)

b 吾等是武当青雀。聚聞無量義経。命終生忉利天。欲報恩<u>故</u>。来詣供養。(三宝、中、62)

このように、活用語承接の例は出典の影響というよりも、今昔物語集の撰者が新たに加えた表現であることがわかる。

以上見てきた出典との対応関係をまとめたのが次の〔表5〕である。出典に「によりて」と訓読できる「依」「因」と対応する場合を○、そのほかの表現（文字）と対応する場合を△、対応箇所がない場合を×で示した。

〔表5〕三宝感応要略録との対応

	○	△	×	計
体言	8	4	23	35
活用語	4	3	11	18
計	12	7	34	53
割合	22.6%	13.2%	64.2%	100%

3.2.2 法華験記の影響

法華験記を出典とする説話で、「によりて」が使われている説話は、巻12〜14を中心に66説話ある。そのなかで、「によりて」の用例数は163例あり、内訳は、体言承接の例が98例、活用語承接の例が65例である。まず、体言承接例の対応箇所を見ていく。

(16) a 此レ<u>ニ依テ</u>、此ノ事ヲ三宝ニ祈請シテ思エム事ヲ願フニ、行範、夢ニ貴キ僧来テ告テ云ク、「汝ヂ、宿因<u>ニ依テ</u>、此ノ品ヲ不思ザル也。……」
(今昔、14・14)

b 沙門発慚愧心。祈請三宝。欲誦薬王品。夢有神僧告言。<u>依</u>宿世因不誦此品。
(法華験記、中、77、545頁)

上の第1例のように対応箇所のない例は約半数の51例、第2例のように「依」と対応した例は4割弱の36例である。ほかに「によりて」と訓読できる「由」と5例、「因」と1例対応した例がある。また、別の表現の「以」4例、「故」1例と対応した例が見られる。次に活用語承接例を見ていく。

(17) a 蛇、罪深クシテ食無リシニ依テ、毎夜ニ其ノ堂ニ入テ、仏前ノ常灯ノ油ヲ舐リ失ヒキ。法花経ヲ聞シニ依テ、蛇道ヲ棄テテ、今、人ノ身ヲ受テ、仏ニ値奉レリト云ヘドモ、灯油ヲ食シ失ヘリシニ依テ、両眼盲タリ。　　　　　　　　　　　（今昔、14・19）
b 汝罪根深重。更無得食。常困飢渇。受諸苦痛。夜夜入堂。舐食仏前常灯之油。因聴法華。今得人身。又値仏法。依食灯油。受盲目身。　　　　　　　　　　　　　　　（法華験記、上、27、525頁）

第1例のように対応箇所のない例は、ほぼ半数の33例、第2例のように「によりて」と訓読できる「因」と対応した例は4例（うち1例は「因＋名詞」の構文と対応）、第3例のように「依」と対応した例は19例（うち4例は「依＋名詞」の構文と対応）である。出典をそのまま訓読すると体言承接になる例を今昔物語集の撰者が活用語承接の表現に変えたところも少しは見られるけれども、先に見た三宝感応要略録とは異なって活用語承接例の3割弱が出典の活用語承接例をそのまま引き継いでいるのである。先と同じように対応関係を〔表6〕にまとめる。

〔表6〕法華験記との対応

	○	△	×	計
体言	42	5	51	98
活用語	23	9	33	65
計	65	14	84	163
割合	39.9%	8.6%	51.5%	100%

3.2.3　まとめ

ここまで、今昔物語集の「によりて」について、出典からの影響の有無を確認してきた。出典の影響は見てきた範囲では正格漢文の三宝感応要略録よ

りも日本漢文の法華験記から受けており、本朝部前半に活用語承接例が突出するのはそのためだと考えられる。その一方で、出典の影響を受けずに今昔物語集の撰者が独自に「によりて」を用いている箇所のほうが多く見られた[6]。それが天竺・震旦部における活用語承接例の多さの理由だと考えられる。また、和文調の強い本朝部後半に用例が少ないとは言っても源氏物語に比して用例が多く見られるのは、「によりて」を使わない和文調の出典の上に撰者の表現である「によりて」が加わったためだと考えることができるだろう。僅かな対応箇所の調査で全体を論ずるのは早計に過ぎるが、分布の偏りは以上のように捉えることで説明がつくものと思われる。

なお、体言承接の「此レニ依テ」の例を（13）と（16）に挙げたが、この表現には出典を訓読したと思われる箇所はほとんど見られない。三宝感応要略録との対応14例、法華験記との対応19例のうち、「由是」「依是」と対応した例が法華験記に1例ずつあるほかは、今昔物語集独自の表現である。この表現は今昔物語集の撰者が好んで使う表現の一つと認めてよいだろう。

以上本節では、「によって」の源流が変体漢文の語法に求められることを述べた。「によりて」は漢文を訓読する時だけに用いられたのではなく、変体漢文のなかで生産的に使われていた語法で、日常的に使われていたとも考えられる。だからこそ、後に因果性接続助詞の中心的な形式になり得たのだと言えよう。

3.3 「によって」の構造変化
3.3.1 活用語承接率

上に見てきたところの「によりて」と中世末の「によって」に差異を見出すことができるだろうか。本節では、「によって」の接続助詞化を認定する方法について検討し、「によって」が構造変化を起こしたことを指摘する。

「によって」の場合、前件と後件との意味解釈によって変化を指摘することは難しいようである。既に見たように、活用語に承接した「によりて」は上代から例が見られる。万葉集の例を再掲する。

（18）ねもころに思ふ我妹を人言の繁きによりて（繁尓因而）淀むころ

かも　　　　　　　　　　　　　（万葉集、12・3109、＝（6））

　前件の「人言の繁き」（「噂がひどい」の意）と後件の「淀むころかも」（「逢えない日々だ」の意）には因果関係が認められる。また、本章でこれまで挙げた中古以降の例もすべて因果関係を読み取ることができる。したがって、「によりて」は「〜ので・から」の意で解釈しようと思えばできるので、因果性接続助詞として捉えることもできる。その場合、「によりて」は変化を起こさないまま中世に引き継がれていくと見ることになる。一方で、一般的には中世以前の「によりて」は実質的な意味を持っていたと考えられているようである。例えば、先に挙げた『日本国語大辞典』では、万葉集の例を「原因する。基づく。」意に分類し、覚一本平家物語を初出として挙げた「接続助詞的」な用法とは区別している。しかしこの場合は、「〜に原因する・基づく」の意から「〜ので・から」の意を意味解釈によって客観的に分けることは困難である[7]。

　それでは、意味の変化が他のところに現れているのではないかと考えて、客観的に示すことができる他の方法を探ってみる。

　まず形態の観点から見ると、「によりて」から「によって」へと促音化が起きている。これを根拠に意味の変化を想定することもできるだろう。しかし、「によりて」から「によって」への変化は促音化が一般的になる問題のなかに解消されてしまう。促音化は他の形式にも同じように生じた現象で（出雲朝子1982：368）、「によりて」だけに起きた特殊な変化とは認められないのである。したがって、促音化が起きているからと言って、意味変化に結びつけるのは問題がある。ただし、「によりて」に促音化が生じたことで「て」の使用が義務的になり、「によって」が一語化する条件が整ったとは言うことができる。

　次に「によって」の前接語に着目する観点を検討する。第2章で、「ほどに」の接続助詞化の例を探った際に、断定の「なり」を承けた例に着目したが、「によって」の場合は元来時間関係を表す形式ではないため、同じように考えることはできない。「によって」が「なり」を承接した例は、今昔物語集にも見られる。

54　Ⅱ　条件表現

(19)　此ノ沙門、新入ノ御弟子ナル<u>ニ依テ</u>、五百ノ御弟子達、各此ノ沙門
　　　ヲ云ヒ仕フ。　　　　　　　　　　　　　　　　　　（今昔、1・26）

(20)　実ノ人ヲバ不給デ、眷属ヲ給ヘル也。煩ハシキ者ナル<u>ニ依テ</u>、久ク
　　　有テハ由无シト思テ、返シツル也。　　　　　　　　（今昔、12・34）

　したがって、断定形式に承接した例をもって接続助詞化した例と認めることはできない。また、「ぢゃ」のように中世に新たに発生した形式をとりあげると、何が変化したのかが見えにくくなるだろう。このように「によって」の前接語に着目しても変化は指摘できないように思われる。
　変化を明示的に示すには、中古から中世にかけて変わらない要素に着目し、その要素の変化を捉えることが最も有効な方法であると思われる。そこで、前接語ではなく前件句に着目して考察を加える。
　3.2で見たように、万葉集の「によりて」は「人言の繁き」を承接した2例を除き、他の12例は体言に承接した例だった。活用語承接の2例も「人言の繁きコト」のように準体句として解すことができる。つまり、「によりて」が活用語を承接していると言っても、準体句という名詞句を承接しているのである。先に活用語承接例の多寡で漢文訓読資料と変体漢文資料の差異を指摘したが、変体漢文資料に活用語承接例が多いと言っても、体言承接例も多いことには留意する必要がある。つまり、「によりて」は体言に承接する用法が基本的な用法だと言える。この用法に変化があるかどうかを調査してみよう。資料は3.2で使用した、万葉集、地蔵十輪経元慶七年点、源氏物語、御堂関白記、権記、大慈恩寺三蔵法師伝承徳三年点・永久四年点、今昔物語集に、鎌倉遺文、延慶本平家物語（1310写・1420転写）、覚一本平家物語（1371成）、応永二十七年本論語抄（1420写）、史記抄（1477成）、毛詩抄（1535成・1539写）、中華若木詩抄（16世紀後？）、虎明本狂言（1642写）、天草版平家物語（1592刊）、エソポのハブラス（1593刊）を加える[8]。資料ごとに活用語に承接する割合（活用語承接数÷使用総数）をまとめたのが、次の〔表7〕である。

[表7] 活用語承接率

資料名	体言承接数	活用語承接数(A)	総数(B)	活用語承接率(A÷B)%
万葉集	12	2	14	14.3
地蔵十輪経	104	22	126	17.5
源氏物語	11	6	17	35.3
御堂関白記	345	341	686	49.7
権記	624	356	980	36.3
三蔵法師伝	82	10	92	10.9
今昔物語集	630	358	988	36.2
1～10	310	149	459	32.5
11～20	268	183	451	40.6
22～31	52	26	78	33.3
延慶本平家物語	72	57	129	44.2
覚一本平家物語	80	41	121	33.9
鎌倉遺文	202	535	737	72.6
応永本論語抄	20	114	134	85.1
史記抄（牧）	11	17	28	60.7
史記抄（桃）	34	60	94	63.8
毛詩抄	106	238	344	69.2
中華若木詩抄	10	30	40	75.0
虎明本狂言	15	272	287	94.8
天草版平家物語	31	181	212	85.4
エソポのハブラス	13	91	104	87.5

　〔表7〕を見ると、抄物資料で60％以上、虎明本狂言、キリシタン資料で85％を超え、時代が下るにつれ活用語承接率が高くなっている点が注目される。これは資料の文体的な性質も多分にあるのだろうが、中世後期には、活用語に承接する用法が「によって」の基本的用法になり、接続助詞として用いられた例が多くなっていることを示している。

　ここでは、活用語承接率の高くなる、鎌倉遺文の使用状況を見ていく。

「り」の表記の有無によって、「によって」と「によりて」に（確定できない「に依て」は別に）分けて分類したものが、次の〔表8〕である。

〔表8〕鎌倉遺文の使用状況

	体言承接数	活用語承接数(A)	総数(B)	活用語承接率(A÷B)%
によって	66	325	391	83.1
によりて	124	198	322	61.5
に依て	12	12	24	50.0

小林千草（1994:38）では、抄物資料を「によって」と「によりて」の表記を分けて分析した結果、「によって」は、「によりて」が承接しない新しい形式である「な」「ぢゃ」に承接し、口語性の高い「抄物A」での使用率が高いことから、「口語性の強い形式」と認めている。抄物資料に先行する古文書資料である鎌倉遺文でも、「によって」のほうが活用語承接率が高いことが見てとれる[9]。「要用あるによって」「類地あるによって」など類型的な表現を多用することも一因だろうが、口頭語の世界では接続助詞化が進んでいたのかもしれない。変体漢文、古文書という実用的な文章のなかで使われ続けていくなかで用法を拡張させていったようである。

3.3.2 主題の「は」の作用域

それでは、次に実際の例で検証してみる。「によって」の前件句に現れる主題を表す係助詞「は」に着目して考察を加えていく。

「AハBニヨッテC。」の構文は、「は」の作用域の範囲によって次の二つのタイプに分けることができる。

第1のタイプは、「は」の作用域が文末まで及んでいると解釈できるもので、次のような例である。

(21) 王ハ、前身ノ時、善根ヲ修シ給ヘリケル二依テ、今、転輪聖王ト生レ給フ事ヲ得タリ。　　　　　　　　　　　　　　　（今昔、2・14）
(22) 此ノ鳥ハ、食スル物ノ无キ二依テ、弱気ナル也。　（今昔、4・36）
(23) 彼兼光ハ降人ナル二依テ、昨日、大路ヲ渡シテ被禁獄。

（延慶本平家物語、5本36オ）

(24) 平大納言時忠卿は、内の御めのと、帥のすけの夫たるによて、「……」と申されければ、　　　　　　　　（覚一本平家物語、巻4、201頁）

(25) 故扁鵲ハアマリ上手ナニヨツテ妬マレテ殺サレタソ。
　　　　　　　　　　　　　　　　　　（史記抄〈桃〉、列伝45、4-226）

第1のタイプの文構造は次のように示すことができる。

(26) ［A ハ ［B ニヨッテ］ C］。（B＝準体句）

これは次のように「によって」の前接語が体言の場合と同じ文構造である。

(27) 樹提伽ハ前世ノ布施ノ功徳ニ依テ此ノ報ヲ得タル也。（今昔、2・23）

したがって、(21)～(25)は、活用語承接例ではあるけれども、体言相当の準体句を承接した例で、「によって」は格助詞としての機能を持っていると言える。

それに対して第2のタイプは、「は」の作用域が「によって」節中に収まっているとしか解釈できない例である。((1a)(2a)も参照)

(28) すはうのくににほのしやうのちとうしきをハ、平子三郎左衛門のせうしけすけにゆつりあたへて、ちやくしにたつるところ也。二郎つねむらハ出家して、きみの御大事ニあふましきによて、四郎しけつくに、つねとミのほうをハ、ゆつりあたへ了。　（長門三浦家文書
　　　　「平西仁譲状案」、貞応3年〈1224〉5月29日、鎌倉遺文、3242号）

(29) 出家ノ功徳ハ莫大ナルニ依テ、宿病立所ロニ癒ヘテ天命ヲ全クス。
　　　　　　　　　　　　　　　　　　（延慶本平家物語、1本25オ）

(30) しかるを園城は分限なきによって、（高倉宮ハ）南都へおもむかしめ給間、宇治橋にて合戦す。　　（覚一本平家物語、巻7、31頁）

(31) 南極ノ星ヲ老人星ト云。福禄寿ノ事也。南極ハ地下ニアルニヨッテ、此星ハ見エズ。　　　　　　　　　　　（応永本論語抄、73頁）

(32) 陳ハ舜ノ後徹タルニヨテ（ママ）、陳ニ此楽アリ。　（応永本論語抄、318頁）

(33) 太平ト云心ハ、安静ニ無事ナハ平ナ事ノ大ニ依テ号スルデ候。
　　　　　　　　　　　　　　　　　　（毛詩抄、巻17・13オ）

(34) 周礼ニ祀ハ祭リノ通号ゾ。春ノ祭ヲ祀ト云ハ、春ハ四季ノ始ヂヤニ

　　　　　仍テ、通号ヲ以テ春ノ祭ニ名付タゾ。　　　（毛詩抄、巻19・1オ）

(35)　雲ハ石ヨリ生ズルニヨリテ、石ヲ雲根ト云ゾ。
　　　　　　　　　　　　　　　　　　　　　　　　　（中華若木詩抄、162頁）

(36)　かの者ハからかさをさひくに致すものでござるに依て、かみげと申もからかさの事、ゑ申まひといふも、からかさのゑの事でござる。
　　　　　　　　　　　　　　　　　　　（虎明本狂言・しうくがらかさ、上223頁）

(37)　この重盛は君の爲には忠あって、父の爲には孝ある人ぢゃによって、法皇もこの由を聞こし召されて、「……」と仰せられた。
　　　　　　　　　　　　　　　　　　　　　　　　（天草版平家物語、52-15）

(38)　エソポその夜、家の猫を散々に打擲せられたところで、エヂットの国はゼンチョで、猫を崇敬するによって、旅宿の亭主がこの由を奏聞すれば、　　　　　　　　　　　　　　（エソポのハブラス、439-13）

　例えば(37)では前件句と後件句で主語が異なっているので、前件句の「重盛は」の作用域は、後件句にまで及ばず、「によって」節中に収まっていると解さなければならない。このタイプの文構造は次のように示すことができる。

(39)　[[A ハ B] ニヨッテ C]。(B＝用言句)

　先の(26)とは異なり、BはCに対して従属性が弱く、述語としての性格が強い。したがって、「によって」の前件句は準体句ではなく、用言句と解せる。この第2のタイプの「によって」を、接続助詞と認定することができるだろう。

　そして、中古までは第1のタイプしか見られず、第2のタイプは中世になって現れるというように、文構造上の変化が指摘できる[10]。第2のタイプの出現をもって「によって」が接続助詞化を果たしたものと考えることができる。

　資料に即して見ていくと、(28)は13世紀前半の古文書の例で古い例であるが、案文の例であり、他の古文書にも確実な例は見られないため、資料性に不安が残る。延慶本平家物語、覚一本平家物語には1例ずつ見られる[11]。このように14世紀には「によって」が構造変化を起こした例が指摘できる。

それ以降の確例は、応永本論語抄と毛詩抄に2例ずつが見られるが、史記抄には指摘できないというように、16世紀中頃までは確例を探すのは容易ではない。なお、人物主語の例は虎明本狂言・天草版平家物語以降にならないと現れない。

(32) では、前件の主語が後件では場所格の「に」で表される補語になっていることが注目される。前件と後件で同一の語が異なる成分となっていて、前件の「は」が後件まで続いているようで続いていない。このようなねじれた現象は、助詞の「が」が格助詞から接続助詞へ拡張する際に、前件と後件で同一の語が異なる成分となった例が現れたことと並行的に考えられ[12]、格助詞から接続助詞への拡張時に見られる現象なのだろう。

また、主語の側から見ると、中古には主語が「によって」節中に収まる例がなかったというわけではない。主語を表す時に「は」を用いた例が無いだけであり、次のように「が・の・無助詞（φ）」のいずれかで表す例は見られる。

(40) 汝ガ法花経ヲ書写・供養シ奉レルニ依テ、我ガ此ノ苦既ニ免レヌ。
　　　　　　　　　　　　　　　　　　　　　　　　（今昔、7・32）
(41) 其ニモ大菩薩ノ暫ク御マシシニ依テ、宝殿ヲ造テ祝奉レリ。
　　　　　　　　　　　　　　　　　　　　　　　　（今昔、12・10）
(42) 児ノ身 φ 金色ナルニ依テ名ヲ金天ト付タリ。　（今昔、2・8）

このように、「によって」節中にはもともと主語は生起するのである。「によって」の接続助詞化を主語の側から言えば、主題化が可能な節への変化だと言うことができる。

以上、活用語承接率が増加し、主題の「は」が従属節中に生起する例が生じることから「によって」に構造変化が起きたことを指摘して、「によって」が中世に接続助詞化を果たしたと考えることができることを示した。

4　変化の背景と要因

前節で「によって」が構造変化を起こしたことを確認した。変化が見られ

てから、「ほどに」に取って代わって一般的な因果性接続助詞になるまでには相当な時間を要している。本節では、「によって」が接続助詞化を果たして「ほどに」と交替した要因について解釈を試みる。

4.1 接続助詞化の背景

　前章で、「ほどに」が因果性接続助詞になった外的要因として、仮定を表す「未然形＋ば」と確定を表す「已然形＋ば」の対立が崩壊したためだと指摘した。その変化は、第1章で見たように、活用形の意味機能の変容という大きな流れのなかにあり、未然形は仮定、已然形は確定を表すという意味機能が薄れたため、「未然形＋ば」は、「ならば」「たらば」という固定的な形式に偏って衰退していく。一方、「已然形＋ば」は、固定的な「なれば」を除いて、既実現の事態を表しているとは言いにくい一般条件を表す用法に偏って、さらには仮定条件をも表すようになった。確定条件のなかで中核的な原因理由を表す領域を、元来、時間関係を表していた「ほどに」が担ったのである。

　ところで、原因理由を表す領域を担うのは「ほどに」でなければならなかったという積極的な理由はない。他の形式でもよかったはずである。その候補となった形式が変体漢文を中心に名詞句を承けて原因理由を表していた「によって」だったのだと思われる。「ほどに」の接続助詞化が見られる応永本論語抄では、「によって」の活用語承接率が高まり、係助詞「は」が「によって」節中に収まる例が見られるのは、以上のような背景のなかで理解されるべきものだろう。結局、「ほどに」が原因理由を表す形式を担ったため、「によって」の使用は抑えられた。しかし、やがて「によって」は「ほどに」に取って代わることになる。それではいったいなぜ「によって」から「ほどに」への交替が起きたのだろうか。その要因を次に考察する。

4.2 「ほどに」と交替した要因

　「ほどに」は「によって」に表現領域を侵されながらも、前接語が推量・意志・希望を表す「う」「まい」「たい」の場合に「によって」の侵出を抑え

て勢力を保っていたと考えられていることは2節で見た通りである。なぜ「ほどに」が一部の用法に限って「によって」の侵出を抑えていたのだろうか。「ほどに」が勢力を保った用法に着目することが、「ほどに」と「によって」の交替現象の要因を解明する糸口になると思われる。以下本節では、「ほどに」が因果性接続助詞になった応永本論語抄以降の資料をとりあげ、前接語に着目して考察を進める。資料には3節で使用した応永本論語抄以降の資料に、論語聞書（清原業忠〈1409-67〉講・1535写）、湯山聯句抄（1504抄・1594写）、醒睡笑（1628成）、好色伝受（1693刊）を加える[13]。前接語の調査結果を資料別にまとめたのが次の〔表9〕である。

〔表9〕「ほどに」の前接語

	動詞	形容詞	体言+なる	体言+な	体言+たる	ぢゃ	ぬ・ざる	なんだ	た・たる	その他過去・完了	べき	まじき・まじい	まい	んずる・うずる	うず	む・ん	う	たい	計
応永本論語抄	151	40	28	1	1		18		4	9	6	6	2						266
論語聞書	61	23	1	9		68	10		57			2	6			3		1	242
史記抄（牧）	223	97	1	31	1	251	31		280	1	1		4	48			1	1	971
史記抄（桃）	491	91	35	57	2	303	33		511	4	4		16	26					1573
湯山聯句抄	96	31	15	1			16		28	2									189
毛詩抄	1227	345		119		643	248	8	806			24		9	1		59	4	3493
中華若木詩抄	114	21	38	2		5	15		26		4		6	3					234
虎明本狂言	531	119		20		226	137	8	275	5		3	79	3			210	12	1629
天草版平家物語	38	5				16			10				3				2	1	75
エソポのハブラス	9					2	1												12
醒睡笑	32	4	1	2		5	6		15	1		2					2		70
好色伝受	13					2	1					3					11		30

〔表9〕のなかで、次のように「う」（「む」「ん」）に承接した例に着目したい。

(43) コレモ如子路ワラワレンホトニ詞カ謙シタ。

(論語聞書、88下20、影印206頁)

(44) スルニ、(「仁」というものは) カタカラウホトニ、云ワウニモ、訕(カタウ)ナウテハカナウマイソ。　　(史記抄〈牧〉、弟子列伝7、3-132)

(45) あれに申たらハめいわくがらふ程に、かくひてやらふ。

(虎明本狂言・縄なひ、上546頁)

　毛詩抄・虎明本狂言での使用数の多さが目につくが、はやい時期の応永本論語抄では「む」「ん」(「う」は出現しない資料) に承接した例が見られない点が注目される。「う＋ほどに」は「によって」の侵出を抑えた形式であるのだが、上の調査からは、「ほどに」が因果性接続助詞になった時点から持っていた用法ではなく、新たに獲得した用法だったのではないかと考えられる[14]。

　これは因果性接続助詞の史的展開のなかに位置づけて説明することができる。「ほどに」が因果性接続助詞になる以前にその位置を占めていた「已然形＋ば」の用法には、原因理由、偶然条件、一般条件の三つの用法があるが、第1章で、「三つの用法は、前件の成立した後に後件が成立するという認識上の先後関係がある点で共通している」と述べたように、前件と後件の先後関係は、「先―後」関係しかなく、「後―先」関係の因果関係のものは見られない。したがって、後件よりも前件を後行の事態にするために「む」を置く「めば」の形式はなかったのである[15]。ところが、「う＋ほどに」の (43)〜(45) は、前件が後件よりも後に生じる事態の例であり、「已然形＋ば」では表現できなかった例を表している。このように、「已然形＋ば」が、現代語の「だろうから」にあたるような表現ができなかった点は留意しなければならない。その点で「によって」の侵出を抑えた形式のなかで、「まい」「たい」と「う」(「む」「ん」) は分けて考える必要がある。「まい」「たい」は前身の「まじ」「たし」が「ば」を接続し得る点で「う」とは異なり、もともと表し得た表現領域なのである。「まい」の例が応永本論語抄の段階から見られるのはそのためである。「たい」の例はあってもよい形式であったと考えられる。また、「うず」「うずる」についても同様に「ば」に接続可能であった点

で「う」とは異なる[16]。

　以上のように、「う＋ほどに」の形式は因果性接続助詞の新たな表現領域だったと、使用例の点からも古代語の「已然形＋ば」の用法を踏まえた史的観点からも、言うことができるのである。

　因果性接続助詞が「已然形＋ば」の段階では表し得なかった表現領域は、「ほどに」が「已然形＋ば」の領域に侵出したことで表す可能性が生まれた。「む＋ほどに」はあり得た形式だからである。しかし、応永本論語抄の段階では、実際に用いられることはなかった。これは、「ほどに」が「已然形＋ば」の表現領域をそのまま受け継いだためであろう。やがて承接可能な形式である「う」を承接することで表現領域を拡張させたのである。

　そして「ほどに」が表現領域を拡張させたことが、「によって」が「ほどに」の領域に侵出する契機になったのだと思われる。「ほどに」の新たな表現領域は従来表していた現実事態に基づいた原因理由（「客観的因由」）ではなく、予測とか意志に基づいた主観的な原因理由（「主観的因由」）であるため、原因理由の対象が幅広くなった。これによって「先―後」関係だけではなく「後―先」関係の因果関係も表せるようになったのである[17]。広くなった表現領域のなかで、もともと表していた「客観的因由」を表す領域に「によって」が侵出して、「客観的因由」の領域を「によって」が、「主観的因由」の領域を「ほどに」が担うという体系化へ向かっていったのだと思われる[18]。

　この見通しの示唆的な状況が、史記抄と毛詩抄との間に見られる。史記抄には「う＋ほどに」が1例しか見られないが、毛詩抄では使用例が多くなる。その一方で、「は」が「によって」節中に生起した例は史記抄には指摘できないが、毛詩抄には見られる。資料ごとに現象は異なるので強くは言えないが、「う＋ほどに」の出現と接続助詞「によって」の伸張の関連性を示唆している。

　通常、「ほどに」から「によって」への交替と言った時に、「ほどに」の表現領域の縮小に目が向けられがちである。しかし、以上のように表現領域が拡張している面があり、そこに目を向けると、「によって」が侵出する契機

となった変化だと解すことができるのである。「によって」の因果性接続助詞の例が現れた後、「ほどに」と勢力が交替するまで時間がかかったこと、「ほどに」の用法すべてと交替したのではなく、「主観的因由」を表す用法は「ほどに」が勢力を保っていたことは、以上のような流れを想定することで説明できるだろう。

なお、「主観的因由」は、「む（ん・う）＋ほどに」の形式で表したが、この用法の出現時期は、文中の「む」の使用が不要になっていく時期でもある（第1・4章参照）。天草版平家物語には、「む」の無い「φ＋ほどに」で「主観的因由」を表した例が2例見られる（福嶋健伸2011）。

(46) わごぜは今様は上手ぢゃ。この体では舞も定めてよからうず。一番舞ふほどに、鼓打ちを呼べと言うて召された。
（天草版平家物語、96-11）

(47) 官人どもがただ今お迎ひに参るほどに、急いで御所を出させられて、三井寺へ出でさせられい。
（天草版平家物語、108-19）

つまり、単純に形式だけでは判断できず、事態間の先後関係に留意して観察する必要があるのである。

最後に、原因理由の表現領域とそれを担う形式との関係の史的展開を図式で示すと、次の4段階で捉えることができる。

	（客観的因由）	（主観的因由）
Ⅰ 「已然形＋ば」の段階	已然形＋ば	
Ⅱ 「ほどに」の段階	ほどに	
Ⅲ 表現領域拡張の段階	ほどに	う＋ほどに
Ⅳ 「によって」侵出の段階	によって	ほどに

5 おわりに

本章で述べてきたことをまとめると、以下のようになる。

1 接続助詞「によって」の源流は、変体漢文に求められる。
2 中世には、活用語承接率が高くなり、主題の「は」が「によって」節中に生起した例が現れることから、「によって」は名詞句から用言句へ承接の範囲を拡張し、接続助詞化を果たしたと考えられる。
3 接続助詞化の背景には、活用形の意味機能の稀薄化（直接的には「已然形＋ば」の変質）がある。
4 「によって」が「ほどに」の領域に侵出したのは、「ほどに」が「主観的因由」を表す用法を獲得したことが契機となったと考えられる。

次章では、「目的」と「原因」を表す「ために」をとりあげて、事態間の先後関係に着目して観察し、文中の「む」を用いなくなっていく過程を観察する。

注

1) 「ほどに」と「によって」をめぐる研究史は、通時的観点によるものが多いが、共時的な階層構造の観点から分析を行なったものに、李淑姫（2002）の一連の研究がある。
2) 史記抄、毛詩抄、玉塵抄は部分調査。なお、同じ資料を用いて3節以降に示す本章の調査した用例数と異なるのは、調査範囲・用例の採取基準が異なるためだと思われる。
3) 小林千草（1994：62）の表を一部の項目を加除して掲げた。
4) 用例は以下の基準で採取した。
　　源氏物語……「によりて」の形式のうち因果関係が認められるものすべて採取した。
　　地蔵十輪経元慶七年点……中田祝夫訳文により、補読も含めて「によりて」と訓める例を採取した。「由」77例、「因」21例、「依」28例（活用語承接例は「由」9例、「因」10例、「依」3例）見られた。表では3字を一括した。
　　大慈恩寺三蔵法師伝承徳三年点・永久四年点……築島裕訳文により、補読も含めて「によりて」と訓める例を採取した。承徳点は「因」20例、「由」8例、「依」11例（活用語承接例は「因」4例、「由」2例、「依」1例）、永久点は「因」19例、「由」14例、「依」20例（活用語承接例は「因」3例、「由」「依」ともに無し）。表では3字を一括し、承徳点と永久点

の合計数を掲げた。
>御堂関白記・権記……数値は清水教子（2005・2章）の調査に拠り、「依 X、Y。」の構文を作る「依」の例に限定した。御堂関白記は自筆本・古写本の部分の調査。清水氏の調査から御堂関白記から副詞の例1例除き、権記から接尾語・連語の例13例を除いた。

5) 説話の出典については新日本古典文学大系（岩波書店）を参考にした。また、出典との対照には『攷証今昔物語集』（冨山房）を参考にした。なお、法華験記からの影響については、藤井俊博（2003）に詳しい。

6) 佐藤武義（1984）は巻19の「によりて」を考察し「編者の意図の表出に現れる」（375頁）と述べて撰者の表現であることを指摘している。

7) 上代にある原因理由を表す「よる」という語が、より実質的な「頼る」などの意の「よる」から派生して生まれたという変化を想定するのは、ここで扱っている接続助詞化の問題とは別の問題である。これについては山口佳紀(1993)、陳君慧（2005）が扱っている。

8) 用例は「ニ依テ」のように、「によりて」と確定できる例のみを採取した。「依之」など漢文の語順のものは除外した。また、前接語が漢文になっている例も除外した。体言承接例は「～ごとに」の意の例など原因理由と解せない例は除外した。なお、史記抄は本紀と列伝のみを調査対象とし、牧中講の部分と桃源抄の部分を分けて示した。

9) 辛島美絵（2015）では、鎌倉遺文で原本の写真を確認できた417通の譲状を調査して、仮名文書の「によりて」が漢字専用文書に比べて動詞述語の比率が高いことを指摘している。ただし「によりて」「によて」「によつて」等、表記の異なりは区別していない。なお、「によりて」と「によって」が両形見られる延慶本平家物語では、「ニヨリテ」は体言19例、活用語14例で活用語承接率42.4％、「ニヨテ」は体言23例、活用語19例で活用語承接率45.2％であり両者に差がない（どちらか確定できない「ニ依テ」は体言33例、活用語23例、活用語承接率41.1％）。

10) 中古には、次のように、主題の「は」が名詞句中に生起した例がある。
○姫君たちは、いと心細くつれづれまさりてながめたまひける<u>ころ</u>、中将の君、久しく参らぬかな、と思ひ出できこえたまひけるままに、有明の月のまだ夜深くさし出づるほどに出で立ちて、いと忍びて、御供に人などもなくて、やつれておはしけり。　（源氏物語・橋姫、1520頁、＝第2章注6)
このような例があることから、「によりて」の前接句に主題の「は」がまったく現れないのは偶然かもしれないが、少なからず用例を見出せる中世後期の

例とは性質が異なっていることを示す証左と見てよいと考える。

　なお、楊瓊（2017）は、「により（て）」節中に「は」が生起した例として、続日本紀宣命と大鏡から例を挙げている。そこでは傍線部辺りの引用しかしていないので、前後の文脈がわかるように次に示す。

　○墨縄者斬刑尒当里、真枚者解官取冠倍久在。然、墨縄者、久歴辺戌弖仕奉留労在尒縁弖奈母、斬刑乎波免賜弖官冠乎乃未取賜比、真枚者、日上乃湊之弖溺軍乎扶拯閇留労尒縁弖奈母、取冠罪波免賜弖官乎乃未解賜比、
　　　　　　　　　　　　　　　　　（続日本紀宣命、第六十二詔）
　○その折、左大臣、御年二十八九ばかりなり。右大臣の御年五十七八にやおはしましけむ。ともに世の政をせしめたまひしあひだ、右大臣は才世にすぐれめでたくおはしまし、御心おきても、ことのほかにかしこくおはします、左大臣は御年も若く、才もことのほかに劣りたまへるにより、右大臣の御おぼえことのほかにおはしましたるに、左大臣やすからず思したるほどに、さるべきにやおはしましけむ、右大臣の御ためによからぬこと出できて、昌泰四年正月二十五日、太宰権帥になしたてまつりて、流されたまふ。　　　　　　　　　　　　　　　　　　　　　　（大鏡、74頁）

　続日本紀宣命の例は、「によりて」節中ではなく、「斬刑乎波免賜弖官冠乎乃未取賜比（斬刑をば免し賜ひて官冠をのみ取り賜ひ）」に係っていると考えられる。仮に、「によりて」節中に収まる例と解したとしても、「は」は主題ではなく、「墨縄」と「真枚」を対比した対比の「は」の例であり、本章で扱う例として適切ではない。大鏡の例は、本章では考察対象から外した「により」の例である。本章が「により」を考察対象から外したのは、中世に接続助詞化したのは「によって」という「て」を伴った形であるためである。仮に、中古の「により」が接続助詞化していたとしても、中世に「により」の形で接続助詞化していないことの説明が難しくなる。それはともかく、この大鏡の例も、「右大臣」と「左大臣」を対比した対比の「は」の例であり、本章で扱う例として適切な例ではない。

11) 覚一本の例は後件句の「しむ」を使役と見ると、当該例から除かれる。延慶本の例は長門本の対応箇所を見ると、「出家の功徳、はくたいなる故にや」（岡山大学本、巻1、42ウ）とあり、「ニ依テ」ではなく「故にや」となっている違いはあるが、主題の「は」はない。延慶本も無助詞がもとの形で、応永書写の段階で「は」が入ったのかもしれない。

12) 石垣謙二（1955）では、前件の客体と後件の主体が同一の「接続形式第3類」と、前件の主体と後件の主体が同一の「接続形式第4類」を立てている。

68　Ⅱ　条件表現

　　古文書には、次のように、前件の主体が後件で客体（目的語）になった例が見られる。
　　　○此語は大に不審なるに依て、経文に就てこれを見るに、（日蓮書状、星名五郎太郎殿御返事、文永4年〈1267〉12月5日、鎌倉遺文、9811号、真蹟なし）
13)　用例は以下の基準で採取した。
　　・前接語が仮名のものに限って採取し、前接語が漢字のものは除外した。(例、「有ルホドニ」採取、「有ホドニ」除外)
　　・「さるほどに」「したもほどに」「するほどに」などの連語接続詞は除外した。
　　・「るる・らるる」「する・さする」は動詞の項に含めた。
　　・明らかに「〜するうちに」の意の例は除外したが、因果用法の意とも見られる例は採取した。
14)　山口堯二（1996：198-201）は、「ほどに」が意志・推量を承接することを「原因理由の表示性の明示化に伴うこと」と指摘している。また、この現象は、後件句に命令・勧誘・希望などが現れる例とあわせて、「現実的な事態の原因理由表示の用法を基礎とする、その発展として可能になる」と述べている。
15)　橋本進吉（1948：135）には、次のようにある。
　　　「む」の已然形「め」は、「こそ」に対する結び〈中略〉になる外には、「ど（ども）」に連るだけで、他の已然形と違つて「ば」には連りません。
16)　山田潔（2001）は、「うず」「うずる」は意味の上でも「う」と異なり「べし」の意味を受け継いでいるとする。その点からも「う」と同列に扱えない。
17)　現代語の「ので」「から」は、ともに「迎えが来る ｜ので／から｜ 着替えよう」のように「後─先」関係も表せる。「ほどに」の新しい表現領域は、現在まで継承されている。
18)　「によって」はもともと名詞句を承けて事実性に基づいた原因理由を表しており、接続助詞化後も「客観的因由」を表していたので、「ほどに」の「客観的因由」の領域に侵出する素地はあった。「ほどに」と同じように「む＋によって」の承接も可能な形式であるが、「主観的因由」の領域に二つの形式は必要なかったため、「ほどに」と「によって」で領域の棲み分けが行なわれたのだろう。なお、因果性接続助詞化以前には、「む」を承接した例も僅かながら見られる。今昔物語集では、
　　　○鹿ノ云ク、「…。人、我レヲ知ナバ、毛・角ヲ用セムニ依テ、必ズ被殺レナムトス。」
　　　　　　　　　　　　　　　　　　　　　　　　　　　　（今昔、5・18）

○「聖人不将参ザラム ニ依テ、命ハ不被絶ジ、流罪ヲコソハ蒙スラメ」

(今昔、12・34)

のように2例見られるが、前件が先行する「先―後」関係を表しており、「主観的因由」の例とは異なる。

70　Ⅱ　条件表現

第4章　「ために」構文の変遷
――「む」の時代から無標の時代へ――

1　はじめに

　現代語の「ために」は〈目的〉と〈原因〉を表すが、どちらの意味になるかは、「ために」節の述語の意味と形式によってある程度決まる[1]。すなわち、「意志性述語の無標形[2]」を承ければ〈目的〉となり、「た」「ている」「非意志性述語」を承ければ〈原因〉となる。
　（1）　本を買うために、神田へ出かけた。〈目的〉
　（2）　本を買ったために、昼飯代がなくなった。〈原因〉
〔寺村秀夫〈1984〉の挙例〕
　一方古代語では、現代語と同じく「非意志性述語」を承けて〈原因〉を表した（3）のような例は見られるものの、「意志性述語の無標形」を承けて〈目的〉を表した例は見出せないようである。〈目的〉を表すには（4）のように「意志性述語＋む（＋が）」を承けて表したようである。
　（3）　猶モ信ゼヌ為ニ、或ハ経論ノ明ナル文ヲヒキ、或ハ先賢ノ残セル誡ヲノス。　　　　　　　　　　　　　　　　　　　　（沙石集、57頁）
　（4）　天竺ニ一人ノ人有テ、財ヲ買ハムガ為ニ、銭五千両ヲ子ニ令持テ隣国ニ遣ル。　　　　　　　　　　　　　　　　　（今昔物語集、9・13）
　このように、少なくとも〈目的〉の場合には、古代語と現代語で「ために」節の述語の形式に相違がある。本章では、古代語と現代語の「ために」構文の相違点を明らかにしたうえで、現代語の構文に変化する時期を探り、変化の画期が中世後期に見られることを示す。また、変化の背景には古代語の「む」の変化があることを述べる。なお、「ために」が「名詞＋の（が）」に承接する例は扱わないが、「活用語＋が」に承接した例は活用語に承接したものとして扱う。

2 「ために」構文の変遷

　本節では、上代から近世までの「ために」[3]を〈目的〉と〈原因〉に分け、「ために」節の述語の形式がどのように移り変わるのか観察していく。

　〈目的〉と〈原因〉に分ける判定基準は、現代語のように、内省と形式を手がかりにすることはできないので、「ために」節と主節の時間関係、および、「ために」節の述語の意味という二つの基準で判定する。「ために」節の事態が主節より後で、「ために」節の述語に意志性が認められた場合に〈目的〉と判定し、「ために」節の事態が主節より先であれば〈原因〉と判定する（国広哲弥 1982）。例えば（1）の〈目的〉の例では、「出かけた」後に「買う」という事態が生じるように、「ために」節と主節の時間関係は［後—先］である。また、「買う」には意志性が認められる。一方（2）の〈原因〉は「買った」後に「なくなった」という事態が生じるように、「ために」節と主節の時間関係は［先—後］である。これに基づき（3）（4）を見ると、（3）は「信ぜぬ」事態が先にあり、「文をひき」「誡をのす」事態を引き起こす関係にあるので〈原因〉と判定し、（4）は「遣る」後に「買ふ」事態が生じ、「買ふ」には意志性が認められるので〈目的〉と判定することができる。なお、この基準にあてはまらない例が数例見られるが、用例数には含めず、2.5 で扱うことにする。

2.1　上代〜中世前期の使用状況

　上代から中世前期の 30 資料[4]における「ために」の使用状況を意味別にまとめたのが次頁の〔表 1〕である。なお、用例採取に際して、万葉集を除き、漢字を承けた例や本文の校訂者が補読した例は除外した。

　まず全体的な使用状況を見ると、和文資料ではほとんど用いられず、訓点資料、変体漢文資料をはじめとした漢文調の資料に使用例が認められ、文体的な偏りがあることがわかる（築島裕 1963：370）。訓みは確定できないが、公家日記にも（5）のように活用語を承け〈目的〉と解せる例がある。

〔表1〕上代～中世前期の「ために」の使用状況

資料名	目的	原因	資料名	目的	原因
万葉集	10		打聞集	2	
金光明最勝王経古点	18	7	三教指帰注	3	
三宝絵詞	9		往生要集	3	5
源氏物語		1	宇治拾遺物語	5	
雲州往来	14	1	古今著聞集	27	
大鏡	1		沙石集	21	2
今昔物語集	388	5	延慶本平家物語	29	
法華百座聞書抄	10		高野本平家物語	19	
古本説話集	1		徒然草	3	
仏教説話集	2		仮名書き法華経	12	6

（5） 為読詩召博士等　　　　　　　　　　　　　（九暦、天徳1.10.5）

ところで、総じて用例が少ないなかで今昔物語集に用例が集中しているが、〔表2〕に示す通り、全巻に亙って分布しているのではなく、偏りが見られる点が注目される。

〔表2〕今昔物語集の用例分布

	巻1～10	巻11～20	巻22～31	合計
用例数	165	192	36	393

本朝部後半（巻22～31）に用例が少なく、天竺・震旦部（巻1～10）と本朝部前半（巻11～20）に用例が多いことは、和文資料に用例が少なく、漢文調の資料に用例が多いことと並行的であり、この点からも文体的偏りが確認される。

なお、和文資料には「体言＋の（が）」を承けた例は少なからず見られる（築島裕1963：370）。

（6） 後の世のためにと尊き事どもを多くせさせたまひつつ、

　　　　　　　　　　　　　　　　　　　　（源氏物語・御法、1381頁）

（7） わが<u>ために</u>来る秋にしもあらなくに虫の音聞けばまづぞ悲しき

(古今和歌集、186)

したがって、「体言＋の（が）」に承接する場合と「活用語（＋が）」に承接する場合とでは、異なる文体的な価値を持っていることがわかる。このように、文体差を言う場合には、語のレベルだけではなく、構文のレベルでの検討も必要なのである。

次に、意味について見ると、ほとんどが〈目的〉の例であり、意味にも偏りがあることがわかる。これは、本来「ために」は〈目的〉を表す形式であり、〈原因〉は後に生じた意味であることを示すのだろう（山田孝雄1935、柴生田稔1944）。〈原因〉は「ゆゑ」などの他の形式が担っていたと考えられている（澤瀉久孝1958：285、生野浄子1961）。

2.2 中世後期〜近世の使用状況

続いて、中世後期から近世の32資料の「ために」の使用状況を意味別にまとめたのが次頁の〔表3〕である[5]。なお、漢字を承けた例は除外した。

通常、日本語史の資料として用いられる口語体の資料——抄物の史記桃源抄、キリシタン資料の天草版平家物語・エソポのハブラス、狂言資料の虎明本狂言・狂言六義、近松門左衛門の世話浄瑠璃など——には用例が少なく、文語体の資料——抄物では応永本論語抄、キリシタン資料ではどちりなきりしたん・ぎやどぺかどる、近松の浄瑠璃では時代物——には用例が多いという文体的な偏りが認められる。前代の漢文調の文体価値を引き継ぎ、書き言葉としての性格の強い表現だったことが推し量られる。現代語でも書き言葉としての性格が強いのは、このような歴史的な背景があるからだろう。

意味を見ると、前代に引き続き〈目的〉を表す場合がほとんどである。〈原因〉は近世になって目につくようになるが、〈目的〉の用例数とは大きな開きがある。折たく柴の記には〈原因〉が〈目的〉の用例数に近く見られるので資料の内容によるのかもしれないが、〈原因〉が増加するのは近代になってからのようである[6]。

〔表3〕中世後期〜近世の「ために」の使用状況

資料名	目的	原因	資料名	目的	原因
土井本太平記	199		虎明本狂言	12	
応永本論語抄	42		狂言六義	8	
史記桃源抄	3		三河物語	14	
中興禅林風月集抄	4		醒睡笑	5	
中華若木詩抄	4		驢鞍橋	8	
天草版平家物語	14		理屈物語	12	1
エソポのハブラス	6		捷解新語（原刊本）	2	
天草本金句集	2		好色伝受	2	
ばうちずもの授けやう	22		折たく柴の記	16	11
どちりなきりしたん	72		近松・世話物	35	
羅葡日対訳辞書	206		近松・時代物	105	1
ぎやどぺかどる	194		雨月物語	2	
おらしよの飜譯	14		浮世風呂	1	
日葡辞書（例文）	6		東海道中膝栗毛	1	
御伽草子	18		蘭東事始	1	
舞の本	42		南総里見八犬伝	72	15

2.3 〈目的〉の「ために」構文

まず〈目的〉構文を分析する。調査資料をおおよその時代順に並べ、「ために」節の述語の形式ごとにまとめたのが〔表4〕である[7]。

〔表4〕〈目的〉の「ために」節の述語

	むが	む	うずるが	うず(る)	う	無標	じが	ぬ	べき	まじき	まい
万葉	1	9									
金光	16	2									
三宝	8	1									
雲州	14										
大鏡									1		
今昔	381	6					1				
法華	8	2									

第4章 「ために」構文の変遷　75

	むが	む	うずるが	うず(る)	う	無標	じが	ぬ	べき	まじき	まい
古本	1										
仏教	2										
打聞	2										
三教	3										
往生	3										
宇治	1	4									
著聞	25	2									
沙石	5	16									
延慶	28	1									
高野	18	1									
徒然	2	1									
仮名	11	1									
太平	31	164	3				1				
論語	2	35					5				
史記				1	1	1					
中興					4						
中華		4									
天平			1	8	3	2					
エソ				1	2	3					
金句	1					1					
ばう		11				9			1	1	
どち	7	22				30	1		11	1	
羅葡		5				188		7	5	1	
ぎや	56	47				44	2	1	33	11	
おら	1	6				3			4		
日葡		1		1		2				2	
御伽	7	11									
舞の	6	33					3				
虎明	2	9			1						
六義	1	6				1					
三河		13								1	
醒睡		3					1	1			
驢鞍		7				1					
理屈	8	2				1		1			
捷解					1	1					
好色		1			1						
折た	1	9				1			5		
世話		14			8	9					4

	むが	む	うずるが	うず(る)	う	無標	じが	ぬ	べき	まじき	まい
時代	4	93				5		1	1		1
雨月						2					
浮世						1					
東海						1					
蘭東						1					
八犬	1	53				12			6		

全体的な傾向として、意志・推量の助動詞に承接する点が特徴である。

まず、中世前期までは「むが・んが」を承けるのが一般的だったことがわかる（用例は（4）参照）。次の日本大文典の記述によれば、17世紀初頭になると、格式張った表現として理解されていたようである。

（8） 又上品さを加へるが為には Gotoqu（如く）、Yuyeni（故に）、Tameni（為に）の前に置かれる。例へば、〈中略〉Arauasanga tameni（表さんが為に）等。(日本大文典、土井忠生訳 541 頁、「助辞 GA に就いて」)

次に、中世後期になると、助詞の「が」を介在させない「む・ん」を承ける例が一般的になっていく（（9）のようにそれ以前にも見られる）[8]。

（9） 月ヲ見ム為ニ来レル也。　　　　　　　　　（今昔物語集、24・27）

（10） すがたをおがませんため、是まで出たるぞとよ。
　　　　　　　　　　　　　　　　　　（虎明本狂言・はちたゝき、上 148 頁）

（11） 死んでも名をあげんために（aguen tameni）、仮名ばかりを名乗らうず。Tos.（土佐正尊）　　（日葡辞書、Nanori, u, otta.）

（12） われにうらみが残つてころさんためにきたよな。
　　　　　　　　　　　　　　　　　　　　　（近松・薩摩歌、6・706 頁）

次に、「むが・んが」から「む・ん」に移行するよりやや遅れて、「う」を承けた例が見え始める。

（13） トセウタメニ取ホトニ、問コトモナイソ。
　　　　　　　　　　　　　　　　　（史記桃源抄、亀策列伝 68、5-210）

（14） いやわざ〳〵そのしさいをとひまらせうため、是まで参つてござる。
　　　　　　　　　　　　　　　　　　（虎明本狂言・しやてい、下 402 頁）

第4章 「ために」構文の変遷

　言うまでもなく、「う」は「む」から「ん」を経て生じた形式である。したがって、語形は変化しても意志・推量の助動詞を承けるという点では変わっていない。「う」を承ける例が現れても「ん」の使用例のほうが多いのは、文語体資料に偏る「ために」の書き言葉的性格の強さによるものであるが、そのなかで「う」を承けた例が見られることは、「ために」が書き言葉として固定していたのではなく、生産的に使われていたことを示している。
　「う」を承けた例と並行して、現代語と同じ意志性述語の無標形を承けた例が目立つようになり、使用数では「う」を上回っている。
(15)　田農ハ本テ、正道ナレトモ、富ヲ<u>致ス</u>タメニハ、チヤヽツト、大ナル利ヲ得ル事ハ、ナイホトニ、拙業ナリ。
　　　　　　　　　　　　　　　　（史記桃源抄、貨殖列伝69、5-351）
(16)　物を<u>奪い取るために</u>（vbaitoru tameni）、内に押し入る。
　　　　　　　　　　　　　　　　（羅葡日対訳辞書、Irripio、399右8）
(17)　詩を作る<u>ために</u>（Xiuo tçucuru tameni）人の集まるを詩会といふ。
　　　　　　　　　　　　　　　　（日葡辞書、Xiquai）
(18)　足利染の絹を<u>交易するために</u>。年ヽ京よりくたりけるが。
　　　　　　　　　　　　　　　　（雨月物語・浅茅が宿、33頁）
(19)　家を<u>納めるために</u>嫁を取てあてがふからは、姑は遠くへ退居(のいて)るがいゝ。
　　　　　　　　　　　　　　　　（浮世風呂、98頁）
キリシタン資料では「う」よりも無標形を承ける例が目立ち、羅葡日対訳辞書では(16)のような無標形を承ける例が非常に多い。また、次にあげるように、日本大文典の「ため、ために」の項でも無標形の例しか示されていない。
(20)　動詞及び実名詞の後に置かれて pera（為に）の意を示す。例へば、〈中略〉<u>caqu tame</u>（書く為）、<u>yomu tame</u>（読む為）。
　　　　　　　　　　　　　　　　（日本大文典、土井忠生訳、520頁）
　次の(21)と(22)の天草版平家物語の例は、同じ動詞を承けた例が同頁に現れる例だが、(21)は「うずる」を承けているのに対し、(22)は無標形を承けているというように、「ために」節の述語の形式が異なっている。

(21) 頼朝もこの狼藉を聞いて<u>鎮めうずるために</u>、弟の範頼と、義経をさし上せられたが、既に法住寺殿をも焼き払ひまらして、

(天草版平家物語、225-12)

(22) 平家巻第四。第一。頼朝木曽が悪行を聞いてそれを<u>鎮むるために</u>、代官として弟の範頼と、義経を上いてそれを鎮めうとせらるるを聞いて、木曽平家と一味をせうと使ひを<u>立</u>てたれども、平家同心せられなんだこと。　　　　　　　　　　（天草版平家物語、225-3）

(22) は題に用いられた例なので、文語体平家物語の表現に即した (21) とは異なり、原拠本の影響を受けなかったことによるのだろう[9]。

このようなキリシタン資料での使用状況から、中世後期に日本語を学習する場合（話し言葉として用いる場合）には、「う」よりも無標形のほうが一般的だと認識されていたのだと思われる。

以上のように、「ために」節の述語の形式は、「むが（ん・う）」から「意志性述語の無標形」への移行を認めることができ、その時期は中世後期だと言える。

この他に、否定述語を承ける例が少数ながら見られる。

(23) （盗人が）誰人ト不令知<u>ジガ為ニ</u>、子・父ガ頸ヲ取テ迯ニケルナラム。　　　　　　　　　　　　　　　　　　（今昔物語集、10・32）

(24) 接輿ハ賢人ノ心ヲ云ハヽ、狂人ニ非ス。狂人ノ道ヲ立ルホトニ問答セ<u>ジタメニ</u>走テイヌル也。　　　　　　　　（応永本論語抄、677頁）

(25) 毛の汚れ<u>ぬために</u>（yogorenu tameni）皮を着せたる羊。

（羅葡日対訳辞書、Tectus、811右14）

(26) 此等のさまたげにまけ<u>ぬ為には</u>、汝の敵の力よりも御合力なされ、手の御力は尚強く在します事を思へ。　（ぎやどぺかどる、下31ウ4）

否定は基本的に状態性述語であり非意志性を表すので〈原因〉になるのだが（(3) を参照）、ここは「知らせない」「問答しない」「汚れない」「負けない」状態を保ったり願ったりする意志性が認められる例である。これは現代語でも意志性が認められる場合には、「〜ないために」で〈目的〉を表すのと同様の現象だと思われる（前田直子1995a、ウェスリー・M・ヤコブセン2004）。

少ない例で構文の変化を言うのは問題かもしれないが、「じ（＋が）」から「ぬ」へという移行が指摘できそうである。これは、「む（＋が）」から「無標形」に移行したのと並行的に考えることができ、中世後期に意志・推量の助動詞がなくても用いられるようになる変化だと言える。

最後に、「べし」「まじ」について簡単に述べると、「べし」「まじ」の例が用いられるのは、大鏡の例を除き、古語になった時代になってからである。本来「べし」「まじ」は推定を表す形式として用いられ（中西宇一 1996）、意志との関わりが薄かったので〈目的〉を表す場合には用いられにくかったのだろう[10]。やがて、「む」「じ」とともに話し言葉の世界から消え、「む」「じ」と同様の意味を表す文語体の形式と認識されて、おもに文語体資料のなかで用いられるようになったのだと思われる。

2.4 〈原因〉の「ために」構文

次に〈原因〉構文を分析する。〈原因〉の見られる資料をおおよその時代順に並べ、「ために」節の述語の形式ごとにまとめたのが〔表5〕である。

〔表5〕〈原因〉の「ために」節の述語

	無標＋が	無標＋の	無標	ぬ	ざるが	る	たる	し（＋が）
金光明最勝	4		3					
源氏物語			1					
雲州往来	1							
今昔物語集	5							
往生要集	4							1
沙石集			1	1				
仮名書法華経	6							
理屈物語							1	
折たく柴の記	5				4			2
近松・時代物			1					
里見八犬伝	10	2	2			1		

まず、「無標形（＋が・の）」を承ける例が目につく。

(27) 時に彼の貧しい財を求（め）むと欲フが為に、広ク方便を設（け）て策み勤（め）て怠ルこと無し。（金光明最勝王経古点、巻1、9-19）[11]

(28) この折（光源氏ノ四十賀）の清らを尽くしたまはむとするため、大臣の（一品ノ宮ニ琴ヲ）申したまはりたまへる御伝へ伝へを（光源氏ハ）思すに、いとあはれに、昔のことも恋しく思し出でらる。
（源氏物語・若菜上、1056頁）

(29) 厳旨ヲ恐（ル）ルカ為（ニ）、弁済（ス）可（ク）侍リ。
（雲州往来、48ウ7）

(30) 劫初ヨリ以来、世ニ悪王有テ王位ヲ貧ルガ為ニ父ヲ殺ス事一万八千人也。（今昔物語集、3・27）

(31) 世ニ有ル人、父母ニ孝養スルガ為ニ、寺ヲ造リ、塔ヲ起テ、仏ヲ造リ、経ヲ写シ、僧ヲ供養ス。（今昔物語集、20・31）

(32) 三学ニモ叶ハズ、諸大乗ノ機〔ニ〕モタラズシテ、障重ク根鈍ナル為ニ、陀羅尼蔵ヲバ説、頓ニ無明ヲ除キ、涅槃ヲ悟シムトイヘリ。
（沙石集、120頁）

古代語の場合、述語の意味は意志性（(28)(30)(31)）[12]・非意志性（(27)(29)(32)）に関わらず、無標形によって既に実現している事態を表し（鈴木泰1992）、「ために」節と主節の時間関係を［先─後］として〈原因〉を表している。現代語の「た」「ている」に相当する過去・完了の形式を承けた例が原則として現れない点が現代語との相違点として指摘できる。中世以前には「き」を承けた例が1例だけ見られる。

(33) 昔、名利に貪せしか為に、不浄の説法（を）せる［之］者、此の報を受く。（最明寺本往生要集、上24オ2）

この例はヲコト点（院政期）で示された例で、同資料の12世紀中後期の墨点では仮名で「貪スルカ為ニ」とある。調査資料以外では、築島裕（1963：374）が存続の「り」を承けた「誨駁乖けるが為に」「荒頽せるが為に」と訓読される慈恩伝巻第九承徳点の〈原因〉の例を挙げているが、過去の「き」「けり」、完了の「つ」「ぬ」を承けた例の報告例はないようで、(33)は例外

近世になると、次のように「たり」「き」を承けた例が現れる。

(34)　「よのつねならず、此賜をもかたじけなく思ひ奉るべけれ共、子を
　　　うしなひたるために給はるたまものなれば、かたじけなしとするに
　　　たらず、　　　　　　　　　　　　　　　　　　　（理屈物語、巻2・19）

(35)　銀改造りしがために、重秀わかち得し所は、金およそ二十六万両に
　　　余り、　　　　　　　　　　　　　　　　　　　（折たく柴の記、306頁）

この例は現代語の「た」相当で、「ている」を承けた例は近代になるまで見られないようである[13]。

ところで、漢字に承接した例なので用例数には含めていないが、次の三河物語の例は、希望の「たし」に承接し、〈原因〉を表している。

(36)　其儀をきゝ申度ために申つる。　　　　　　　（三河物語、187頁）

これは〈目的〉に近い〈原因〉の例で、「聞き申すために」とあれば〈目的〉の例となる。小柳智一（2005）が指摘するように、［目的―手段］の関係は、「ある事態の実現を望み、そのために必要な事態を意図的に引き起こす」という因果関係を表す。例えば、「猪を捕まえるので、罠を仕掛けた」という場合、「罠を仕掛けた」を引き起こすのは、「猪を捕まえる」ことではなく、「［猪を捕まえる］を望む」ことであるが、「猪を捕まえる」が「因」であるように表される。そのため、「猪を捕まえるので」と「猪を捕まえたいので」がほぼ同意となる。(36)の手段（この場合「申しつる」）を引き起こすのは、「聞き申す」ことではなく、「『聞き申す』を望む」ことである。この「望む」が「たし」の形で顕在化し、「聞き申したきために」と表現された例だと言える。先掲の(27)(28)も同様の例で、「求めむが為に」「尽くしたまはむため」とあれば〈目的〉であるが、「望む」が「欲ふ」「する」の形で顕在化した例である。このように〈目的〉に隣接した〈原因〉の例もある。

また、生野浄子（1961）で「ため」「ゆゑ」の混淆とする現象がある。例えば(30)は、次のような「故ニ」と用法が似ている。

(37)　大王ハ財ヲ貪ボルガ故ニ、三悪趣ニ堕チ給フベキヲ

82　Ⅱ　条件表現

(今昔物語集、5・15)

また、〈目的〉に対応した「ゆゑに」の例もある。

(38) a　亡ゼル父母ヲ<u>救ハムガ為ニ</u>、此ノ経一部ヲ書写ス。

(今昔物語集、6・38)

　　　b　其ノ難ヲ<u>救ハムガ故ニ</u>来レル也。　　　(今昔物語集、6・9)

この現象が起きるのは、〈目的〉が背景に因果関係を持っているからである（森重敏1948、益岡隆志1997:122、ウェスリー・M・ヤコブセン2004、小柳智一2005）。例えば(38)aには「書写すれば父母を救える」という因果関係が背景にある。このように、因果関係を背景に持つところから、〈目的〉を表す形式と〈原因〉を表す形式が混淆することがあるのである。

「ために」の〈原因〉の例には、漢文訓読からの影響（柴生田稔1944、築島裕1963:374）の他に、このような〈目的〉に隣接した例や因果関係の混淆によって生じた例も含まれている。〈原因〉の例が少ない理由は、「ゆゑに」などの他の〈原因〉を表す形式があったことも大きな要因だろうが、「ために」は〈目的〉を表す形式だと認識されていたことによるのだろう[14]。〈原因〉はあくまでも例外的な例だと言える。

2.5　補足

2節の初めに記した判定基準にあてはまらない例が僅かながら見られる[15]。いずれの例も、「ために」節の事態が主節より後である点で〈目的〉と共通するものの、〈目的〉とは解せない例であり、詳しく見ると次の2種に分けられる。

1種は、「ために」節の述語の実現を予期して主節の行動をとる例で、これを仮に〈予期〉と呼ぶ。

(39)　難波潟潮干のなごりよく見てむ家なる妹が待ち問はむ<u>ため</u>（妹之待将問多米）　　　　　　　　　　　　　　　　　　(万葉集、6・976)

(40)　今にも人がくる<u>ため</u>こゝへかくれてござんせと、屏風のかげにをし入、　　　　　　　　　　　　　　(近松・冥途の飛脚、7・314頁)

〈予期〉は現代語でも用いられる。

(41)　津波が来るために、ジョンはヨットを陸にあげた。
(奥津敬一郎〈1975〉の挙例)

〈目的〉の「ために」節と主節との関係は、「「ために」節の述語の実現を望んで主節の行動をとる」という関係にあるので、「ために」節と主節の主体が一致するのが典型である[16]。そして、「ために」節の述語の意志性には、述語の語彙的意味だけではなく、表現主体の意志が認められなければならない。それに対して（39）〜（41）は「ために」節と主節の主体が異なっており、「ために」節の述語は、語彙的には意志性の動詞であるが、主節の主体の意志は認められない。したがって、〈目的〉とは解せないのである。これらは通常〈原因〉に分類するのだろうが、本章で〈原因〉とした「ために」節と主節の時間関係が［先―後］の場合とは異なるので区別しておく。

もう1種は、次の（42）〜（46）に挙げる例で、（42）が「妻が見るように」（岩波新大系）、（45）が「刀が締まるように」（小学館全集）と訳される通り、現代語の「ように」に相当する例である。

(42)　我が袖に霰たばしる巻き隠し消たずてあらむ妹が見む<u>ため</u>（妹為見）
(万葉集、10・2312)

(43)　鶏の卵を産む<u>ために</u>（vmu tameni）作り置きたる籠。
(羅葡日対訳辞書、Qualus、666左8)

(44)　姉なふかさねてもどら<u>ぬため</u>、いはふて内で門火たけ。
(近松・心中宵庚申、12・571頁)

(45)　わたしがさいく、大小のしまる<u>為</u>中入に念は入れたれど、くけ口がお気に入まい。　　　　　(近松・鑓の権三重帷子、5・138頁)

(46)　わしゆへしんだ人々の。恨の念もはる丶<u>為</u>なぶりころしにして下さんせ。　　　　　　　　　　(近松・津国女夫池、12・54頁)

現代語の「ように」は「ために」より広く〈目的〉を表すので（前田直子2006:37）、この場合も〈目的〉と言えるが、いずれも「ために」節と主節の主体が異なり、「ために」節の述語に主節の主体の意志は認められないので、本章の〈目的〉とは異なる。これらの例を仮に〈企図〉と呼ぶ。

万葉集の「ために」は〈予期〉と〈企図〉が14例中4例を占めるので未

実現事態への指向性を表すとでも捉えられるが[17]、中古以降は〈目的〉を表す専用形式と言ってよい状態になる[18]。〈予期〉の例はほとんど見られない。〈企図〉は中世から近世にかけて用例が目立つが、この時期は〈企図〉の専用形式が「べく」から「ように（やうに）」へ交替する時期であり（山口堯二 2003：179）、衰退した「べく」の領域を担う形式として「ために」も使われたのかもしれない。羅葡日対訳辞書では「Naqi yŏni, l, naqi tameni.」（Ne、485右4）のように、「ように」と「ために」を並置して説いている。やがて「ように」が〈企図〉を表す形式として確立し、「ために」は〈企図〉を表しにくくなっていったのだろう。

〈予期〉と〈企図〉の「ために」節の述語の形式は、用例数も少なく確実なことは言えないが、〈目的〉と同様に「む」から無標形へという移行が認められそうである。〈予期〉と〈企図〉は、構文的な観点からは〈目的〉と同様に考えてよいと思われる。

2.6 まとめ

以上をまとめると、上代から近世の「ために」構文は次のようになる。

〈原因〉構文[19]
　（Ⅰ）　無標形（＋が）＋ために
〈目的〉構文（〈予期〉・〈企図〉構文）
　（Ⅱ）　意志性述語＋む（ん・う）（＋が）＋ために
　（Ⅲ）　意志性述語の無標形（＋が）＋ために

（Ⅰ）は基本的に現代語と同じで、これに「た」「ている」を承ける構文が加われば現代語の体系になる。その時期を特定するのは用例が少なく困難であるが、「た」に相当する形式が複数例見られるようになるのは近世であり、「ている」が現れるのは近代になってからのようである。

（Ⅱ）は中世後期に「むが」から「が」を介在させない「む」を承けた例が多くなる。（Ⅲ）は中世後期から現れ、現代まで使われ続けている。した

がって、(Ⅱ)から(Ⅲ)へ移行するのが〈目的〉構文の変化であり、その時期は中世後期から近世にかけてである。

次節では、用例の多い〈目的〉構文の変化の要因を探ることで、〈原因〉構文の変化も並行的に捉えられることを示していく。

3 変化の要因―「む」の衰退―

〈目的〉構文の(Ⅱ)から(Ⅲ)への変化は、「む」を用いずに無標形を用いることになる変化である。これを日本語文法史上に照らし合わせると、従属節にも現れた古代語の「む」から、不変化助動詞(金田一春彦1953)と呼ばれる主節用法に限定される現代語の「う」への変化と関連があると推測するのは自然である。しかし、「ために」構文の変化をこのような「む」の従属節用法の衰退のなかに位置づけるには、衰退が中世後期に始まっていることを示す必要がある。

従属節の「む」の衰退が、いつ頃始まったのか捉えるのは難しいが、富士谷成章の『あゆひ抄』(1778)には次のような記述があるので、18世紀後半には従属節中で「む」を必要としなくなっていることはわかる。

(47) 詞の中にありていきほひせまれるをは、かたへはおとしすゑていふ。たとへは「かへらん人に」「あはん日までに」なといふへき詞を、里には「かへる人に」「あふ日までに」ともいふたくひ也。みな今の人詞にくはしからぬかゆゑなり。　　(あゆひ抄、巻四、「何ん」)

また、土岐留美江(2010)は虎明本狂言・近松世話物・浮世床の「う」の用法別のデータを示しているが、時代が降るにつれて連体法での使用率が低くなっており、この変化は近世に進んだことがわかる[20]。

そこで、本節では〈目的〉構文で無標形を用いるようになる中世後期に従属節の「む」の衰退が始まっているかどうか、天草版平家物語とその原拠本に近いとされる斯道文庫蔵百二十句本平家物語とを対照することで検討していく。

3.1 従属節の「む」の衰退

　斯道本の「む」を天草版ではどのように表しているのか見ていく。調査は、斯道本の巻4の33句から巻12の120句（ただし巻8の71句～80句は欠巻）の「ン」（「ム」で表した例はない）のうち、天草版と対応する本文がある例に限り、さらに以下の例も除外した。

　A「んため・んがため」の例
　B「なん・てん・ざらん・たらん」など、複合助動詞の例
　C「やらん・んか・―や―ん」など疑問文の例
　D 対応する本文があっても対応する用言がない場合
　　a 逆茂木除（ノケン）トシケル程ニ（斯道本、272-4）
　　b 逆茂木をのけなんどするうちに（天草版、123-7）
　E　連体詞的な「いかならん」の例

　Aは「ために」構文と重なるので除外し、BCは単純な「む」の表す領域に限定するために除外した。また、Eは慣用句的な表現なので除外した[21]。

　その結果、天草版に対応する斯道本の「ン」の例は325例となった。それを主節と従属節に分け、対応する形式ごとに分類したのが次の〔表6〕である。

〔表6〕天草版における斯道本の「ン」の対応表現

		無標形	う	うず（る）	ん	未然形＋ば	その他
従属節（105例）		7	66	25	3	3	1
主　節（220例）	意志	1	156	46	1	—	2
	推量	0	6	7	0	—	1
合　計（325例）		8	228	78	4	3	4

　〔表6〕から、斯道本の「ン」は天草版では「う」に対応し（約70％）、次いで「うず（る）」に対応している（24％）ことがわかる。主節では約98％、従属節では約87％が「う・うず（る）」で置き換えている（「ん」の例は和歌・引用）。主節に比べて割合は低いものの従属節の使用率も高く、従属節の「う」が生産的に用いられていることを示している（湯澤幸吉郎1928、福嶋健伸2011）。

第4章 「ために」構文の変遷　87

その一方で、僅かながらも無標形に置き換えた例がある。主節より従属節のほうが例が多い。例を挙げる（aが斯道本、bが天草版）。

(48) a 　情ケヲ懸ケ奉ン人、都ノ内ニナトカ無カルヘキ　　（巻7、458-4）
　　 b 　都の内に情けをかけまらする者がなうてはかなふまじい。
　　　　　　　　　　　　　　　　　　　　　　　　　　　　（184-13）
(49) a 　弟ノ七郎カ見ン前ヘニテ、彼等ニ語セント思為ソカシ。
　　　　　　　　　　　　　　　　　　　　　　　　（巻9、502-1）
　　 b 　弟の七郎が見る前で、彼等に語らせうずるためぢゃ。　（250-9）
(50) a 　「世ニ有ン人ヲ憑メ」ト仰候ハ　　（巻10、605-9）
　　 b 　「世にある人を頼め」と仰せらるるは　　（314-19）
(51) a 　矢ニ当テ死ン身モ同事　　（巻11、638-1）
　　 b 　矢に当たって死ぬるも同じこと　　（327-19）
(52) a 　御恵ニ随ント思ン人々ハ、急キ御供ニマイリ玉ヘ　（巻11、664-11）
　　 b 　お恵みに従はうと思ふ人は、急いでお供に参らせられい　（343-22）
(53) a 　我ト思ン者、教経虜リ鎌倉ヘ具シテ下レ。　　（巻11、668-7）
　　 b 　われと思ふ者身を生け捕り鎌倉へ具して下れ。　　（346-15）
(54) a 　生テ皈ン事有ガタウ候。　　（巻11、669-1）
　　 b 　生きて帰ることはござるまい　　（346-24）

　斯道本と天草版の本文の距離は、(48)はやや遠いが、他の例は非常に近いところである。このように文語体から口語体への転換という制約の強いところで無標形に置き換えた例があることに注目すると、この事例は「む」の従属節用法の衰退を示す事例と捉えることができ、中世後期の話し言葉では、本来「む」を使用していたところを無標形で表すようになったことの反映であると考えられる（偶然かもしれないが、上の7例はすべて発話文の例である）。
　したがって、「ために」を無標形で承けるのも上記の例と軌を一にすることと言え、〈目的〉構文の変化を「む」の従属節用法の衰退のなかに位置づけてよいことになる。先の〔表4〕に示した通り、キリシタン資料のなかでは天草版平家物語が無標形を承ける割合が14例中2例[22]で最も低いのだが、それは原拠本の制約によるものだろう。一方、他の文語体のキリシタン資料

のほうが無標形を承ける割合が高いのは、当時の従属節の「む」の衰退が天草版平家物語より進んでいることを示しているものと考えられる。

　以上の検討を経たうえで、「ために」節の述語の観点からは、中世後期に従属節の「む」の衰退とその領域への無標形の侵出が認められる[23]。

　通常、キリシタン資料は口語体・文語体に分類され、口語体の事象をもって中世後期の言語状況を反映したものと見なすことが多いが、このように文語体資料のなかに新しい用法が多く見られることもあるのである。言語事象ごとに考えてみなければならない問題だろう。

3.2　事態把握の変化

　「む」の従属節用法の衰退は事態把握の変化として捉えられる。元来、従属節にも用いて広く未実現領域を表す形式として用いられていた「む」[24]が、主節の意志専用の形式へ向かい、空き間となった領域に元来は既実現領域を担っていた無標形が侵出したというのが、古代語から近代語への変化である。「む」の領域に無標形が侵出したのは、積極的に既実現を表す形式ではなかったことによるのだろう[25]。こうした「む」と無標形との関係は、従属節だけではなく主節にも影響を及ぼすことになる。3.1 の〔表6〕を見ると、主節にも斯道本の「ン」を無標形で置き換えた例が1例ある。

（55）a　左候ハヽ、家光ハ死出山ニテ待マイラセン。　　　（巻9、488-10）
　　　b　さござらば、家光はまづ先立ちまらする。　　　　（238-20）

この例は、古代語ではほとんど表すことのない未来の事態を表す無標形の例であり[26]、無標形の「む」の領域への侵出が主節にも起きたと推測される例である。この箇所は、斯道本の本文よりも覚一本に近いと指摘されている箇所であるが（近藤政美2008：97）、覚一本の本文は「さ候ば、まづさきだちまいらせて、四手の山でこそ待まいらせ候はめ」（巻9、下126頁）とあり、「先立ちまらする」の対応箇所は終止形ではない。原拠本が覚一本の本文のようだったとしたら、おそらく「四手の山」の表現を避け、「先立ちまゐらす」の箇所で係り結びの形式を除いて留めようとして、「先立ちまらする」としたのではないだろうか。その際に、独自の表現として、無標形が選択さ

第 4 章 「ために」構文の変遷　89

れたものと考えられる。

　主節の例が従属節に比べて少ないのは、現代に至るまで主節で「う」が使われ続けることが理由の一つに挙げられるが、無標形の「む」の領域への侵出は従属節と主節とで遅速があるのではないかとも思われる。主節の無標形で未来を表す例は、中世後期では調査範囲を広げても確認するのが容易ではないからである。近世になると、次のように例が拾えるようになる。

(56)　去んでからに、こちや明日は五郎八と芝居へゆきます。
　　　　　　　　　　　　　　　　　　　　　　　(難波鉦、226 頁)
(57)　明六つのすこし前に行水をするぞ。　　(好色五人女、247 頁)
(58)　コレ〳〵伝兵衛、小はるにさたなし。みゝへいれば、夜明迄くゝられる。それゆへよふねさせてぬけていぬる。日が出てからおこしていなしや。我ら今から帰るとすぐに、かい物のため京へのぼる。
　　　　　　　　　　　　　　　　(近松・心中天の網島、11・742 頁)
(59)　新銀壱貫目こよひのびると明日町へことはる。
　　　　　　　　　　　　　　　　(近松・女殺油地獄、12・173 頁)

　このように従属節だけでなく主節の「む」の領域にも無標形が侵出していき、現代語の体系へ向かうのである[27]。

　第 2・3 章で見たように、同様の変化は条件表現にも起きた。中世後期の条件表現の体系は、仮定の「未然形＋ば」と確定の「已然形＋ば」の対立関係が崩壊したことにより、仮定は「ならば」「たらば」の専用形式が担い、確定は「ほどに」や「によって」などの他の形式が担って仮定と確定が形態的に並行した関係ではなくなった。そして、一般条件を表した「已然形＋ば」が拡張して仮定を表すようになる。

(60)　もし頼政ぢやは、光基などと申す源氏どもに欺かれたればこそ、まことに一門の恥辱でもござらうずれ、　　(天草版平家物語、16-1)
(61)　請け払ひも今宵一夜を越せば、明日よりは自由なり。
　　　　　　　　　　　　　　　　　　　　　　(日本永代蔵、163 頁)
(62)　こよひ中にすませば別条ないやくそくではないかいの。さればあすの明六迄にすめば弐百匁。五日の日がによつと出ると壱貫匁。もと

弐百匁を壱貫匁にしてとれば、こつちの徳の様なれど、親仁殿にひごうのかねを出さするがせうしさに、こなたひいきでせつくぞや。

(近松・女殺油地獄、12・173頁)

条件表現においても仮定という未実現領域に従来既実現を表していた「已然形＋ば」（ただし、そのなかでは既実現の色が薄い一般条件を表す用法）が侵出するのである。

また、「む」と条件表現に関連して、順接仮定の「未然形＋ば」と逆接仮定の「終止形＋とも」は「むば」「むとも」のように、本来「む」を承けることはなかったが（小田勝2006）、中世から近世にかけて次のような「うば」「うとも」の形が現れる（蜂谷清人1977、小林賢次1996）。

(63) 其上で御ほつたいなされうバともかくもでござる程に、まつお内義へ御談合なされひ。　　　　　　（虎明本狂言・路れん、下191頁）

(64) 性ハ明ルカロウトモ、暗カロウトモ、行ハ強カロウトモ、弱カロウトモ、只我レニ離ル筋ヲ勤メバ、万徳ノ筋ヲ修スル人也。

(驢鞍橋、中・89)

これらは仮定の表し方が変化したことに伴って「う」を過剰に用いて生じた語形だと思われる。「うば」について蜂谷清人（1977：118）は「うには」から転じた形と見るものの、「一般に仮定条件表現の未然形＋「ば」の衰退の傾向の中にあって、仮定的意味を明確に示す「う」を伴うことによって「うば」の形式が容認された」と位置づけている。

その一方で、既実現領域に目を向けると、上に見たように無標形、已然形が未実現領域に侵出したのに加え、おもに過去・完了の表現に関わって既実現領域を担った連用形を基にした様々な形式も、過去・完了の専用形式である「た」へと収斂され（65ab）、連用形が既実現領域に関わる活用形という意識も薄くなっていったと考えられる。中世に出現した希望の「たし」が連用形に承接することもその裏付けになるだろう（66）。

(65) a 司空ノ宦テアリタルト云心ソ。（応永本論語抄、22頁、ラ変接続例）

　　 b 貫ンテ有子ト云タソ。　　　　　　　　　　（応永本論語抄、6頁）

(66) 文花ヲ改テ古風ニナシタケレトモ孔子ハ位ナシ。

(応永本論語抄、158頁)

要するに、中世後期を画期として活用形が既実現・未実現という事態把握と密接に関わっていた時代から、そうでない時代へと変わっていったのである[28]。このような事態把握の変化のなかに「む」の変化もあり、「ために」構文の変化もあるのである。

3.3　「ために」構文の変化

以上を踏まえて、「ために」構文の変化は以下のように捉えられる。
〈目的〉構文で「む」を用いるのは、「ために」節と主節との［後—先］という時間関係を表す場合に、主節以降の事態（＝主節から見て未実現の事態）を表すのに「む」が必要だったからである[29]。それが中世後期以降は「む」が衰退して無標形で未実現の事態を表せるようになったことにより、無標形を承けて〈目的〉を表すようになった。

一方〈原因〉構文は、意志性述語の場合に無標形で既実現を表しにくくなったことにより、既実現を明示する形式が必要になった。現代語のように「た」「ている」形を承けて既実現を明示するようになるのは、このような事情によるのだろう。用例の少ない〈原因〉構文の変化を解釈するのは難しいが、以上のように〈目的〉構文の変化の解釈と並行的に捉えることができるものと思われる。

4　おわりに

最後に簡単にまとめる。
1　古代語の「ために」の意味は〈目的〉を表すことを主とし、〈原因〉は稀にしか見られない。
2　古代語の「ために」は漢文調・文語体の資料で用いられ、文体的な偏りが見られる。この性格を現代語でも引き継いで、話し言葉よりも書き言葉寄りの形式となっている。
3　〈目的〉構文は中世後期を画期として、「ために」節の述語の形式が

「む」から無標形に変化する。一方、〈原因〉構文は「ために」節に「た」「ている」が現れるようになるのが近代語への変化であるが、その時期は「た」に相当する形式は近世以降、「ている」は近代になってからのようである。
 4　変化の背景には、事態の既実現・未実現の把握の仕方の変化があり、それに伴って「む」の従属節用法が衰退し、その空き間に無標形が侵出したことが「ために」構文の変化を引き起こした。

「名詞＋の（が）」を承けた例の分析や近代以降〈原因〉が増加する理由など、「ために」に関する残された課題は多い。

注
1) 奥津敬一郎(1975)、国広哲弥(1982)、寺村秀夫(1984：212)、益岡隆志(1997：122)、ウェスリー・M・ヤコブセン(2004)、日本語記述文法研究会(2008：128)、前田直子（2009）などを参照した。
2) 助動詞（る・らる〈れる・られる〉、す・さす〈せる・させる〉を除く）を伴わない動詞の終止形・連体形を指して無標形と呼ぶ。
3) 本章では、副詞節で用いた「ため・ために」を一括して「ために」で示す。なお、古代語は「ため」より「ために」のほうが一般的であるが、意味用法上の差は見られないようなので一括した。
4) そのうち、古今集・土左日記・蜻蛉日記・枕草子・和泉式部日記・栄花物語・更級日記・梁塵秘抄・新古今集・方丈記の10資料には「ために」の用例が見られなかった。
5) 史記桃源抄は、桃源抄の列伝部分の調査。南総里見八犬伝は第九輯の調査。近松時代物は、世継曽我・出世景清・三世相・佐々木大鑑・薩摩守忠度・主馬判官盛久・今川了俊・津戸三郎・烏帽子折・大覚大僧正御伝記・本朝用文章・天智天皇・蟬丸・大磯虎稚物語・曽我七以呂波・吉野忠信・十二段・最明寺殿百人上薦・日本西王母・曽我五人兄弟・団扇曽我・百日曽我・天鼓・本朝三国志・平家女護島・傾城島原蛙合戦・井筒業平河内通・双生隅田川・日本武尊吾妻鑑・津国女夫池・信州川中島合戦・唐船噺今国性爺・浦島年代記・関八州繫馬の調査。
6) 太陽コーパスによって、1901年の口語体を検索・分類したところ、〈目的〉43例に対して〈原因〉は52例見られ、ほぼ拮抗している。1925年の口語体で

は、〈目的〉228 例に対して〈原因〉は 346 例と〈目的〉を大幅に上回る。
7) 「んが」「ん」は「むが」「む」に含めた。「う」の項のうち天草版平家物語の 1 例は「うが」を承けた例。「無標」の項のうち折たく柴の記、南総里見八犬伝 1 例は「無標＋が」を承けた例。「じが」の項のうち応永本論語抄 3 例、舞の本 3 例は「じ」を承けた例。「ぬ」の項のうち羅葡日対訳辞書 3 例は「ざる」の例。「べき」の項のうち理屈物語、折たく柴の記 1 例は「べきが」を承けた例。
8) ただし、(9) を含めて今昔物語集の「む」を承けた 6 例はいずれも鈴鹿本の存しない巻であり、そのうち 3 例では「むが」とある異文を持つ例である。
9) この箇所は原拠本に近いとされる斯道文庫蔵百二十句本平家物語の欠巻箇所なので、比較的近いとされる竹柏園本平家物語の対応箇所を見ると、次のように「鎮ントテ」とある。
　　○鎌倉前右兵衛頼朝、木曽カ狼藉ヲ鎮ントテ舎弟蒲冠者範頼、九郎義経ヲ為大将、六万余騎ヲ被差上ケルカ既ニ法住寺殿ニテ合戦有。　　（巻 8、27 オ）
10) 大鏡の「べし」は推定ではなく意志に分類される例と認められる。
　　○ゆゑは、極楽浄土のあらたにあらはれ出でたまふべきために（人夫ヲ）召すなり。　　　　　　　　　　　　　　　　　　　　　　（241 頁）
11) 金光明最勝王経古点の「無標形＋が」の残りの 3 例は「欲すが」の例で、除外した補読例 2 例は (9) と同様に「欲（ふ）が」の例で「欲」が現れ、表現が固定的である。無標形を承けた 3 例は、「世尊、唯リ願フ為ニ〔於〕甚深の理を修行する〔之〕法を説（き）たまへ」（金光明最勝王経古点、巻 5、89-4）のように「願ふ為に―命令形」の例で、「お願いですから……」と解せる固定的な表現である。なお、中田祝夫 (1979) は同じ構文を「唯リ願フ、為に説（き）たまひ（ねと）まうす。」（地蔵十輪経元慶七年点、序品第一、11 頁）のように、「願ふ、為に」のように分けて訓んでいる。
12) この場合の「意志性」は述語の持つ語彙的意味としての意志性であり、〈目的〉の場合のような、その動作を実現しようと望む表現主体の意志は認められない。〈目的〉の多くの場合、語彙的意味の意志性と表現主体の意志の双方が認められるが、(23)～(26) のように非意志性の否定述語で〈目的〉を表すことがあるのは、表現主体の意志が認められるからであり、語彙的意味より表現主体の意志のほうが〈目的〉の意味決定に重要であることがわかる。2.5 も参照のこと。
13) 太陽コーパスで検索すると多くはないが次のような例がある。「東地中海の要所に位置してゐる為めに、歴史上頗る重要な関係を有してゐたのであります」

94　Ⅱ　条件表現

　　（浜田青陵「クリート島の考古学的遺跡を見る」太陽、1917）
14) 日葡辞書には目的の意の訳語「pera.」しか見られない（日本大文典も同様。2.3の（20）参照）。ちなみに「ゆゑ」には「Coufa, & razão.」の訳語を当てている。
15) 調査範囲では18例見られた。内訳は、万葉集4例、金光明最勝王経古点1例、今昔物語集の補読例1例、羅葡日対訳辞書4例、近松世話物4例、時代物4例。
16) 奥津敬一郎（1975）は〈目的〉構文の制限の一つに「補文の主語と主文の主語とは同一でなければならない」を挙げる。奥津敬一郎（1983）でも、「赤組ガマチガイナク勝ツタメニ我々ハ力イッパイ努力シヨウ」といった反例を紹介した上で「主語一致の傾向が強いことは否めない」と述べている。なお、〈目的〉で主節とタメニ節の主体が一致しない例はキリシタン資料に見られるのがはやい例である。
　　　○此ふしんをひらくために、一のこころみあり。
　　　　　　　　　　　　　　　　　　　　　　　（どちりなきりしたん、19ウ11）
　　　○船に乗るためによい凪ぢゃ。　　　　　　　　　　　　（日葡辞書、Nagui）
17) 従来、万葉集の「ために」は〈目的〉の例しかないとされていたが（澤瀉久孝1958：285）、吉野政治（2005：5）は〈目的〉とは解せない例があることを指摘し、「将来約束されているものや推量されるもの」を示す「将来因」の例として位置づけ、「ために」の意味を広い意味での「理由」としている。
18) 〈原因〉も多い現代語の場合は、国広哲弥（1982）のように、「AタメニB」において、「Bの行動・状態を引き起こす理由を示す」と捉えることも可能であるが、〈原因〉の少ない古代語では〈目的〉を中心に記述したほうが有益である。
19) 〈原因〉構文の過去・完了を承ける例は稀なので省いた。
20) ただし、使用率の観点だけでこの変化を明らかにするのは難しいようである。例えば伊勢物語の「む」の用法は、主節用法53例（意志48例、推量5例）、従属節用法10例（名詞後接8例、助詞後接2例）で、従属節用法の割合は15.9％であり、時代を遡るほど従属節用法が多くなるというわけではない。ちなみに、エソポのハブラスでの「う」の用法は、主節用法66例（意志63例、推量3例）、従属節用法43例（名詞後接36例、助詞後接7例）で、従属節用法の割合は39.4％であり、単純に伊勢物語と比較すると、従属節用法の使用率が増加していることになる。
21) 「いかならん」は5例見られる。天草版では、「いかならん」1例、「いかな

22) (22)の題の例の他に次の心内文の例がある。
   ○あはれこれは法皇の比叡の山を攻めさせられうとあるを、申し止むるために、呼ばるるとお心得あって……　　　　　　　　　　　　　　(24-3)
   高野本の対応箇所は次の通り。
   ○あはれこれは法皇の山攻めらるべきよし御結構あるを、申とゞめられんずるにこそ。」　　　　　　　　　　　　　　　（西光被斬、上77頁）
   原拠本もこの本文に近かったとすると、本文が遠いので、独自の表現として無標形が現れたのかもしれない。
23)　福嶋健伸（2011）はキリシタン資料・狂言資料の「ために」節の述語の形式を調査し、無標形が「未来（以降）の領域へと移行していく過渡期にあった」ことを指摘している。同論文では、「ために」節述語に無標形の割合が少なく「う・うずる」が多いことを重視して中世末期の体系を描いているが、無標形があることを重視して「う」から無標形への変化を描こうとしている本章とは、同一事象を異なる視点から見ていることになる。なお、同じ資料を用いて用例数が異なるのは、福嶋健伸（2011）では「ためなり」「ためぢゃ」などの主節に使われた例も用例数に含めていることによる。
24)　尾上圭介（2001：427、457）が「非現実事態仮構の叙法」と捉えていることを参照した。
25)　無標形の理解については、橋本四郎（1953）、仁科明（2007：253）を参照した。
26)　土岐留美江（2010）によれば、中古の物語で発話文の終止形終止文で未来を表す例は、落窪物語に8例と源氏物語に1例しか見られないようである。源氏物語の例が同書185頁の例だとすれば、この本文は「いそきまかて侍」（須磨、401頁）と活用語尾がなく、河内本では7本中4本が「はへる」（『河内本源氏物語校異集成』）と連体形になっており、終止形終止文の確例とはならず、連体形終止の例かもしれない。また、落窪物語は周知のように資料性に問題がある。したがって、中古の段階で終止形終止文で未来を表すことはなかった可能性が高い。
27)　尾上圭介（2001：427）に未実現事態を表す「未然形＋a」の形式の消滅と無標形との関係について言及がある。
28)　活用形の変容は、実現の有無への関わりだけではなく、連体形終止形の同形化、係結の崩壊による曲調終止の衰退など、機能面にも及んでいる。青木博史（2013）が指摘する「動詞連用形＋動詞」から「動詞連用形＋て＋動詞」へ

という、連用形の修飾機能の衰退も、古代語の活用形の変容を示す事例である。
29) 例えば、「我レ、老母ノ餓ヲ助ケムガ為ニ、地蔵ノ誓ヲ憑テ其ノ法ヲ行ヒキ」（今昔物語集、17・9）の例では、「ために」節の意志性は「助ク」という意志性の動詞によって表し、「む」は主節以降を表すのに必要だったと捉える。「む」は意志という意味に関与するが、「む」によって意志の意味が生じるのではないと捉えるのである。また、この例の事態全体は、主節に「き」が現れ過去の出来事なのは明らかなので、この場合の「未実現」というのは「主節から見て未実現」を表す。

第5章 「とも」から「ても」へ

1 はじめに

　逆接仮定を表す形式は、中世後期から近世前期にかけて「とも」から「ても」へと交替する。虎明本狂言（1642）の頃には、「すでに「動詞終止形＋トモ」から「動詞連用形＋テモ」に移行していると言ってよい」（小林賢次 1996：235）という状態となっている。中世後期から近世前期にかけての「ても」の使用状況については、これまでに狂言資料を扱った小林賢次（1996）の他、抄物資料を扱った湯澤幸吉郎（1929）、高見三郎（1996）、朝鮮資料を扱った浜田敦（1970：301）などによって多くの指摘がなされている。しかし、「ても」がいつ頃からどのようにして逆接仮定を表す形式となったのかについては、いまだ明らかにされているとは言えないようである。そこで本章では、中古から中世までの「ても」に着目し、「とも」から「ても」へ交替が起きた過程とその要因を考察することを目的とする。

2 中古の「ても」

　「ても」の例は、はやく上代から見られる。
　（1）　別れ<u>ても</u>〈別而裳〉またも逢ふべく思ほえば心乱れて我恋ひめやも
　　　　　　　　　　　　　　　　　　　　　　　（万葉集、9・1805）
　この歌は、弟の死を悲しむ長歌の反歌として詠まれた歌なので、「別る」は確定した事態である。「こうして別れてしまったけれども、再び逢えそうに思えるのなら、このように心が乱れるほど恋い慕うだろうか」のように逆接確定を表した例と解せる一方で、事実を仮定的に述べたいわゆる修辞的仮定の例として、「たとえ別れたとしても」のように逆接仮定を表した例とも

解せる。万葉集の「ても」には、逆接仮定を表したと解せる例はこの歌の他にはないようである。

　文法書や辞典類などで、逆接仮定を表した早い例として挙がっているのは、中古の例である（此島正年 1971：148、山口堯二 1996：166、小田勝 2010：376、小田勝 2015：473 など）。

（２）　（豊後介）「…。いづちもいづちもまかり失せなむに咎あるまじ。我らいみじき勢になりて<u>も</u>、若君（＝玉鬘）をさる者（＝監のような者）の中にはふらし奉りては、何心地かせまし」

　　　　　　　　　　（源氏物語・玉鬘、730頁、山口堯二 1996、日本国語大辞典）

（どこへなりと行方知れずになりましょうとてとやかく言われることはありますまい。たとえ私たちが豪勢な身の上になったとしても、姫君をああした連中の間に捨て去り申すようなことになったのでは、どんな気持でいられましょう。新編日本古典文学全集『源氏物語③』103頁）

（３）　尋ねさせたまひて<u>も</u>、御心劣りせさせたまひぬべし。

　　　　　　　　　　　　　（源氏物語・若紫、160頁、此島正年 1971）

（お尋ねになられましても、きっとご期待はずれにおぼしめされるにちがいありません。新編日本古典文学全集『源氏物語①』212頁）

（４）　そのをのこを罪して<u>も</u>、今はこの宮を取り返し、都に返し奉るべきにもあらず。　　　　　　　（更級日記、286頁、日本国語大辞典）

（（たとえ）その男を罪に定めても、今となっては、この宮をとりかえし、都にお返し申しあげることもできない。講談社学術文庫『更級日記（上）』40頁）

　それぞれの現代語訳は、逆接仮定の解釈がなされている注釈書から引用したが、これによって現代語の逆接仮定を表す「ても」に置き換えても自然な例があることがわかるだろう。ただし、『日本国語大辞典　第二版』（小学館）の「ても」の項の補注では、「接続助詞の用法は、中世、特に室町時代以降に発達するようになったが、平安時代から成立していたとする見方もある」として、逆接仮定の例に、（２）（４）を挙げるものの、「もともと接続助詞「て」自体が幅広い意味を持ち、それに「も」による強意的・逆接的なニュ

アンスが添加されるため」、逆接仮定の例として認めるのか「判定は難しい」という慎重な姿勢を示している。

　逆接仮定を表した例が指摘される場合、同時に、次の（5）のような逆接確定を表す例の指摘もされている。
（5）　夜の御殿に入らせ給ひても、まどろませ給ふことかたし。
　　　　　　　　　　　　　　　　　（源氏物語・桐壺、18頁、小田勝 2010）
　現代語の「ても」の用法については、前田直子（1995b、2009）や日本語記述文法研究会（2008：147）などで研究が進んでいるが、それと対照すると、中古には上記の用法の他、並列の例（6）、「てもいい」に相当する例（7）、「て＋補助動詞」に「も」が介在した例（8）など、現代語と同様の用法が見られる。
（6）　臥しても起きても、涙の干る世なく霧り塞がりて明かし暮らし給ふ。
　　　　　　　　　　　　　　　　　　　　　　（源氏物語・御法、1395頁）
（7）　少し物の心知る人はさぶらはれてもよくや、と思ひ給ふるを、
　　　　　　　　　　　　　　　　　　　　　　（源氏物語・澪標、512頁）
（8）　殊につくろひてもあらぬ御書きざまなれど、
　　　　　　　　　　　　　　　　　　　　　　（源氏物語・賢木、364頁）
　このような例を見ると、現代語の用法は古代語からそのまま引き継いでいるように見える。しかしその一方で、次のように、現代語とは異なる点がある。
①逆接仮定の「とも」、逆接確定の「ども（ど）」という専用の形式がある。
②現代語の「ても」に置き換えられない例がある。
③副詞「たとひ」と照応した例が見出しがたい。
④不定語「いかに」と照応した例が見出しがたい。
⑤反実仮想文（反事実文）中で用いた例が見出しがたい。
　まず、①について。源氏物語では、「とも」361例、「ども（ど）」2632例（「ども」97例・「ど」2535例）見られる。それに対して、「ても」は238例あるが[1]、先に見たように仮定にも確定にも用いられ、ある意味を担う専用形式とは言えない。

次に、②について。以下の例がそれにあたる。

(9) (光源氏→故葵上付ノ女房) 昔を忘れざらむ人は、徒然を忍び<u>ても</u>、幼き人を見捨てずものし給へ。　　　　　　　　(源氏物語・葵、313頁)

日本古典文学全集『源氏物語(2)』(54頁)で、「昔を忘れぬ人がいるなら、所在なさを我慢してでも、幼い君を見捨てずに、仕えてください。」と訳しているように、この例は「たとえ〜しても」という訳をあてはめることはできない。「も」が「でも」の意を表していると解釈することによって理解できる例である。

次に、③について。副詞「たとひ」は、現代語の「たとえ」に相当し、後件の事態が成立する際に最も成立しにくそうな事態を前件に示す語で、現代語では「ても」と照応するが、中古の資料には「ても」と照応した例が見出せない。次のように、「とも」と照応した例は見られる。

(10) (僧都)「……。かかる老い法師の身には、たとひ憂へ侍り<u>とも</u>、何の悔いか侍らむ。　　　　　　　　　　　(源氏物語・薄雲、620頁)

(11) 彼ノ国ハ此ノ国ヨリハ下劣ノ国也。譬ヒ后ニ為ムト云フ<u>トモ</u>、何デカ其ノ国ヘ遣ラム。　　　　　　　　　　(今昔物語集、2・28)

次に、④について。不定語の「いかに」は、現代語の「どんなに・どのように」に相当し、修飾する述語の事態の程度や内容があらゆる場合にあてはまることを表す語である。現代語の「どんなに」は「ても」と照応するが、中古の「いかに」は「ても」と照応した例が見出せない。次のように、「とも」と照応した例は見られる。

(12) (父ガ生キテイタラ)いかにあはれに心細く<u>とも</u>、あひ見奉ること絶えてやまましやは。　　　　　　　　(源氏物語・椎本、1572頁)

(13) 何ニ被仰ルト云フ<u>トモ</u>、更ニ可為キ事ニ非ズ。(今昔物語集、14・39)

最後に、⑤について。事実に反する事態での仮定を表した反実仮想文中で「ても」を用いた例は見出せない。それに対して、「とも」を用いた例は、多くはないが、次のように見られる。

(14) わが背子し遂げむと言はば人言は繁くあり<u>とも</u>(繁有登毛)出でて逢はましを　　　　　　　　　　　　　　(万葉集、4・539)

第5章 「とも」から「ても」へ　101

　以上の点から、中古の「ても」は、「とも」相当の逆接仮定節を構成する形式とは言えないのではないかと疑われるのである。
　そこで、「ても」に上の③〜⑤の用法が現れることを「ても」が逆接仮定節を構成する形式になったことの目安として着目する。以下、3節で「たとひ」との照応、4節で「いかに」との照応を観察し、5節で反実仮想文での使用例を検討して、「ても」が③〜⑤の用法で使われるようになる時期を探っていく[2]。

3　副詞「たとひ」の構文

　副詞「たとひ」は中古から見られるが、和文資料で用いられることは稀で、おもに漢文訓読資料や漢文調の資料で用いられている。漢文訓読資料の「たとひ」については、春日政治（1942：195）、久山善正（1959）、築島裕（1963：535）、大坪併治（1981：316）など、これまでに多くの調査・研究があるが、「仮令」「縦」「設」「若使」などの訓として「たとひ」を当てることや、逆接仮定条件節のほかに順接仮定条件節で用いた例があることが指摘されている。和文資料で用いる場合には、（10）のように漢文訓読資料に多く見られる語を使用する僧の発話文に現れるなど、偏りのある使い方がされている。中世後期には、文体的な偏りもなくなり、一般的な語となるようである。
　さて、漢文を訓読する場合ではなく、日本語の文章を書く場合に用いる「たとひ」は、中古から近世まで一貫して逆接仮定の意を表す形式と照応している。次頁の〔表1〕は、「たとひ」と照応した逆接仮定の意を表す形式のうち、「とも」「ども」「ても」の3形式と照応した例をまとめたものである[3]。
　まず、10世紀から18世紀まで、「とも」と照応していることが目を引く[4]。
　次に、逆接の確定条件を表す接続助詞「ども」と照応した例が16世紀頃まで散見する。
　（15）　然レバ、譬ヒ、人有テ、何ナル事ヲ令聞ムト云ヘドモ、実否ヲ聞テ
　　　　後、可信キ也。　　　　　　　　　　　　　　（今昔物語集、17・40）
「ども」と照応した例について、築島裕（1963：538）が「意味は逆接仮定

〔表1〕「たとひ」の照応形式

成立	資料名	とも	ども	ても	成立	資料名	とも	ども	ても
10C	古今和歌集	1			15C	世阿弥能本	1		
	三宝絵	9	4			応永二十七年本論語抄	6	2	
11C	源氏物語	3				史記桃源抄	8		
	栄花物語	1			16C	中華若木詩抄	6		1
	雲州往来	6				天草版平家物語	23	1	
12C	今昔物語集	57	5			エソポのハブラス	8		1
	法華百座聞書抄	1				ばうちずもの授けやう	6		
	宝物集	2	2			ぎやどぺかどる	54	3	
	高倉院升遐記	1				どちりなきりしたん	11	1	
	水鏡	4				おらしよの飜訳	1		
13C	建礼門院右京大夫集	2			17C	懺悔録			2
	無名草子	1				室町物語	23		
	方丈記	1				舞の本	32		
	発心集	19	4			醒睡笑	3		
	海道記	4				虎明本狂言	11		2
	古事談	2				狂言六義	11		
	古今著聞集	6				捷解新語・原刊本	3		
	十訓抄	6				雑兵物語			1
	歎異抄	3				世間胸算用	2		
14C	徒然草	2	2		18C	捷解新語・改修本	3		1
	延慶本平家物語	46	3			近松世話浄瑠璃	10		7
	覚一本平家物語	52	1			雨月物語	3		
	神皇正統記	2				東海道中膝栗毛	1		2
	増鏡	2				浮世風呂	1		1

と考へてよいのではないか」と述べているように、(15) も事態が確定したことを表した例ではない。「だから、たとえ誰かがどのようなことを聞かせたとしても、実否を確かめてから信じなければならないのだ」と現代語訳で

きるように、一般論として成り立つ事態を想定している逆接の一般条件を表した例と解される（原栄一1969）。なお、一般条件を逆接確定条件を表す「ども」で表しているのは、順接確定条件を表す「已然形＋ば」が一般条件を表すことと同様に、古代語では一般論を常に成り立っているという既実現の事態として捉えていたことによるものと思われる（第1・7・8章参照）。

そして、「ても」と照応する例は、中世後期から見られるようになる。これまでにも、湯澤幸吉郎（1929）、高見三郎（1996）、小林賢次（1996：227）、浜田敦（1970：301）、山口堯二（1996）で「たとひ」と照応した例が挙げられている。

(16)　縦在テモ青雲ニ、亦シソコナウ事モアル。

　　　　　　　　　　　　　　　　　　　（杜詩続翠抄、19・15ウ、高見三郎1996）

(17)　白頭ニナリテハ、タトヒ吾家ニ園花ヲ持テモ、万事面白モナケレバ、行テ見ルコトモナイゾ。　　　　　（中華若木詩抄、上49ウ）

(18)　たとひ害をなしたうても、今この体では叶はねば、お出でを待ち存ずる。　　　　　　　　　　　　　（エソポのハブラス、502-14）

(19)　たとい飢えても、再びそう致すまいと思い定めあれ。

　　　　　　　　　　　　　　　　　　　（コリャード懺悔録、87頁、山口堯二1996）

4　不定語との照応

「いかに」が「ても」と照応した例も、「たとひ」が「ても」と照応した例が現れた頃と同様に、中世後期から見られるようになる。

(20)　イカニ銭ヲ出テモ、刀鋸ノ余人テハ、曲モナイソ。イカニ悔テ自新セウトスルトモ、カナウマイソ。

　　　　　　　　　　　　　（史記抄、扁鵲倉公列伝45、4-161、高見三郎1996）

(21)　我らが一門は、いかに烈しい冬というても、飢渇に責めらるる苦しみもなし。　　　　　　　　　　　（エソポのハブラス、458-11）

(22)　いかに上手じやと申ても、私が膏薬にはなりまらすまひ。

　　　　　　　　　　　　　　　　　　　　　（虎明本狂言・膏薬煉、下370頁）

(23) いかに五戒を保つても、人の心を破りなば、仏と更になり難し。

(舞の本・大職冠、29頁)

(20)は「いかに―ても」が「いかに―とも」と対になって使われている。「ても」が「とも」相当の形式となっていることを示す例だと思われる。

5 反実仮想文中での使用

中古には反実仮想文中で「ても」を用いた例は見当たらない。問題となる例は次の例くらいである。

(24) 昔ならましかば、馬にはひ乗りてもものしなまし、

(蜻蛉日記・天禄3年閏2月、290頁)

この例は、反実仮想を表す「ましかば―まし」の構文中に、「ても」が現れている点で、先掲の「とも」の(14)と同じ位置に出現しているが、「馬にはひ乗りて」という状態で「ものす」ことを表した例で、逆接仮定を表した例ではない。新編日本古典文学全集本と講談社学術文庫本はいずれも「馬に乗ってでも来たろうに」と現代語訳している。

ただし、中世後期以降でも、反実仮想文中に用いた例はほとんど見当たらない。虎明本狂言には、次のような例がある。

(25) (次郎冠者)それそれ、身共一人ならば、是まできても、やくにたつまひが、両人きてよいよ (太郎冠者) さうおもふて二人上せられたものじや。　　　　　　　　　　（虎明本狂言・目近籠骨、上87頁）

「とも」が反実仮想文中で使われた(14)は「とも」の前後で主体が変わった例であるが、「ても」にそのような例は見出せない。

現時点では、反実仮想文中で「ても」が用いられるようになったと指摘するほどの用例が集まらず、さらなる調査と考察が必要である。

6 「ても」の一語化

6.1 一語化以前

　5節で見た反実仮想文中の「ても」の例は、明確な変化を示した例とは言えないので今は脇に置き、3節で見た「たとひ」と照応した例と4節で見た「いかに」と照応した例がともに中世後期から現れることに注目する。この変化をどのように考えればよいのだろうか。山口堯二（1996 : 167）では次のように述べている。

(26)　中世以降の「ても」形式も、逆接の仮定・確定の両者に用いられる点で、古代語のそれを継承してはいるが、近代語ではこの「ても」形式が特に強調を要しない場合の逆接仮定的な条件形式として次第に標準化し、やがて強調を要する場合でも、「ても」形式を不定詞や実現可能性の低さを示す副詞と共起させることが多くなっていったようである。

　「ても」が逆接仮定を表す形式の中で標準的になったことを述べる中での記述なので、「ても」の変化については簡単にしか触れられていないが、「ても」はもともと逆接仮定を表し得て、強調を要しない場合から強調を要する（＝「たとひ」や「いかに」と照応する）場合に拡張して用いるようになったという捉え方を示している。しかし、もともと逆接仮定を表していた「ても」が拡張したと考えると、逆接仮定節に2種認める必要が出てくるが、強調ができない逆接仮定節とはどのような性質を持ったものなのか、他の条件節も強調できるか否かで2種に分かれるものなのか、明らかではない。あるいは、出現しなかった成分が出現するようになるという節の拡張として捉えたとしても、どのようにして節の性質の変化が起きたのか、拡張の仕方を説明するのは難しいように思われる。

　本章では、古代語の「ても」が「とも」相当とは言えないことを見てきたように、古代語の「ても」が「たとひ」「いかに」を承けることができなかったのは、逆接仮定節を構成していなかったためだと考える。すなわち、古代

語の「ても」は一語の接続助詞ではなく、接続助詞「て」＋係助詞「も」と分析される助詞の連続だと考える。その際、「も」の表す添加の意味によって、現代語の逆接仮定の「ても」で訳せる箇所にも使われたのだろう。それと同時に、意志や命令表現とともに用いる場合には「ても」とは訳せない「してでも」と訳して意味が通る箇所にも使われたのだろう。そして、「ても」が「たとひ」「いかに」と照応するようになったのは、助詞の連続（「て」＋「も」）から、逆接仮定を表す接続助詞（「ても」）に変化したことを示したものと捉えることになる。したがって、「ても」の接続助詞化の時期は中世後期と見ることになる。

　それでは、なぜ「ても」は助詞の連続から一語の助詞へと変化したのだろうか。他の接続助詞化を果たした形式とは異なり、「ても」節内部の変化では説明できないように思われる。例えば、「が」「を」「に」の場合は、「準体句＋格助詞」として用いていたところから、準体句（名詞句）を述語句と読み替えることによって接続助詞と解釈されるようになったり（山口堯二1996：175）、中世に原因・理由を表す形式となる「ほどに」「によって」は、それぞれ名詞「程」、動詞「寄る」の形式化を経て接続助詞と解釈されるようになったりしたと捉えられるが（第2・3章参照）、「連用形＋ても」の場合、そのような契機が見出しがたいのである。

　そこで、接続助詞化を果たした後の状況を確認すると、小林賢次（1996：33）が次のように述べているのが注目される。

(27)　「テモ」は、逆接の仮定条件とともに逆接恒常条件をも表すものとなっているわけである。これは「テモ」が、仮定条件としての「トモ」と共通の表現内容を持つとともに、「ドモ」の表現内容の一部である恒常条件の性格を併せ持つところから、順接条件の「バ」に対応する形で発達するに至ったものと言えるであろう。

　ここには二つの重要な指摘がある。一つは、「ても」は「とも」と交替しただけではなく、「ども」の一部の用法（恒常条件＝一般条件）も引き継いでいるという点である。もう一つは、順接確定条件を表す「已然形＋ば」の変化と並行的に捉えるという点である[5]。しかしながら、「ても」の変化につ

いて、これ以上のことを述べていない。以下、この指摘を踏まえて、接続助詞化の過程と要因を考察する。

6.2 条件表現体系の変化―「とも」「ども」の衰退―

「ても」が接続助詞化する外的な要因としては、中世後期から近世前期にかけて条件表現体系の変化があることが挙げられる。なかでも、逆接仮定を表す専用形式であった「とも」と逆接の一般条件を表す「ども」が衰退することが「ても」の接続助詞化の背景にある重要な変化だと考えられる。

まず、「とも」から見ていくと、次の2点の変化が挙げられる。

①「なりとも・たりとも・ずとも」の例に偏る。
②「う+とも」が出現する。

①は、「終止形+とも」の生産性がなくなっていくことを示しているものと思われる。覚一本平家物語（1371）、天草版平家物語（1592）、虎明本狂言（1642）の3資料の「とも」の使用状況を示したのが、次の〔表2〕である。

〔表2〕「とも」の使用状況

	使用総数	なりとも	たりとも	ずとも	3形式の合計（割合）
覚一本平家物語	149	18	10	13	41（27.5％）
天草版平家物語	97	21	8	9	38（39.2％）
虎明本狂言	364	197	30	31	258（70.9％）

時代が降るにつれて、「なりとも・たりとも・ずとも」の割合が増えていることが読み取れる。これは、「未然形+ば」が「ならば・たらば」に偏って「未然形+ば」の生産性がなくなっていくことと並行的な現象であると思われる。小林賢次（1996：135）の示す「未然形+ば」の使用状況を〔表3〕に挙げる[6]。

これを見ると、「とも」のほうが「未然形+ば」よりも固定化が進んでいるようである[7]。

②は、古代語では「む（ん）」と「とも」は接続しなかったが、(28)のように「う+とも」の例が現れるようになる。この形式が現れるのは、「と

〔表3〕「未然形＋ば」の使用状況（小林賢次1996：135による）

	使用総数	ならば	たらば	2形式の合計(割合)
覚一本平家物語	475	51	20	71（14.9%）
天草版平家物語	313	91	20	111（35.5%）
虎明本狂言	1588	334	294	628（39.5%）

も」が単独で仮定を表す形式だと捉えにくくなっているためだと思われる。この現象に並行して、「未然形＋ば」も(29)のように「う＋ば」の例が現れる。

(28) 性ハ明ルカロウトモ、暗カロウトモ、行ハ強カロウトモ、弱カロウトモ、只我レニ離ル筋ヲ勤メバ、万徳ノ筋ヲ修スル人也。

(驢鞍橋、中・89)

(29) そつとも渋うはござらぬ。買はせられうば買はせられひ。

(虎明本狂言・あはせ柿、下352頁)

このように、「とも」は「未然形＋ば」と同様に、用法が固定化したり新しい用法を見せたりして、仮定を表す生産的な形式ではないことを示す変化が観察されるのである。この衰退した領域を、「ても」が担うのである。

次に、「ども」について見ていく。「ども」は、逆接確定条件と一般条件を表すが、確定条件は「が」の勢力が強くなるものの根強く使われ続け（小林賢次1996：242）、その一方で一般条件が衰退していく。小林賢次（1996：251）では、一般条件について、天草版平家物語とエソポのハブラスで「ども」が優勢だったが、虎明本狂言では「ても」が優勢になることを示している[8]。

また、〔表1〕の「ども」が一般条件を表す用法であることを先に見たが、「ども」が「たとひ」と照応しなくなる時期と、「ても」が現れる時期が重なるところから、一般条件を表す際に「ども」から「ても」への交替があったことが推測される。実際に、(16)(17)(19)のように、一般条件を表した例が用いられている。

このような「ども」が一般条件を表さなくなるという変化も、確定条件と一般条件を同じ形式で表していたのが同じ形式で表すことがなくなるという

点で、順接の場合と並行的である。順接の場合は「已然形＋ば」が確定条件と一般条件を表していたが、確定条件を「ほどに」「によって」などの他の形式が担い、一般条件が拡張して仮定条件を表すようになっている。従来の「仮定」と「一般・確定」とで表す形式を分けていた時代から、「仮定・一般」と「確定」とで表す形式を分ける時代へと順接・逆接を通じて移行しているのである。なお、一般条件と仮定条件を同じ形式が担うようになるのは、確定的な事態と捉えていた一般論を仮定的な事態と捉えるようになったことを示すものだと思われる（第1・7・8章参照）。

以上のように、仮定条件を表す「とも」と一般条件を表す「ども」が衰退していき、この領域に「ても」が進出していく。「ても」が仮定条件と一般条件を担うようになるという変化は、順接と並行的な条件表現体系の変化の中に位置づけることができる。

6.3 「ても」の変化

上で見た条件表現体系の変化が背景にあるとしても、どのように「ても」が逆接の仮定条件と一般条件を表す形式になったのだろうか。次に、「ても」が接続助詞化する内的な要因を考察していく。「ても」が逆接の仮定条件と一般条件の二つの形式を表すところから、小林賢次（1996）は（27）に挙げたように「已然形＋ば」との共通性を見てとった。しかし、「已然形＋ば」がそもそも条件節を構成する形式だったのに対して、「ても」は条件節を構成するとは考えにくく、仮に条件節を構成したとしても、2節で見たように仮定的にも確定的にも用いられており、そこからどのように仮定条件と一般条件を表す形式になったのか説明が必要である。

先に中世前期までの「ても」を「て＋も」と分析したが、ここで改めて「ても」が一語化する以前の用法を、覚一本平家物語（1371）をとりあげて観察する。覚一本平家物語の「ても」は63例見られるが（「にとっても」の2例を除く）、「ても」の係る用言との距離に着目して分類すると、①「ても＋用言」のように直後に用言のある例が23例、②「ても＋名詞（副詞）＋用言」のように「ても」と用言の間に他の成分が介在した例が26例ある。また、

①②ともに「並列」を表した例が見られたので、③として別立てした（7組14例）。それぞれ例を挙げる。

① 「ても＋用言」(23例)
 (30) 手にだに取っても見給はず。   （巻6、332頁）
 (31) 思ひ出でても悲しかりけり。   （巻3、160頁）
 (32) 立ち帰っても取らまほしうおぼしめす。 （巻4、216頁）

② 「ても＋名詞（副詞）＋用言」(26例)
 (33) 命生きても何かはせん。   （巻9、162頁）
 (34) （義経ガ鎌倉へ）下っても、定めて過分のふるまひせんずらん。 （巻11、316頁）
 (35) 太政入道は、か様に人々あまた警めおいても、なほ心ゆかずや思はれけん、 （巻2、93頁）

③ 並列 (7組14例)
 (36) 明けても暮れても、都の事のみ思ひゐたれば、 （巻3、163頁）
 (37) 雲を分けてものぼり、山を隔てても入りなばや。 （巻3、194頁）

　①の例では(30)のように打消表現と共起する例が多い。②の「ても」と「用言」の間に成分が介在する場合も、(33)のように「ても」の表す句についての評価を表した反語の例が14例と多く、それらは打消表現と共起する例に準じた例である。このように、直後の用言に係る例（とそれに準じた例）が目につくことが注目される。

　また、「ても」の表す事態は、既実現の事態の場合には(35)のように「ても」節内で決まると見られる例があるものの、未実現の事態の場合は、(32)の「まほし」、(34)の「んずらん」、(37)の「ばや」のように、後句の表す事態によって決まっている。既実現の事態の場合でも、後句の確定した事態（(30)の「ず」、(31)の「けり」、(36)の「たり」）や(33)のような評価を表す事態によって決まる例があることを踏まえると、「ても」自体には未実現・既実現を決める機能はないものと考えられる。

さらに、逆接の仮定条件を表しているとも解せる (34) は、前件の「下る」の主体と後件の「ふるまひす」の主体が同じである。逆接仮定を表す例として挙げられた中世前期以前の「ても」の例には、主体が変わった例は見られないようである[9]。

以上の点から、「ても」は、条件節を構成していたのではなく、後句との連接性が高い修飾節を構成していたのだと考えられる。そのため、後句の述語の性質によって「ても」の表す事態が既実現にも未実現にも解釈されると捉えることができる。

さて、ここで、中世後期以降の「ても」が表すことになる仮定条件と一般条件の差異を考えると、事態が個別的であるか一般的であるかという違いだけではなく、仮定条件は、確定条件とともに前件のあり方だけで仮定・確定の事態であることが決まるのに対して、一般条件は、前件と後件との結びつきの一般性・恒常性を問題にしている点で異なっている（仁科明 2006）。これを踏まえて、「ても」節の事態が後句の述語によって未実現・既実現が決まる点に着目すると、「ても」の接続助詞化は、一般条件から成立したのではないかと推測されるのである。

「ても」の例を見ると、はやく中古から一般条件に相当する例があることが注目される。

(38) 仏の御しるべは、暗きに入り<u>ても</u>、さらに違ふまじかなるものを。
（源氏物語・若紫、163頁）

(39) 京のことも思ひたえぬばかりおぼえ侍りしよりなむ、冬の夜の雪降れる夜は、思ひ知られて、火桶などをいだき<u>ても</u>、必ず出でゐてなむ見られ侍る。
（更級日記、337頁）

(40) 我等は鳥ひとつ立て<u>ても</u>、朝夕か様の所をこそはせありけ。
（覚一本平家物語、巻9、166頁）

(38) は一般論、(39)(40) は恒常的な事態を述べた例であるが、一般的・恒常的に成り立つ事態について、それが成り立つ一つの状況を「ても」によって示した例だと思われる。その一つの状況を述語が成り立つ条件として読み替えると、「ても」を前件とする逆接の一般条件の形式となる。このように

「ても」には、「ども」の衰退した領域を担う素地があったのである。「ども」の衰退によって一般条件に読み替えられた「ても」は、「已然形＋ば」が一般条件用法を拡張させて仮定条件用法を獲得したように、逆接の仮定条件を表すようになったのではないだろうか[10]。

「ても」が一般条件を表した例は、仮定条件を表した例と同じ時期に現れるが、むしろ用例としては仮定条件よりも多く認められるように思う。次に例を挙げる（前掲の「たとひ」「いかに」と照応した例も参照）。

(41) 主人に志を深うする者は、少しの利によって、多くの恩を忘れぬものぢゃ。されども、二心のある者は、少しの利をもっても、あまたの恩を忘るる。　　　　　　　　　　　　　　（エソポのハブラス、485-14)

(42) わごりよは律儀な人じゃ。皆人は悪ふできても、良ひと云て売るに、きどくな事をいふ人じゃ。　　　　（虎明本狂言・河原太郎、下 102 頁）

このように、修飾節を構成した「ても」が接続節に拡張するのは、前句の述語が拡張したと捉えるのではなく、前句と後句の関係から接続節に読み替えられたと捉えることによって、「ても」が仮定条件と一般条件に関わる形式となったことが説明されるのである[11]。

7　おわりに

本章で述べたことを簡単にまとめると、以下のようになる。

1　中世前期以前の「ても」は、「たとひ」「いかに」と照応しないなど、現代語の「ても」と異なる点があり、逆接仮定条件節を構成する形式とは認められず、「て＋も」という助詞の連続で修飾節を構成していたと考えられる。

2　中世後期に「ても」が「たとひ」「いかに」と照応した例が現れ、修飾節から条件節へ変化したと考えられる。

3　変化の背景には、「とも」「ども」の衰退をはじめとする順接と逆接とで並行的な条件表現体系の崩壊があり、「仮定」と「一般・確定」とで表す形式を分けていた時代から、「仮定・一般」と「確定」とで表す形

式を分ける時代へと変化したことが挙げられる。
  4 「ても」は、後句との連接性の高い修飾節から、前件と後件の一般的・恒常的な結びつきを表す一般条件を表す接続節へと読み替えられて接続助詞になったと推測される。

 本章では、「ても」が中世後期に接続助詞化を果たしたことを見てきたが、17世紀初頭にキリシタン宣教師のロドリゲスによって書かれた文法書の『日本大文典』(1604-8) には、許容法・譲歩法の未来に「Narōtaritomo（習うたりとも）」とともに「Narōtemo（習うても）」（土井忠生訳、148頁）の例を挙げているものの、「も」の項に「Te（て）を語尾とする分詞の後に置かれたものは反戻の助辞となる」（486頁）とあって、複合助辞として逆接の意を認めているだけである。『日葡辞書』でも「とも」は立項しているが「ても」は立項していないので、一語として扱っていない。一語の助詞として認識されるのにはしばらくかかったようである。

注
1) いずれの数値も『源氏物語語彙用例総索引付属語篇』（勉誠社、1996）による。ただし、「ても」については、固定的に使われた「につけても」207例、「にそへても」12例、「にても」177例、「とても」39例を除いた。なお、「ども」と「ど」の用例数の差は和文資料ではおもに「ど」を使用するという文体差の反映である（築島裕1963：708）。
2) 「たとひ」「いかに」と照応する形式は動詞が中心で、形容詞・助動詞と照応する例は稀なので、以下、照応する語の品詞を分けずに考察する。
3) ここでは「とも・ども・ても」の3形式と照応した例に限ってまとめた。それ以外の形式と照応した例については第6章で扱う。また、中世になると「たとひ」とともに、現代語と同じ「たとへ」の例が現れるが、区別せずに一括した。
4) 現代でも、「とも」は「形容詞＋とも」「う＋とも」の形式で使われ続けている。例えば、「CD-ROM版新潮文庫の100冊」で「たとえ」と照応した752例中、「形容詞＋とも」は12例、「う＋とも」は43例見られた。注2に述べたように、本章では、「たとひ」と照応する語の品詞を区別していないが、近世の「とも」「ても」の使用実態を調査する場合には、「とも」「ても」に前接す

る語の品詞を分けて考察する必要があるだろう。
5) 仁科明（2006）、矢島正浩（2014）でも、逆接の条件表現の変化を順接の条件表現の変化と並行的に捉える視点を有している。
6) 小林賢次（1996）の調査した覚一本平家物語は、龍谷大学本を底本とした日本古典文学大系（岩波書店）を使用している点で、高野本を底本とした新日本古典文学大系（岩波書店）で調査した本章とは異なるが、対照する上で問題は生じないので、小林賢次（1996）の調査結果をそのまま利用した。
7) 近世中期になると、「たら（ば）」「なら（ば）」の使用率が増加することが矢島正浩（2013：65）に示されている。近世中期の資料では、単独の「ば」386例に対して、「たら（ば）」290例、「なら（ば）」450例とあり（2形式の割合は65.7％）、虎明本狂言の割合よりさらに増加していることがわかる。
8) 天草版平家物語では「ども」16例、「ても」9例、エソポのハブラスでは「ども」16例、「ても」4例だったものが、虎明本狂言「ども」12例、「ても」42例という数値が示されている。ただし、それ以降の状況については明らかではない。
9) 「ても」の前句と後句で主体が変わる例が現れるのは中世後期以降のようである。
　　○あの男ほどな者は、藪の中を蹴ても、五人も十人も、あれよりましな者もあらうずれども、　　　　　　　　　　　　　　　　　（虎明本狂言・因幡堂、下21頁）
10) 小林賢次（1996：236）では、虎明本狂言の「ても」の例を挙げ、「恒常的・一般的認識を背景とした仮定条件として表されたもの」と述べている。
11) 一方で、確定に用いられた例や補助動詞とともに用いられた例などは一語化せずに、現代でも「て＋も」という助詞の連続と捉えられるものと思われる。

第 6 章 「たとひ」構文の変遷

1 はじめに

　現代語の「たとえ」は、従属節中の「ても」と照応して逆接仮定条件の構文をなすことを典型とする副詞である。この「たとえ」は、「たとひ」という少し異なる語形で、平安時代から用例を確認することができる。そのため、栄枯盛衰のはなはだしい副詞の中では珍しく、通時的に構文を観察するのに適した副詞である。本章では、平安時代から江戸時代までの資料を対象として、副詞「たとひ」を通時的に観察し、「たとひ」の使用状況と構文を明らかにする。また、「たとひ」と照応する形式に着目することによって、逆接仮定に関わる形式の消長を明らかにすることも目的とする。

2 「たとひ」から「たとえ」へ

　はじめに、本章の対象とする副詞の語形の変化について簡単に触れておきたい。

　平安時代には「たとひ」という形でしか現れない。「たとへ」という語形は「たとひ」の「ひ」から「へ」へと母音が交替したか、下二段活用の動詞「たとふ」の活用に類推したかして現れたものだろうが、鎌倉時代の終わり頃になって現れたようである。書写年代の明らかな資料で最も古いものは、元徳 2 年（1330）の識語がある足利本『仮名書き法華経』に見られる例である（吉田永弘 2012）。

　（1）　たとへよにいてたまえとも、このほうをときたまうこと、またかたし。　　　　　　　　　　　　　　　　　　　　　　　　　　　　（1・1188）

約 100 年後の世阿弥の自筆能本に見られる（2）は、「タトエ」を「タト

116　Ⅱ　条件表現

イ」に修正している。「たとへ」という語形は規範的な語形ではないと認識されていたようである。なお、「エ」「イ」と表記されているのは、当時すでに非語頭の「ヒ・ヘ」と「イ・エ」との区別がなくなっていたからである。

（2）　コノモンナ、タトヱ(イ)ワウナンノサイニアウトモ、

(盛久、応永30年〈1423〉奥書、影印17頁)

　この規範意識は続くようで、『日葡辞書』（1603年）では「Tatoi」の見出ししか挙がっていない。キリシタン資料では「たとひ」だけを用いるようである。その後、寛永19年（1642）に書写された虎明本狂言では、「たとひ」8例に対して「たとへ」6例と均衡して用いられており、18世紀前期の近松門左衛門の世話浄瑠璃24作品では、「たとひ」1例に対して「たとへ」34例となって「たとへ」が優勢となっている。しかし、「たとひ」はそのまま使われなくなったわけではなく、「たといわずかずつでも」（太宰治『人間失格』1948）のように使われ続け、現代の国語辞典でも「「たとえ」の古い言い方」（『新明解国語辞典　第七版』三省堂、2012）として「たとい」が立項されているように、「たとひ」から「たとへ」への交替はゆるやかに起きている。併存する時期においては、語形の新旧に基づく位相の差があるのだろうが、構文に着目する本章では、両形の異なりによる差異は問題にならないようなので、以下、両形を一括して「たとひ」と呼んで扱うことにする。

3　文体的特徴

　本節では、先行研究を踏まえながら、「たとひ」について明らかになっていることを見ていくことにする。
　「たとひ」が平安時代から現れるとは言っても、和文資料で用いられることは稀で、語彙量の多い源氏物語でも、次に挙げる4例しか用いられていない。

（3）　（僧都）「……。かかる老い法師の身には、たとひ憂へはべりとも、
　　　何の悔いかはべらむ。……」

(薄雲、620頁)

（4）　（僧）「（ソノ得体ノ知レナイ物ガ）たとひまことに人なりとも、狐、

木霊やうのものの、あざむきて取りもて来たるにこそはべらめ。
　　　……」
　　　　　　　　　　　　　　　　　　　　　　　　　　（手習、1991頁）
（５）（常陸守）「……。たとひ（寿命ガ）あへずして仕うまつりさしつと
　　　も、残りの宝物、領じはべる所々、一つにてもまた取り争ふべき人
　　　なし。……」
　　　　　　　　　　　　　　　　　　　　　　　　　　（東屋、1802頁）
（６）　日本には、さらに（帝王ノ血統ノ乱レヲ）御覧じ得る所なし。たと
　　　ひあらむにても、かやうに忍びたらむことをば、いかでか伝へ知る
　　　やうのあらむとする。……など（冷泉帝ハ）よろづにぞ思しける。
　　　　　　　　　　　　　　　　　　　　　　　　　　（薄雲、623頁）

　（３）（４）は僧の発話文、（５）は常陸守の発話文に用いられ、（６）は冷泉帝の心内文とも地の文とも解せるところに用いられている。いずれも男性の登場人物による使用という偏った使い方がされている。源氏物語では、僧などの学識のある人物が訓点資料に多く見られる語を使用することは、よく知られている（築島裕1963：811）。漢文を訓読する際に用いるような語を使用することで、格式張った場面であることや登場人物の属性を示す表現効果を与えている[1]。「たとひ」もそのような語の一つであり、和文資料で用いることが稀であるのは、訓点資料でおもに用いられる文体的に偏った語であることによるのである。

　訓点資料の「たとひ」については、春日政治（1942：195）、久山善正（1959）、築島裕（1963：535）、大坪併治（1981：316）など、これまでに多くの調査・研究がある。その成果として、次のような点が明らかにされた。
　①「仮令」「縦」「設」「若使」などの訓として「たとひ」を当てること。
　②四段活用の動詞「たとふ」に由来すると考えられること。
　③逆接仮定条件節のほかに順接仮定条件節で用いた例があること。
　④「例えば」の意を表す例があること。
　⑤院政時代の頃から「たとひ」と「もし」で逆接と順接を分担するように
　　なること。
　②については、四段活用の動詞「たとふ」は文献上での確認はできないが、「たとひ」がイ段で終わる語形を持つこと、次の（７）のように名詞として

用いた例が確認できることから、かつて四段活用の動詞があったと想定されている。

（7）　たとひに言ふも、　　　　　　　　　　　　　　　　（枕草子、87頁）

③について、先に挙げた源氏物語は、（1）〜（3）が「とも」、（4）が「むにても」という形式であったが、いずれも、現代語「たとえ」と同じように、逆接仮定の意を表す形式と共起している。訓点資料に用いられた順接仮定条件節で用いられる例は、次のような例である（春日政治〈1942〉の挙例と訳文による。漢字は原文の漢字、平仮名はヲコト点、片仮名は仮名点で記されたもの。また、丸括弧内は補読、亀甲括弧内は平仮名に改めた漢字である）。

（8）　設令ひ違フこと有ラば〔者〕終に敢（へ）て覆蔵セじ〔不〕。
　　　　　　　　　　　　（西大寺本金光明最勝王経古点、巻2・11紙、37-2）

また、④の「例えば」の意として用いた例は次のようなものである（築島裕〈1963〉の挙例。訳文は『石山寺資料叢書聖教篇第一』による）。

（9）　仮使ヒ烏と角鵄と乃至永に〔於〕涅槃に入（る）こと 等（く）(とのごと)いへり。
　　　　　　　　　　　　　　　　　　　　（法華経玄賛巻第3、40紙1107）

築島裕（1963：538）は、③④の用法と⑤の変化を踏まえて次のように述べている。

　「タトヒ」という語は元来動詞「タトフ」の連用形で、「或る概念に添へて他のものをそれになぞらへる」という意味を持つた語であり、広く実在しない仮定上のこと、又は比喩的なことを表はした。「タトヒ」が仮定条件で順接をも逆接をも従へ、又、「タトヒ…ノゴトシ」のやうな形で比喩的な意味をも表はしたのは、その当然の結果であつた。然るに、後、比喩的表現の用法や、仮定条件の中でも順接の用法は衰へ、ただ仮定逆接条件だけが残ることになった、といふやうに考へたいのである。

これを「たとひ」の構文という観点で読むと、「たとひ」が述語の形式を拘束する力の弱い段階（構文として固定していない段階）から強い段階（構文として固定した段階）への変化があると捉えているように読むことができる。

ここで指摘しておきたいことは、訓点資料による「たとひ」の用法の変化は、漢文で書かれたものをどのように訓読しているかという訓読法の変化を

記述したものであって、「たとひ」という日本語の構文の変化を記述したものではないという点である。「たとひ」を日本語の構文史の中で捉えようとする場合には、日本語を書く場合にどのように使っているのかという視点で、「たとひ」の用法を観察していかなければならないだろう。

その際、「たとひ（仮令・縦）」の例があっても、a 漢文を引用した場合、b 漢文を書く場合、c 漢文訓読体で書く場合には留意が必要である。a は訓点資料の例と同じであり、b は日本語文を書こうとしていない点で異質である。c は何をもって漢文訓読体とみなすか判別が難しいが、考慮に入れたほうがよいだろう。

このような留意点を踏まえ、本章では、日本語文で用いた「たとひ」を調査対象とし、「たとひ」と照応する形式に着目して考察することにする。

以下の考察では、14世紀前半までに成立した資料を前期、14世紀後半以降に成立した資料を後期として分け、4節で前期、5節で後期の「たとひ」の使用状況を見ていくことにする。

4　14世紀前半までの使用状況

4.1　用例数と分布

次頁の〔表1〕は、14世紀前半までに成立した資料の「たとひ」と照応した従属節（相当）の形式の用例数を示したものである[2]。なお、漢字表記の場合など、形式が確定できない例は除外した。

日本語文での使用状況からも文体的な偏りは読み取ることができる。和文資料にはほとんど用いられず、今昔物語集、延慶本平家物語という漢文訓読体に近い文体を持った資料に用例が多い。今昔物語集は、説話の出典に漢文資料の多い巻1～10、変体漢文資料の多い巻11～20、和文資料の多い巻22～31というように、巻によって出典の差に基づく文体差のある資料として知られているが、65例の内訳は、巻1～10に26例、巻11～20に29例、巻22～31に10例と、漢文訓読調の巻に用例が多くなっている。和文資料では、源氏物語で偏った使い方をしていたことは先に見たが、古今和歌集の「仮名

〔表1〕前期の「たとひ」の使用状況

成立	資料名	とも	ども	未然形+ば	こそ―め	む+助詞	む+名詞	べし	すら	にても	とても	「例えば」の意
10C	古今和歌集	1										
	うつほ物語					1						
	三宝絵	9	4			1						
11C	源氏物語	3				1						
	栄花物語	1										
	雲州往来	6										
	夜の寝覚					1				1		
12C	今昔物語集	57	5		1	1		1				
	法華百座聞書抄	1										
	宝物集	2	2									
	高倉院升遐記	1										
	水鏡	4										
13C	建礼門院右京大夫集	2										
	無名草子	1										
	方丈記	1										
	発心集	19	4			1					2	
	海道記	4										
	古事談	2										
	古今著聞集	6				1						
	十訓抄	6								1		
	歎異抄	3										
14C	徒然草	2	2									
	延慶本平家物語	46	3	1	3		1		1		1	1

序」にある例も、「をや」という漢文を訓読する際に用いる表現とともに使われている。

(10) たとひ時移り事去り、楽しび悲しび行き交ふとも、この歌の文字あるをや。　　　　　　　　　　　　　　　　　　（仮名序、17頁）

このように、和文資料には使われていたとしても、漢文訓読を意識した使い方がされているのである。

4.2 照応する形式について

3節で見たように、漢文を訓読する際に用いる「たとひ」には、逆接の形式と照応する用法の他に、順接の形式と照応する用法と「例えば」の意を表す用法があった。ここではそれぞれの用例を検討していくが、はじめに、現代語の「たとえ」にはない二つの用法から見ていくことにしたい。「例えば」の意を表す用法については、延慶本平家物語に1例見られる。

(11)　縦ヒ、以嬰児ノ蠡ヲ、量リ巨海ヲ、取テ蟷螂ノ斧ヲ、如向立車ニ。

(3末32オ)

「たとひ」は文末の「ごとし」に係り、「例えば」の意を表していると解される。これは漢文で書かれた願書の例であり、仮名は小書きで書かれている。先にbとして挙げた、漢文を書こうとして「たとひ」を使った場合の例であり、日本語文で使おうとした場合とは異なる例である。したがって、調査範囲の限りでは、日本語文で「例えば」の意を表す用法はないことになる。

また、順接を表す「未然形＋ば」と照応する例についても、延慶本平家物語に1例見られただけである。

(12)　縦、令打破テ、登テ候ハヾ、平家コソ仏法トモ云ハズ、寺ヲモ亡シ僧ヲ失ヘ、カヤウノ悪行ヲ致スニ依テ、是ヲ守護ノ為上ル我等ガ、平家ト一ナレバトテ、山門ノ大衆ヲ亡サム事少モ違ワズ、二ノ舞タルベシ。

(3末45オ)

この箇所の解釈は難しいが、「たとひ打ち破らしめて登りて候はば」は「二の舞たるべし」に係ると解される。「令打破」という漢文の語順や、「しむ」「に依て」「体言＋たり」などの訓点資料に特徴的な表現とともに用いており、先にcとして挙げた漢文訓読体で書く場合に近い箇所と言ってもよいだろう。漢文を訓読した場合以外でも、「未然形＋ば」と照応した例が使われている点は注意される[3]。

この例の他に用いられた例は、逆接で解釈できる形式と照応しているので、日本語文では「未然形＋ば」と照応することはふつうなかったと言うことができる。

以下、逆接の形式と照応した例について、複数の資料で用いられている形

式を中心に見ていくことにする。

　まず、逆接の仮定条件を表す接続助詞「とも」と共起した例が圧倒的に多いことに目を引かれる。「とも」には「といふとも」という形式も含めたが、今昔物語集では「とも」よりも「といふとも」のほうが漢文訓読調の強い巻に用例が偏ることが指摘されている（原栄一1969）。

　次に、逆接の確定条件を表す接続助詞「ども」と照応した例もある（「といへども」の例も含めた）。

(13)　然レバ、譬ヒ、人有テ、何ナル事ヲ令聞ムト云ヘドモ、実否ヲ聞テ後、可信キ也。　　　　　　　　　　　　　　　（今昔物語集、17・40）

しかし、「ども」と照応した例について、築島裕（1963：538）が「意味は逆接仮定と考へてよいのではないか」と述べているように、(13)も事態が確定したことを表した例ではなく、「誰かがどのようなことを聞かせたとしても、実否を確かめてから信じなければならないのだ」という一般論として成り立つ事態を想定している一般条件を表した例で、逆接仮定の解釈ができる（原栄一1969）。先掲の（1）も同様である。なお、一般条件を逆接確定条件を表す「ども」で表しているのは、順接確定条件を表す「已然形＋ば」が一般条件を表すことと同様に、古代語では一般論を常に成り立っているという既実現の事態として捉えていたことによるものと思われる（第1・7・8章参照）。

　次に、「こそ―め」は、「こそ」による係り結びで逆接の意を、「む」によって推量の意を表しているので、逆接仮定を表す形式と考えてよい。

(14)　譬ヒ、現世コソ（願いが）不叶ザラメ、後世ヲモ助ケ給ヘカシ。

　　　　　　　　　　　　　　　　　　　　　（今昔物語集、16・29）

次に、「む＋助詞」として一括した形式に、「むにても」1例（源氏物語＝用例6）、「むにてだに」1例（夜の寝覚）、「むにつけても」1例（発心集）、「むをも」1例（三宝絵）、「むからに」2例（うつほ物語・古今著聞集）、「むに」1例（今昔物語集）がある。

(15)　たとひ後世を思はんに付けても、必ず神に祈り申（す）べきと覚え侍るなり。

　　　　　　　　　　　　　　　　　　　　　（発心集、巻八跋）

(16) たとひ、人のはらから、なまわろくてもはべらんからに、それにつけてやおぼえのおとらん。　　　　　　（うつほ物語、416頁）

これらの例は、「む」によって仮定の事態であることを示す点で共通する。「むにても」「むにてだに」「むにつけても」「むをも」は他の事態を付け加える「も」「だに」を用いて従属節相当の句を形づくり、「むからに」「むに」は接続助詞のような働きをして、主節の事態と逆接の関係を表している。このように、準体法の「む」に係助詞・副助詞・格助詞がついて、全体で逆接仮定節相当の働きをしている形式である。「む」を用いるという点では、「む＋名詞」も同様だろう。

「むにても」については、「む」のない「にても」とする例もある。

(17) （大納言）「わりなしや。生まれたるほどをおぼせ、わが後かと。たとひさるにても、男はさのみこそ侍れ。」　　　（夜の寝覚、148頁）

この例は、「あなたに通い始めた後に他の女にできた子である場合でも」という事態を仮定して、「男はそういうものだ」と続けているので、一般論として表したものと解される。

次に、「とても」は、「といっても」という逆接仮定の意を表している。(18)のように名詞に接続した例と、(19)のように終止形に接続した例とがあった。

(18) たとひ同じ心なる中とても、幾世かはある。　　（発心集、巻4・11）
(19) 設、打立テ後、聞給タリトテモ、御返有ベシ。

　　　　　　　　　　　　　　　　　　　（延慶本平家物語、3本37オ）

次節の〔表2〕にあるように、「とても」と照応する例は後期のほうが目につく。比較的新しい照応形式であると言える（山口堯二 1996：157）。

その他、孤例なので省くが、「べし」は推定の形式、「すら」は他の事態を挙げる形式のため、仮定の事態を表すことに関わったのだろう。

以上のように、「たとひ」を日本語文で用いた場合には、主節と逆接の関係にある事態を仮定的に表す形式と照応する用法にほぼ限られている。形式を見ると、「とも」と照応することを典型とするが、広く逆接仮定で捉えられる表現と照応している。したがって、「たとひ―逆接仮定」という意味レ

ベルでの構文を想定した上で、形式レベルでの構文は「たとひ―とも」を典型とし、逆接仮定に関わる諸形式と照応する、というようにまとめることができる。

4.3 本節のまとめ

　副詞の「たとひ」について、久山善正（1959）が「本来の国語であったか、私は疑わしく思う」と述べているように、日本語文での使用状況の偏りから見て本来の日本語と考えるのではなく、漢文を訓読する際に用いた訳語を日本語文に取り入れたと考えるのが自然だろう。すなわち、日本語として存在した副詞「たとひ」を漢語の「仮令」「縦」などを訓読する際に訳語として当てたと想定するのではなく、漢語の「仮令」「縦」などを訓読する際に、名詞として存在した「たとひ」を訳語として当て、漢語の用法に応じて用いるようになったものを、日本語文で漢文調の表現をする際に副詞として取り入れたと想定するのである。日本語文で使用する際には、逆接仮定節で用いるという意識があり、逆接仮定を表す専用の形式である「とも」と照応することを典型として、逆接仮定の意に関わるさまざまな形式が関わったと捉えることができる。したがって、訓点資料における「たとひ―順接・逆接仮定」から「たとひ―逆接仮定」という訓読法の変化に伴う構文変化は日本語文では認め難く、当初から「たとひ―逆接仮定」という構文として用いられていたとまとめておきたい。

5　14世紀後半以降の使用状況

5.1　用例数と分布

　本節では、後期の「たとひ」構文の展開を見ていく。〔表1〕と同様に、14世紀後半以降の使用状況をまとめたのが〔表2〕である。
　前期は漢文訓読調の資料に用例が多かったが、後期になると、口語資料として扱われているキリシタン資料（エソポのハブラス・天草版平家物語）や狂言資料（虎明本・狂言六義）にも用例があるという点で、使用範囲が拡大し

[表2] 後期の「たとひ」の使用状況

成立	資料名	とも	ども	む+助詞	とても	も	命令形	ても	でも	ばとて	うと	うが	とて	てから	その他
14C	覚一本平家物語	52	1	1			1	3							
	神皇正統記	2													
	増鏡	2													
15C	世阿弥能本	1													
	応永二十七年本論語抄	6	2	1			1								
	史記桃源抄	8													2
16C	中華若木詩抄	6				2	1	1							
	天草版平家物語	23	1		1		2								
	エソポのハブラス	8				1		1							
	ばうちずもの授けやう	6													
	ぎやどぺかどる	54	3	1											1
	どちりなきりしたん	11	1												
	おらしよの翻訳	1													
17C	室町物語	23			1		1								1
	舞の本	32					3								6
	醒睡笑	3			1										
	虎明本狂言	11					1	2							
	狂言六義	11							1	1	1				
	捷解新語・原刊本	3													
	雑兵物語								1						
	好色伝授												1		
	西鶴※	2		1			1		2					1	2
18C	捷解新語・改修本	3					1								
	近松世話物	10		4			7	9	1		2			1	1
	雨月物語	3													
	東海道中膝栗毛	1					2	2			1	1			
	浮世風呂	1		1			1	1	1						

※日本永代蔵・好色一代女・世間胸算用の3作品

ている。次の例は、女が鬼に向かって話す箇所に用いられた虎明本狂言の例である。

(20)　「たとひわれらは食はるるとも、この子を食はせまらする事はえい
　　　たすまい」　　　　　　　　　　　（虎明本狂言・鬼のまま子、上489頁）

このように、「たとひ」を用いる人物の偏りもなくなっており、漢文を訓読した語という意識も薄れ、一般の語となっているものと思われる。

5.2　照応する形式について

前期に引き続き、「とも」と照応した例が中心となることは変わらない。

その他の形式を見ると、前期には用いられていない形式が多く現れている。(21)は「命令形」、(22)は「活用語＋も」「ても」、(23)は「体言＋も」、(24)は「でも」、(25)は「已然形＋ばとて」、(26)は「うと」、(27)は「うが」、(28)は「とて」、(29)は「てから」と照応した例である。

(21)　信俊涙をおさへ申けるは「……。縦、此身はいかなる目にもあひ候へ、とうとう御文給はッて参り候はん」とぞ申ける。
　　　　　　　　　　　　　　　　　　　　　　（覚一本平家物語、巻2、112頁）

(22)　「白頭 縦 作㋥花園ノ主ト㋐酔テ折ハ花枝ヲ是レ別人」……白頭ニナリテハ、タトヒ吾家ニ園花ヲ持テモ、万事面白モナケレバ、行テ見ルコトモナイゾ。
　　　　　　　　　　　　　　　　　　　　　　　　（中華若木詩抄、上49ウ）

(23)　常に虚言を言ふ者は、たとひ真を言ふ時も、人が信ぜぬものぢゃ。
　　　　　　　　　　　　　　　　　　　　　　　　　（エソポのハブラス、490-2）

(24)　たとい、よその者でも、人の物を取らうと云は、盗人でいたづら者よ。　　　　　　　　　　　　　　　　　　　（狂言六義・瘦松、619頁）

(25)　(師)「たとい、さうあればとて、師匠に対して、そのやうな慮外をぬかす物か」　　　　　　　　　　　　　　（狂言六義・忠喜、695頁）

(26)　たとい、梟であらうとままと云て、又祈る。（狂言六義・梟、65頁）

(27)　たとへ平様が盗人で有ふが、強盗で有ふが、いとしうていとしうて、命をやつた此さがじや。　　　　　　　（近松・生玉心中、9・587頁）

(28)　たとい是でしぬるとて、そなたにあいをたのもうか。
　　　　　　　　　　　　　　　　　　　　　　　　　（好色伝授、36ウ3）

(29)　京大坂にては、相場ちがひのものは、たとへ祝儀のものにしてから、

中々調ふべき人心にはあらず。　　　　（西鶴・世間胸算用、308頁）

このうち（22）の「も」と照応した例は、漢詩を訓読した箇所に現れている。「も」と照応した例は前期の日本語文には見えないが、訓点資料には見られる例であり（大坪併治1981：316）、新しい形式ではない。名詞に接続した例のみを挙げる。

(30)　仮使ひ山林野人の輩も、亦常に〔於〕天女を供養す。

（西大寺本金光明最勝王経古点、巻7・12紙137-21）

その他の形式は、いずれも逆接仮定の意に関わる形式で、「たとひ」を伴わずに単独で逆接仮定を表した例がある。以下、順に見ていくことにする[4]。

まず、「命令形」は、命令用法だけではなく、放任用法も使われていた。次の例の「返したてまつれ」は祈願を表す命令用法であるが、「まれ」は「もあれ」が縮約した放任用法である。

(31)　「あが君を取りたてまつりたらむ（モノハ）、人にまれ、鬼にまれ、
　　　返したてまつれ。　　　　　　（源氏物語・蜻蛉、1934頁）

放任用法は、主節の事態がどのような場合でも成り立つことを示すために、ある事態を想定して挙げる点で逆接仮定に通じる[5]。そのため、「たとひ」と照応して用いるようになったのだろう[6]。

その他の形式は、中世後期から近世にかけて現れた逆接仮定を表す形式である。虎明本狂言の逆接仮定の形式に、「ても」「でも」「已然形＋ばとて」「うと」が見られることを小林賢次（1996：228）が指摘している。虎明本狂言から例を挙げる。

(32)　(舅)此上は娘が合点いたすとも、身共が聞きまらせぬ。(聟)おご
　　　うが合点いたいても聞くまいとは、そなたが女房に持たうと云ふ事
　　　か。　　　　　　　　　　　　　　　　　　　（乞聟、上397頁）
(33)　路次でお茶なりと申さう物を、雑談に申しいつて、お茶でも申さい
　　　で、お残り多い。　　　　　　　　　　　　　　（餅酒、上24頁）
(34)　女どもが寄せて来たればとて、ふかしい事があらうか。

（鬚櫓、下127頁）

(35)　(鬼)そなたは此家に、一人おじやるか。(女)一人ゐようと、二人

128　Ⅱ　条件表現

　　　　ゐようと、かまふてのようは。　　　　　　（節分、上497頁）

(32)は「とも」と同じ文脈で「ても」を用いている[7]。(33)は「でも」の例、(34)は「已然形+ばとて」で「〜だからといって」という仮定の意を表した例、(35)は「うと」の例である。このように、それぞれ単独で逆接仮定の意を表すことができる形式であり、「たとひ」を用いた場合にも現れたということが確認できる。

　ところで、(33)には、「お茶なりと」のように「と」で逆接仮定を表した例もある。〔表2〕で「その他」とした中にある舞の本の6例はすべて「たとひ」が「と」と照応した例である。

(36)　たとひ討たれ給はずと、土佐をば終に討たるべし。

　　　　　　　　　　　　　　　　　（舞の本・堀河夜討、349頁）

(27)の「うが」は、虎明本狂言には見られないが、虎寛本狂言や近松世話浄瑠璃に見られることを小林賢次(1996：240)が指摘している。やや遅れて、逆接仮定に関わる形式となったようである。また、(28)「とて」とある例も、虎明本狂言にはなく虎寛本狂言にあることを指摘しているが、近世の表現と考えてよいと思われる。(29)の「てから」は、近世に見られるようになった形式である（湯澤幸吉郎1936）。

(37)　この風俗で小女郎にあひたいといふたりとも聞き入れじ。聞き入れ
　　　てから小女郎が恥。　　　　（近松・博多小女郎波枕、10・758頁）

最後に、〔表2〕で「その他」としたもので、これまで触れていないものを挙げる。「こそ―べけれ」1例（室町物語）、「を以ても」1例（ぎやどぺかどる）、「次第」1例（西鶴）、「までも」1例（西鶴）、「にも」1例（近松）である。史記桃源抄の2例は訓読部分に現れた「ましかば」「て」の例なので、日本語文での例ではない。

　このうち、「こそ―べけれ」は前期に見られた「こそ―め」の後世的な表現であると思われる。「までも」についてはこれといった指摘が見当たらないが、慶長古活字版源平盛衰記にも「たとひ」と照応した例がある。これも新しい形式だろう。

(38)　武士は綺羅を本としてつとむる身なれば、たとへ無僕のさぶらひま

でも、風義常にしておもはしからず。　　（西鶴・日本永代蔵、47頁）

(39)　縦無間ノ底マデモ、身ニ代ヌ人也。（源平盛衰記、巻18、3・206頁）

　以上のように、後期の「たとひ」の構文は、新たに逆接仮定に関わるようになった形式と照応する例が現れるという点で形式レベルの変化が見られた。

5.3　衰退した形式について

　一方、〔表2〕を見ると、前期に使われていた「ども」「む+助詞」は後期15・16世紀頃には衰退している。

　「ども」が衰退するのは、中世後期に「ども」が一般条件を表さなくなっていくことに伴う衰退である。4.2で「たとひ―ども」の例が、一般条件を表したものであることを見た。「ども」は虎明本狂言の時代でも、逆接確定条件を表す中心的な形式であるが、一般条件を表す用法は「ても」が担うようになっていく（小林賢次1996：242、前章参照）。

(40)　わごりよは律儀な人じゃ。皆人は悪うできても、よいと云ひて売るに、奇特な事をいふ人じゃ。　　（虎明本狂言・河原太郎、下102頁）

(40)は「酒が悪くできても良いと言って売る」という一般論を「ても」によって表している。一般条件を表す形式が「ども」から「ても」へ交替したことによって、「たとひ」が「ども」と照応する例が用いられなくなっていくのである。

　「む+助詞」は、準体法の「む」に係助詞・副助詞・格助詞がついて、逆接仮定節相当の意味を表した。それが衰退するのは、中世後期に「む」が準体法で用いられなくなっていく変化に伴う衰退である。新たに現れた「うと」「うが」は、「む+助詞」の後継の形式のように見えるが、「うと」「うが」の「う」は、接続助詞の「と」「が」を後接し、準体句ではなく用言句を構成しているので、「む+助詞」とは異なる形式である。「む」を用いない助詞の複合形である「とても」のほうが、「む+助詞」の領域を担いうる形式と言ってよいかもしれない。

　このように、条件表現形式や「む」の用法の変化に伴って、形式そのものが使われなくなり、「たとひ」とも照応しなくなった形式もある。

5.4 本節のまとめ

後期の「たとひ」は、文体的な偏りがなくなっていき、一般的な語として用いられるようになっている。「たとひ―逆接仮定」という意味レベルの構文に変化はないが、形式レベルでは、「とも」と照応するのが典型という点では変わらないが、逆接仮定の意に関わる諸形式には消長が見られた。

6 「たとひ」構文

4節で前期、5節で後期の「たとひ」構文の使用状況を見てきたが、本節では「たとひ」構文の史的展開について見ていく。

日本語文においては、「たとひ―逆接仮定」という意味レベルの構文は、一貫して変わっていないと考えられる。一方、形式レベルの構文は、逆接仮定の意を表すさまざまな形式が用いられ、時代によって使われる形式は異なった。「たとひ」の構文の史的展開を見ることで、逆接仮定に関わる形式の消長を見ることができるのである。その主な形式の消長をまとめると次の〔図1〕のようになる。

〔図1〕逆接仮定に関わる形式の消長

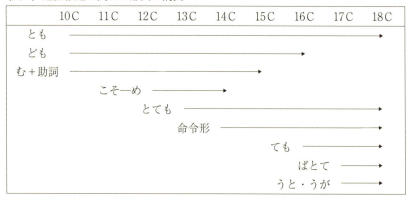

このうち、逆接仮定を専用に表す形式である「とも」は前後期を通して一貫して用いられ、「たとひ」と照応する典型的な形式である。その点で、一

見変化がないように見えるが、前期と後期では意味合いが異なっていると考えられる。

すなわち、前期は逆接仮定の専用形式としては「とも」しかなかった。「たとひ」が「とも」と照応するのは当然の結果だったのである。

ところが、後期16世紀頃に「ても」と照応した例が現れる。「ても」は、先に述べた逆接の一般条件を表すとともに、逆接仮定条件を表す専用形式となって、「とも」と交替していく形式である（前章参照）。湯澤幸吉郎（1929）をはじめとして、狂言資料（小林賢次1996：227）、朝鮮資料（浜田敦1970：301）、抄物資料（高見三郎1996）で明らかにされているように、「とも」から「ても」への交替は、室町時代から江戸時代にかけて起きたと考えられている。「ても」が現れた段階で、逆接仮定を表す専用形式に新旧の二形式があることになる。当時の「とも」と「ても」に着目して見ていくことにする。

〔表3〕は、室町時代から江戸時代にかけて成立した資料の「とも」と「ても」の用例数である。「とも」は動詞、形容詞、助動詞に後接した例を分けた（「るる・らるる」に後接した例は動詞の例に含めた）。

〔表3〕「とも」と「ても」

	動詞＋とも	形容詞＋とも	助動詞＋とも	ても
エソポのハブラス（1593刊）	15	2	4	9
醒睡笑（1628識）	14	7	16	30
虎明本狂言（1642写）	75	8	273	180
狂言六義（17世紀中頃成）	39	12	190	101

総用例数としては「とも」のほうが多いが、「ても」が後接しない「なりとも」「たりとも」「ずとも」「うとも」などの助動詞に後接した例を除き、動詞と形容詞に後接した例と比較すると、17世紀の前期から中期にかけて「とも」から「ても」へと勢力が逆転していることが明らかである[8]。

このように、「ても」の使用数が増加していることがわかるが、その割に

は、「たとひ」と照応する例が少ない。虎明本狂言では、「とも」の11例に対して、「ても」は2例の照応例しかない。「とも」の11例のうち3例が助動詞に後接した例であることを差し引き、動詞・形容詞に後接した例について見ると、「とも」が83例中8例であるのに対し、「ても」は180例中2例の照応であるから、「たとひ」を用いた場合には、「とも」で照応するという規範意識があったものと思われる。「たとひ」が「とも」を拘束する力は強くはないが、決して弱くはない。

17世紀初頭に「とも」と照応するのが典型だと認識されていたらしいことは、キリシタン宣教師のロドリゲスによって書かれた文法書の『日本大文典』(1604-8)の記述からもうかがわれる。

(41) しばしば許容法に用ゐるが、それに続く動詞の終にはTomo（とも）を置いてそれを承ける。即ち、その支配関係は、常に句の前に置きその後にTomo（とも）、又は、toyūtomo（といふとも）を置くことになってゐる。　　　　　　　　　　（「TATOI」項、土井忠生訳、495頁）

一方の「ても」については、許容法・譲歩法の未来に「Narōtaritomo（習うたりとも）」とともに「Narōtemo（習うても）」（土井忠生訳、148頁）の例を挙げているものの、「も」の項に、「Te（て）を語尾とする分詞の後に置かれたものは反戻の助辞となる」（土井忠生訳、486頁）として複合助辞として逆接の意を認めているだけである。『日葡辞書』でも「とも」は立項しているが「ても」は立項していないので、一語として扱っていない。

この記述は日本人の規範意識とそう変わらないものと思われる。それでは、「たとひ―とも」を典型と捉える段階から「たとひ―ても」を典型と捉える段階へいつ変わったのだろうか。残念ながら、〔表2〕からは読み取ることができない。今後、江戸時代後期以降の「たとひ」の使用状況を詳しく検討する必要があるが、今試みに「太陽コーパス」で近代の状況を観察する。次の〔表4〕は、平仮名書きの「たとへ」を検索して、「とも」「ても」と照応した用例数をまとめたものである（「とも」は前接する品詞の内訳を示した。なお、「仮令」「縦令」「たとひ」などの例を含めず、平仮名書きの「たとへ」に限ったのは、より口語的な表現での状況を把握するためである）。

〔表4〕太陽コーパスの「たとへ―とも」「たとへ―ても」

刊行年	とも	ても
1895	14（動11、形1、助動2）	0
1901	14（動9、助動5）	2
1909	7（形2、助動5）	3
1917	0	2
1925	7（動1、形1、助動5）	17

　これによると、1901年までは「とも」と照応する例が多いが、1909年では動詞に承接する場合は「ても」と照応しているので、この頃から「ても」と照応することが典型となったことが推測される。不充分な調査ではあるが、接続助詞の「とも」から「ても」への交替に比べ、「たとひ」と照応する場合の変化は遅れるようである。

　最後に、現代語の「たとひ」について簡単に触れる。現代の国語辞典の「たとえ」の項の用例（作例）を見ると、その規範意識を垣間見ることができると思われる。『新明解国語辞典第七版』（三省堂、2012）では「ても」と「うが」の例を載せ、『旺文社国語辞典第十一版』（2013）では「あとに「でも」「ても」「とも」などを伴う」とあり、『明鏡国語辞典第二版』（大修館、2010）では、「ても」と「命令形」の例を載せる。すべてに載る「ても」が典型的な形式と考えられる。

　現代語の実態を探る一つの例として、「CD-ROM版新潮文庫の100冊」で「たとえ」（歴史的仮名遣いの例を除く）を検索してみると、752例の使用例があった。照応する形式は、「ても」376例、「でも」117例、「命令形」75例、「うとも」43例、「うと」42例、「たところで」32例、「って」30例、「形容詞＋とも」12例というように続く。「とも」は「うとも」「形容詞＋とも」の形で使われ続けているが、動詞に後接した例は歴史小説に1例あるだけなので滅びたと見てもよいだろう[9]。

7 おわりに

　本章では日本語文で用いられた副詞「たとひ」について、前期（14世紀前半まで）と後期（14世紀後半以降）とに分けて見てきた。簡単にまとめて結びとしたい。

1. 前期には漢文訓読を意識した箇所で用いられるという位相の偏りがあるが、後期にはない。
2. 本来の日本語に副詞としてあったのではなく、漢語の「仮令」「縦」などを訓読する際に当てた訳語を日本語文に取り入れたものと考えられる。
3. 「たとひ」構文を意味レベルと形式レベルに分けると、意味レベルでは、「たとひ―逆接仮定」の構文として前後期を通して変わらないが、形式レベルでは「たとひ―とも」を典型として、逆接仮定の意に関わる諸形式と照応する。
4. 逆接仮定の意に関わる形式には、前後期を通して用いられる「とも」の他、前期には「ども」「む＋助詞」「こそ―め」、後期には「とても」「命令形」「ても」「ばとて」「うと・うが」などの形式が見られる。
5. 逆接仮定を表す接続助詞が「とも」から「ても」へと交替しても、「たとひ」と照応する場合には「とも」が使われやすく、「たとひ―とも」という規範意識は近代まで続いたと考えられる。

注
1) 大坪併治（1981：323）は、源氏物語の4例について、「三例は、僧侶とか田舎受領とかいつた、古風で固苦しい男性の詞に用ゐられてをり、一例は、天子が古書に前例を求める、極めて厳粛で緊張した場面であつて、作者は、タトヒを、特殊な表現効果を狙つて、意図的に用ゐたものと考へられる」と述べている。
2) 土左日記、竹取物語、伊勢物語、大和物語、平中物語、落窪物語、篁物語、多武峯少将物語、蜻蛉日記、枕草子、和泉式部日記、紫式部日記、更級日記、

四条宮下野集、大鏡、讃岐典侍日記、古本説話集、宇治拾遺物語、梁塵秘抄、新古今和歌集には用例がなかった。
3) 田島毓堂（1977:848）は、正法眼蔵（13世紀成、15世紀写の「乾坤院本」）の「たとひ」329例のうち「未然形＋ば」が2例あることを指摘している。この資料は漢文訓読調の度合いが強い資料である。
4) 山口堯二（1996:157-174）では、鎌倉・室町時代以降の逆接仮定の意に関わる諸形式が扱われ、「たとひ」と照応した多くの例が挙げられている。
5) 小柳智一（2018:175）は、「行為が実現してもしなくても状況に影響がないことを含意する」放任用法が、「事態が実現してもしなくても、帰結に影響がないことを表す」逆接仮定と共通性があることを指摘している。
6) 原栄一（1974）は「命令形」と照応する例が今昔物語集になく、覚一本平家物語で見られるようになったことを指摘している。また、田島毓堂（1977:848）は正法眼蔵に「命令形」と照応した例があることを指摘している。
7) 高見三郎（1996）は「ても」と照応した例が杜詩続翠抄に見られることを指摘している。
8) 小林賢次（1996:235）は、虎明本狂言の頃に「すでに「動詞終止形＋トモ」から「動詞連用形＋テモ」に移行していると言ってよい」と指摘している。
9) 前田直子（2014）では、現代語の「とも」の使用状況が示されている。

III
可能表現

第7章 「る・らる」における肯定可能の展開

1 はじめに

　可能の「る・らる」は中古では否定文・反語文で用いて否定可能（いわゆる不可能）を表す用法しか持たず、中世になって（1）のような肯定可能（肯定文で用いた可能）を表す用法が現れるというのが通説だと思われる。
　（1）　家の造りやうは夏をむねとすべし。冬はいかなる所も住まる。
　　　　　　　　　　　　　　　　　　　　　　　　（徒然草、55段）
この捉え方に従う場合、次の3点が問題になるだろう。
①なぜ中古では肯定可能を表せなかったのか。
②肯定可能を表せない場合、どのような形式で表していたのか。
③なぜ中世になって肯定可能を表すようになったのか。
　従来、可能表現の変遷を考察する際には、肯定可能は用例が少ないため否定可能と一括して扱われ、この3点が問題にされることはなかったようである。本章では、この問題意識のもとに肯定可能の「る・らる」を通時的に観察する。その結果、肯定可能を2類4種に分類して上記の認識を修正した上で、用法の拡張する時期が近世にあることを指摘する。また、用法が拡張する要因についても考察を加える。
　以下、用例の引用において、先行研究が指摘した用例は注記した。

2 中古の肯定可能

　通説の基礎となったのは、山田孝雄（1913）の「打消の形のみ見ゆ」という指摘である。さらに山田孝雄（1914）が、延慶本平家物語（延慶2-3年〈1309-10〉奥書）に至っても「下に打消の助動詞を伴ふもののみなり」と指摘し

たことにより、それ以降の資料で特に古文教材として使われる徒然草の肯定可能の例が注目されるようになったことは想像に難くない[1]。

　山田孝雄（1913・1914）の指摘の通り、中古の可能の「る・らる」のほとんどが否定可能であることは疑いない。ただし（2）のように打消の「ず」が直接した例だけではなく、（3）のように結果として否定可能になる反語の例や、（4）のように否定される事態のなかで用いた例もある。現在では、これらの例を含めて否定可能の用法として扱っている。

（2）　入りたまひて臥したまへれど、寝入られず。
(源氏物語・花宴、273頁)

（3）　女、「さりや、あな心憂」と思ふに、何ごとかは言はれむ、ものも言はで、いとど引き入りたまへば、　(源氏物語・宿木、1738頁)

（4）　立ちそめにし名の、取り返さるるものにもあらず、
(源氏物語・行幸、892頁)

　その一方で、延慶本平家物語以前にも肯定可能の例があるという指摘は少なからずなされており、既に中古からあるという指摘もある。次の（5）〜（8）がその例である。

（5）　隙見ゆるに、寄りて、西ざまに見通したまへば、この際に立てたる屛風、端の方おしたたまれたるに、紛るべき几帳なども、暑ければにや、うち掛けていとよく見入れらる。
(源氏物語・空蟬、86頁、川村大1993)

（6）　（朧月夜ガ）御障子のしりは固めたれば、（光源氏）「いと若やかなる心地もするかな。年月の積もりをも、紛れなく数へらるる心ならひに、かくおぼめかしきは、いみじうつらくこそ」
(源氏物語・若菜上、1071頁、中西宇一1996、川村大1993)

（7）　（中君）「なほえこそ書きはべるまじけれ。やうやうかう起きゐられなどしはべるが、……」　(源氏物語・椎本、1564頁、川村大2005)

（8）　旅のいはやなきとこにも寝られけり(拾遺和歌集、356、西田直敏1964)

　確かに、これらの例は自発とは異なる。典型的な自発の（9）と比較してみよう。

(9) （中君ハ）心憂きものは人の心なりけりと我ながら思ひ知らる。

(源氏物語・宿木、1721頁)

中西宇一（1996：75）が「自発と可能とは、意志の発動があるかないかによって分けられる」と指摘しているが、「意志の発動」を言い換えれば、主体が事態の実現を望んでいるということだろう。例えば、（9）は「思い知ろう」とする主体の望みが認められないのに対して、（5）〜（8）は「見よう、数えよう、起きあがろう、寝よう」とする主体の望みに基づいている。主体が事態の実現を望んでいるという点で、自発とは異なるのである。また、現代語の典型的な自発は「〜することができる」に言い換えられないが（高橋太郎2005）、上の例を現代語訳した場合に（9）は「〜することができる」と訳せないのに対して、（5）〜（8）はそれぞれ「中を覗くことができる」「数えることができる」「起き上がりなどすることができる」「寝ることができた」のように訳すことができ、現代語の「できる」と意味領域が重なるところがある。このように中古には、自発とは異なる肯定可能と見られる例がある。

3 〈既実現可能〉と〈未実現可能〉

前節で見た通説に対する異論は、通説を覆すほどの影響を与えていない[2]。なぜ中古には肯定可能がないと言われ、実例を示されても通説が揺るがないのだろうか。本節と次節ではこの問題を考えていく。

中古の肯定可能の例を検討すると、「既に実現している」という共通点がある。例えば、（5）の「見入る」事態は現在実現している。（6）の「数ふ」事態は習慣（心ならひ）として、（7）の「起きゐる」事態は最近の傾向として、（8）の「寝」事態は一度の体験として実現している。また、これらの例とは事態の性質が異なる次の（10）〜（12）のような例も見られる。このタイプは「見―」型の複合動詞の例に限られる[3]。

(10) 門出したる所は、めぐりなどもなくて、かりそめの茅屋の、葦などもなし。簾かけ幕など引きたり。南ははるかに野のかた見やらる。

(更級日記、280頁、西田直敏1964)

(11) （長谷寺ニ）参りつどふ人の有様ども見くださるるかたなり。前より行く水をば初瀬川といふなりけり。

（源氏物語・玉鬘、740頁、中西宇一1996）

(12) 前栽の花いろいろ咲き乱れ、面白き夕暮れに、海見やらるる廊に出でたまひて、たたずみたまふさまの、ゆゆしう清らなること

（源氏物語・須磨、423頁、中西宇一1996、川村大1993）

　事態が個別的に実現している（5）～（8）に対して、(10)～(12)は事態が恒常的に実現している。例えば、(10)～(12)は、いずれも「見―」型の複合動詞の例なので、同じく「見―」型の複合動詞の（5）と比べてみると、（5）は屏風や几帳など遮るものがないという現在の状況下で実現した事態（「現在見られる」事態）であるのに対して、(10)～(12)はある場所から見ると常に「見やる・見くだす」ことができる事態（「いつでも見られる」事態）である。「見やる・見くだす」ことのできる場所は常に存在し、現在見ることが実現している[4]。

　このように、中古の肯定可能の例は「既に実現している」という共通点があり、事態の性質によって2種に分けられる。本章では（5）～（8）のような例をⅠ「既実現の個別的事態」、(10)～(12)のような例をⅡ「恒常的事態」と呼ぶことにする。

　これを踏まえて、本章では事態の実現の有無という観点から肯定可能を分類して、「できた・できている」のように、直前・過去に実現した、あるいは、現在実現している状態を表す可能を〈既実現可能〉、「できる（だろう）・あの時していればできたのに」のように、実現する能力・条件があってもまだ実現していない、あるいは、過去に実現しなかった状態を表す可能を〈未実現可能〉と呼ぶことにする。この観点によれば、「中古の肯定可能の「る・らる」には〈既実現可能〉はあるが〈未実現可能〉はない」とまとめられる[5]。

　ところで、本章の〈既実現可能〉〈未実現可能〉の区別は、従来の可能の分類でなされることの多い「実現可能・潜在可能」の区別と重なる部分が大きいが、「実現・潜在」の区別は「実現が含意されているか否か」（渋谷勝己

2005）を問題にしているので異なるところがある[6]。おおよそ〈既実現可能〉は実現可能、〈未実現可能〉は潜在可能に対応するが、Ⅱ「恒常的事態」は「実現・潜在」の観点で見れば潜在可能であるのに対して、実現の有無から見れば常に成立しているので〈既実現可能〉である。また、渋谷勝己（1993：15）の挙げる未来の実現可能の例（「今始めれば日暮れまでには書ける」）は、まだ事態が実現していないので〈未実現可能〉、過去の潜在可能の例（「むかしはどんなむずかしい字でも書けた」）は、過去に実現しているので〈既実現可能〉に分類される。

このように実現の有無という観点を導入して〈既実現可能〉〈未実現可能〉に分けることは次の2点で有効である。第一に、中古の肯定可能を〈既実現可能〉として把握することができる。「実現・潜在」の観点では、Ⅱ「恒常的事態」が捉えられない。第二に、中古より後に現れる〈未実現可能〉と区別することができる。この観点を用いずに中古に肯定可能があると言った場合、〈未実現可能〉の出現が捉えられなくなる。

以上、本節では肯定可能を〈既実現可能〉と〈未実現可能〉に二分し、中古には〈既実現可能〉は見られるが、〈未実現可能〉は見られないことを指摘した。さらに、中古の〈既実現可能〉を事態の性質によって、

Ⅰ　既実現の個別的事態　……（5）〜（8）
Ⅱ　恒常的事態　　　　　……（10）〜（12）

の2種に分けた。本節での考察を踏まえ、1節で挙げた①〜③は「肯定可能」を〈未実現可能〉に置き換えた上で、引き続き問題としたい。

これまで中古に肯定可能はないと言われてきたのは、用例数の少なさに加え、〈既実現可能〉しか見られない点に理由があると考えられるが、次節で〈既実現可能〉の「る・らる」の表現性を確認した上で、改めて考察する。

4 〈既実現可能〉の「る・らる」の位置づけ

4.1 中古の〈既実現可能〉の表現形式

　前節で見たように、中古の肯定可能の「る・らる」は〈既実現可能〉と捉えられる。しかし、〈既実現可能〉で解釈できそうな箇所に必ず「る・らる」が現れるわけではなく、他の形式が現れることもある。本節では、〈既実現可能〉で解釈できそうな箇所に用いられた「る・らる」以外の形式に着目し、「る・らる」との差異を考察することで、「る・らる」の表現性を探っていく。

　まず、「る・らる」のⅠ「既実現の個別的事態」に対応するのは、実現を表す完了の「つ・ぬ・たり」を用いた次の（13）〜（15）のような例である。

　（13）　白雲の絶えずたなびく峰にだに住めば住みぬる（住ンデミルト住ムコトガデキル）世にこそありけれ　　　　　　　　　　（古今和歌集、945）
　（14）　かの国人、聞き知るまじく思ほえたれども、言の心を男文字にさまを書き出だして、ここのことば伝へたる人に言ひ知らせければ、心をや聞き得たりけむ（意味ヲ理解スルコトガデキタノデハナイダロウカ）、いと思ひのほかになむめでける。　　　（土左日記、34頁）
　（15）　とみの物縫ふに、かしこう縫ひつ（ウマク縫ウコトガデキタ）と思ふに、　　　　　　　　　　　　　　　　　　　　　（枕草子、178頁）

　これらは、現代語訳を添えたように「できた」の意で解釈することができる。井上優（2009）が「現代語の「シタ」と「デキタ」（意図成就）のような区別が古典語にはない（「シツ」「シヌ」が意図成就の意味で用いられうる）」と指摘するように、〈既実現可能〉は実現を表す文を解釈する際に現れる意味であり、現代語の「できた」のような特定の形式を持っていなかったと言える[7]。

　実現を表す助動詞を用いた（13）〜（15）と「る・らる」を用いた（5）〜（8）とは、主体が事態の実現を望んでいる点では共通するが、事態の実現の仕方が異なる。例えば、（15）が「縫ふ」ことを努力して行なった結果、実現した事態であるのに対して、（5）は屏風や几帳など遮るものがない状況が「見

入る」事態を実現させている。(6)～(8) も状況によって思いがけず実現した例と解される。つまり、「る・らる」の表す〈既実現可能〉は、実現しようと努力して自律的に（意志的に）実現できた事態（典型的な意図成就）ではなく、思いがけず偶発的に（非意志的に）実現した事態を表している[8]。したがって、具体的な動きを伴う意志的動作を表す場合には「る・らる」が用いられないのである。

次に、「る・らる」のⅡ「恒常的事態」に対応するのは、無標形を用いた次の (16)(17) のような例である。

(16) 堂ハ僧都ノ遺言ノ如ク、二階ニ造テ、上ノ階ヨリ仏ノ御顔ハ見エ給ヘバ、諸ノ通ル人、吉ク礼ミ奉ル。　　　　　（今昔物語集、12・24）

(17) 御堂へまゐる道は、……時々の花・紅葉を植ゑたまへり。また舟に乗りて池より漕ぎてもまゐる。　　　　　（大鏡、105頁）

(16) は「通る人が仏をよく拝める」という場所の恒常的な性質、(17) は「御堂へは漕いでも行ける」という恒常的に成り立っている方法で、いずれも事態の実現ではなく、「いつも～できる」の意で、恒常的に成立している事態に対して用いられている。無標形は「まゐる」のような具体的な動きを伴う意志的動作も表すことができる点で、「る・らる」のⅡ「恒常的事態」とは異なっている。

以上のように、中古の「る・らる」は、典型的な意図成就は表さず、具体的な動きを伴う事態も表せないので、「実現を望む事態の非意志的（状況的）実現」を表す形式と言える。〈既実現可能〉を表すと言ってもその全体に亙るわけではないのである。

4.2 〈既実現可能〉の「る・らる」の位置

ここまでの考察を受けて、主体が事態の実現を望んでいるか否か、事態の実現の仕方が意志的か非意志的かという二つの観点によって整理すると、「望み：無、実現の仕方：意志的」の組み合わせは考えられないので、次頁の〔表1〕のように3通りになる。

〔表1〕望みの有無と実現の仕方

	望み	実現の仕方	形式	意味
(a)	無	非意志的	る・らる	自発
(b)	有	非意志的	る・らる	既実現可能
(c)	有	意志的	つ・ぬ・たり・無標	既実現可能

　(a)〜(c)は事態の既実現という点で共通する。(a)が典型的な自発、(c)が典型的な意図成就を表す〈既実現可能〉である。そのどちらにも共通点のある(b)が、中古の〈既実現可能〉の「る・らる」である。これを肯定可能ではなく自発とする通説を支えてきた理由として、尾上圭介(1998b)が事態の既実現という点で共通するため、自発と可能のどちらにも解釈できる場合があることを指摘しているように、まず、中古の肯定可能が〈既実現可能〉に限られる点を挙げることができる[9]。ただそれ以上に、「非意志的」であることが自発と解する大きな理由だと考えられる[10]。本章では、事態の実現に対する主体の望みが認められ、現代語の「できる」と意味領域が重なるところがあることを重視して〈既実現可能〉の一角に位置づけたが、所詮、自発か可能かの二択では、性格の異なるものが含まれてしまうので、どちらの立場に立つとしても、(a)〜(c)の異なりを反映した下位分類が必要となるだろう[11]。

5 〈未実現可能〉の成立

　「る・らる」が意志的な実現(4.2の表の(c))を表すようになるのは、中世前期(院政・鎌倉期)からである。

(18) 試ニ縄ヲ付テ曳見ムト思テ曳ニ、軽ク曳ルレバ、喜テ曳ニ、道行ク人、力ヲ加ヘテ共ニ曳ク程ニ、(今昔物語集、11・31、土井忠生1938)

(19) 「只昇リ給ヘ。見セ可奉キ事ノ有ル也。ヨモ悪キ事不申ジ」ト云ヘバ、僧男ノ昇ル後ニ昇ルニ、スヾロニ高々ト被昇ル。

(今昔物語集、19・33、山田巌1954)

(20) サトノ人々アツマリテ、アミシテトリツクシテトリケレド、サラニエトリエザリケリ。イカヾシタリケム、魚ヒトツトラレタリケルモノ、ヨロコビテトリアグルホドニ、スベラカシテニガシテ

(法華百座聞書抄、オ 269、小林芳規 1971)

(21) 冊子経取り出でて読み居たれば、「暗うてはいかに」などあれば、「今は口慣れて、夜もたどるたどるは読まれ侍り」とて、

(無名草子、13 頁、大野晋 1984)

　これらは具体的な動きを伴う意志的動作(「曳く」「昇る」「捕る」)の実現を表している点で中古と異なる。しかし、(18)〜(20)は既に実現した事態、(21)は現在の習慣で、〈既実現可能〉のⅠ「既実現の個別的事態」に含まれる。また、この場合でも、思いがけず実現した事態であるという表現性を持っているように思われる。

　この時期に肯定可能が出現するとして示された報告例は以上のような例に限られ、確かに、中古とは異なっているものの、〈未実現可能〉の例はなく、〈既実現可能〉の段階に留まる例なのである。

　さて、中世になって現れる肯定可能の例として引かれる(1)を再掲する。

(22) 家の造りやうは夏をむねとすべし。冬はいかなる所も住まる。

(徒然草＝(1))

　この例は、「住むことができるものだ」という一般論として述べられたものであり、事態が現実世界で実現しているのではなく、観念上で成立している点で、常に現実に存在している〈既実現可能〉のⅡ「恒常的事態」とは事態の性質が異なる[12]。通説が支持されてきたのは、自発では捉えられないという解釈によるものと思われるが、事態の性質に着目しても、従来のⅠ・Ⅱとは異なる。これをⅢ「一般論」として類例を挙げる。

Ⅲ　一般論　……(22)〜(28)

(23) 目をしとどめつれば、必ず物を言ふ言葉のなかにも来てゐるふるまひ、立ちて行くうしろでにも、必ず癖は見つけらるるわざに侍り。

148　Ⅲ　可能表現

(紫式部日記、499頁)

(24)　(大豆ニ)あたたかなる時、酢をかけつれば、すむつかりとて、にがみて(=皺ガ寄ッテ)よく挟まるるなり。然らざれば、すべりて挟まれぬなり。　　　　　(宇治拾遺物語、4・17、小田勝2010)

(25)　設ヒ悪業アレドモ、又如此ノ大乗ヲ行シテアレバ、悪業モオサヘラルヽ也。　　　　　(解脱門義聴集記、4・32オ、小林芳規1971)

(26)　カヽル所ニモスメバスマルヽ習ニテ有ケルゾ。

(延慶本平家物語、2本62ウ)

(27)　春ハ暖気ナルユヘニ、大クタビレガシテネラルヽモノ也

(中華若木詩抄、下27オ、湯澤幸吉郎1929)

(28)　卦ノ象デモ火ガツヨウアリテコソ物ハニラルレゾ。

(周易抄、五31ウ、鈴木博1972)

　それぞれ「見つけられるものだ」「挟めるものだ」「抑えることができるものだ」「住める道理だ」「寝ることができるものだ」「煮られるものだ」という一般論として用いられている。山田孝雄(1914)の指摘に反して、延慶本平家物語にも例がある。

　通常、「一般論」は「実現・潜在」の区別では典型的な潜在可能として分類されると思われる。本章の観点によっても〈未実現可能〉に分類するのが妥当であると考えるかもしれないが、この当時の認識において、一般論は「既実現」の事態として捉えていたのではないかと考えられる。その根拠を以下に示す。

　第一に、中世を通して肯定可能の「る・らる」の例にⅢ「一般論」の例は見られるが、「簡単な英語だからたぶん君でも読めるよ」のような「未実現の個別的事態」について用いた例が見出しがたいこと。未実現の事態の場合には使えないのではないかと疑われるのである。

　第二に、Ⅲ「一般論」に対応する他の形式を求めると、無標形を用いた例が対応すると考えられること。

(29)　霧深きあしたの原の女郎花心を寄せて見る人ぞ見る

(源氏物語・総角、1614頁)

この例は、「思いを寄せて見る人だけが見ることができるものだ」という可能の意を含んだ一般論を表していると解される。古代語の無標形が未実現の事態を表すことは非常に稀であり、特に知覚動詞の無標形は既実現（継続中）を表す（鈴木泰2009）。一般論が既実現の事態を表していると捉えれば、無標形の用法としても例外ではなくなる。

第三に、条件表現において一般論を表す「一般条件」は、「確定条件」と同じ「已然形＋ば」で表していたこと。

(30) 　（女トイウモノハ）なよひかに女しと見れば、あまり情に引きこめられて、とりなせば、あだめく。これを初めの難とすべし。

　　　　　　　　　　　　　　　　　　　　　　（源氏物語・帚木、42頁）

一般論を「已然形＋ば」で表していたのは、既実現の事態として捉えていたからではないだろうか。(23)～(26)が「已然形＋ば」を承けているのも、Ⅲ「一般論」が既実現の事態であることを示しているように思われる。

このように、現代の感覚からすると観念上で成立している点で既実現とは言いにくいが、古代語において一般論は既実現の事態として認識されていたのではないかと考えられるのである。

なお、中古にはⅢ「一般論」の例はほとんど見られないが、そのなかで(23)は中古からの例として注目される。この場合もⅠⅡと同様、自発とも解されうる非意志的に実現する事態の例であり、(24)のような具体的な動きを伴う意志的動作の例が現れるのは中世になってからである。中世になって具体的な動きを伴う意志的動作の例が現れるのは、Ⅲ「一般論」だけではなく、Ⅰ「既実現の個別的事態」についても同じであり、動詞の範囲が拡大している。これまで非意志的（状況的）に実現する動詞に限られていたものが、その制約がなくなり、意志的に実現する動詞にも使えるようになったことを表している。

以上のように、中世は用法が拡張している時期ではあるが、〈既実現可能〉に留まっている段階である[13]。Ⅲ「一般論」を〈既実現可能〉と捉えた上で、「未実現の個別的事態」を表す例をもって〈未実現可能〉の成立と考えると、その出現はさらに時代が降り、近世に至って目につくようになる。こ

れをⅣ「未実現の個別的事態」として例を挙げる。

Ⅳ　未実現の個別的事態　……（31）〜（35）

(31)　某が坪の内に見事なくさびらが一本はへてござつたほどに、くわるゝくさびらかとぞんじて取てみたれば、

(虎明本狂言・くさびら、上 449 頁、渋谷勝己 1993)

(32)　爰ニナニモナキ垪ノ下ヱ只落テ死デ見ニ、中中張合無シテ飛レザル也。然レドモ此比ニナツテ、少シ飛ルルカト思フ也。
（ココ）（ガケ）（シタ）（タダヲチ）（シン）（ミル）（ナカナカハリアイナク）（トバ）（シカ）（コノゴロ）（スコ）（トバ）（ヲモ）

(驢鞍橋、上・13)

(33)　そちはかぶろじやゆへ此百両のかねでらくにうけらるゝ。

(近松・傾城江戸桜、15・204 頁、湯澤幸吉郎 1936)

(34)　「それには金が入て有か」「おゝ金のやうな物じや」「すればおれでも持てのかるゝ。ずいぶん取てやらふ」

(近松・今源氏六十帖、15・48 頁、山口明穂 1977)

(35)　此金子夕霧そなたにやる。りんじうに金やるとはいなこと申様なれど、此金では万部の経もよまるゝ。跡の追善ゆいごんめされ。

(近松・夕霧阿波鳴渡、7・579 頁)

それぞれ「食う」「飛ぶ」「受くる」「退く」「読む」という事態はまだ実現していない。本章ではこれらの例が出現する近世前期をもって〈未実現可能〉が成立したと考える。これは突飛な指摘ではなく、これまでにも近世を画期とする指摘がなされている。山口明穂（1977：122）は、「肯定文に使われる、可能の「る・らる」の例が江戸時代初期にかなり多くなる」と述べ、北村季吟『八代集抄』では古今集で可能の形式がないところに可能を補った解釈をしているところがあることを挙げて、近世前期には現代と同じように可能の意を明示するようになっていることを指摘している。また、渋谷勝己 (1993) は否定可能も含めて、中世以前の「る・らる」を自発とし、可能の出現を虎明本の頃からと見ている。このように本章と異なる観点によってもこの時期を画期とする研究があり、本章の立場からも支持することができる。

これまでの考察を踏まえて、最初に問題とした3点は次のように改められる。

①'　なぜ中世以前には〈未実現可能〉を表せなかったのか。
②'　〈未実現可能〉を表せない場合、どのような形式で表していたのか。
③'　なぜ近世になって〈未実現可能〉を表すようになったのか。

6　〈未実現可能〉の出現要因

中世以前の「る・らる」は〈未実現可能〉を表さないが、その代わりとなる特定の形式もなかった。古典解釈の世界では、〈未実現可能〉は文脈にゆだねて解釈することが行なわれている（亀井孝1955、山口明穂1988など）。ただし、文脈にゆだねるとは言っても自由ではなく、次に示すように、未実現の事態を表す形式（「む・べし・未然形＋ば」など）を用いるなかで解釈されると考えられる。これが②'に対する答えである。以下に現代語訳を添えて例を挙げる。

(36)　心あてに折らばや折ら<u>む</u>（折ルナラ折ルコトガデキルノデハナイダロウカ）初霜の置きまどはせる白菊の花　　　（古今和歌集、277）
(37)　梅の香の降り置ける雪にまがひせば誰かことごと分きて折ら<u>まし</u>
（区別シテ折ルコトガデキタダロウカ）　　　（古今和歌集、336）
(38)　「まろ、この歌の返しせむ」といふ。驚きて、「いとをかしきことかな。詠み<u>てむ</u>やは（詠ムコトガデキルダロウカ）。詠みつ<u>べく</u>は（詠ムコトガデキソウナラ）、はやいへかし」といふ。（土左日記、23頁）
(39)　吹く風にわが身をなさ<u>ば</u>（変エルコトガデキルナラ）玉すだれひま求めつつ入る<u>べき</u>ものを（入ルコトガデキソウナノニ）
（伊勢物語、64段）
(40)　「忽ニ人ヲバ殺シ給フラムヤ（殺すことがおできになりますか）」…「安クハ否不殺。少シカダニ入テ候ヘバ必ズ殺シ<u>テム</u>（殺すことができるだろう）。虫ナドヲバ塵許ノ事セムニ、必ズ殺シ<u>ツベキニ</u>（殺すことができるのだが）、生ク様ヲ不知バ、罪ヲ得ヌベケレバ、由无キ也。

(41) 「かばかりになりては、飛び下るとも下り<u>なむ</u>（下リルコトガデキル
　　　ダロウ）。」　　　　　　　　　　　　　　　　　　（徒然草、109 段）

（今昔物語集、24・16）

　いずれも現代語訳する場合に「できる」意を含んだ解釈をしないと理解できないところである。「つ・ぬ」とともに用いた例が多いのは、未来における動作の実現を表す場合に〈未実現可能〉の意で解釈しやすくなるためだと思われる。

　以上のように、中世以前には、〈未実現可能〉が他の未実現の事態と形式上区別されることはなかったのである[14]。

　ところで、現代語の運動動詞の無標形はテンスとしては未来を表すが、中古の無標形はテンスとしては現在を表す（鈴木泰 2009）。助動詞を後接しない「る・らる」は、無標形と同じく、現在を表すのだろう。そのため、中世以前では〈既実現可能〉の例に限られていたのだと思われる。〈未実現可能〉を表すためには、未実現の事態を表す形式が必要だったと考えられる。これが①'に対する答えである。

　ところが中世後期になると、実現の有無に関する表現方法が変化したと思われる事例が指摘できる。例えば、中世後期から近世にかけて、未実現の事態を表す形式であった「む（う）」が衰退し、その領域に無標形が侵出する。すなわち、連体句中で現れるはずのところに現れなくなったり、主節で未来を表す際に無標形を用いたりして、未実現の事態を表す際に「む（う）」が必須ではなくなってくる（第4章参照）[15]。

(42) a　弟ノ七郎ガ<u>見ン</u>前ヘニテ、彼等ニ語セント思為ゾカシ。

　　　　　　　　　　（百二十句〈斯道文庫〉本平家物語、巻9、502-2)

　　　b　弟の七郎が<u>見る</u>前で、彼等に語らせうずるためぢゃ。

　　　　　　　　　　　　　　　　　　　　　　　（天草版平家物語、250-9）

(43)　明六つのすこし前に行水を<u>するぞ</u>。　　（好色五人女、巻2、247 頁）

(44)　とつさまお帰りなされたら、きつと<u>つげる</u>。

　　　　　　　　　　　　　　　　　　　（近松・鑓の権三重帷子、10・146 頁）

　これが「る・らる」の用法にも影響を及ぼしたと考えられる。中世後期に

「る・らる」が〈未実現可能〉を表す場合には、「う・うずる」を後接しないと表せなかった。

（45） 斉桓―心得ニクイゾ。左伝ノ事ヂヤト心得ラレウ。

(毛詩抄、巻18・39オ)

（46） 人ノトヲラレウズルヤウナル路ガナイゾ

(中華若木詩抄、下35ウ、湯澤幸吉郎1929)

しかし、未実現の事態を表す形式がなくても無標形で未実現の事態を表せるようになったことによって、「る・らる」も単独で〈未実現可能〉を表すようになったと考えられる[16]。これが最後に残された③'に対する答えである。

7 おわりに

ロドリゲス『日本大文典』(1604-8)に「肯定よりも否定に多く用ゐられる」(土井忠生訳、386頁)とあるように、時代が降っても肯定可能の例は多く拾えるわけではない。本章では、少ない用例を見渡して「る・らる」における肯定可能の展開を描いた。最後に述べてきたことを簡単にまとめると以下のようになる。

1 　肯定可能は、実現の有無によって〈既実現可能〉と〈未実現可能〉に分類され、事態の性質によって、Ⅰ「既実現の個別的事態」・Ⅱ「恒常的事態」・Ⅲ「一般論」・Ⅳ「未実現の個別的事態」の4種に分類される。
2 　中世以前はⅠ～Ⅲの〈既実現可能〉を表した。ただし、中古では「実現を望む事態の非意志的（状況的）実現」を表す用法に限定される。中古に肯定可能の例がないという通説を支えてきたのは、用例数の少なさに加え、「非意志的」である点で典型的な自発と共通するからである。具体的な動きを伴って意志的に実現する例が現れるのは中世以降である。
3 　従来はⅢ「一般論」の用法をもって肯定可能の出現と考えてきたが、古代語では既実現の事態であると考えられ、〈既実現可能〉の一種と位置づけられる。

4　中世以前に〈未実現可能〉を表せなかったのは、「む」や「べし」など未実現の事態を表す形式を用いなければならなかったからである。

5　中世後期に未実現の事態を表す形式のない無標形で未実現の事態を表すことができるようになった。その結果、近世に至ってⅣ「未実現の個別的事態」を表す例が現れ、〈未実現可能〉が成立した。

なお、〈未実現可能〉の出現時期は、可能動詞の出現時期と重なる[17]。他にも可能の専用形式として「なる・かなふ・できる」などが生まれる時期である。やがて、可能の表現領域はこれらの専用形式が中心となって表すようになっていく。「る・らる」の可能用法は、「る・らる」の用法のなかで周辺的であるが、可能の表現領域のなかでも周辺的な形式でありつづけている。

注

1)　ただし最初に徒然草の頃からと指摘した文献は未詳。山田孝雄(1936)では「別れてはながらふべくもなかりしにあればあらるるうき身なりけり」(新続古今集、1592)、「かくてもあられけるよ」(徒然草、11段)の例を挙げている。江波煕(1937)『例文通釈新撰古語辞典』(「る」の項)は、可能の例として(1)だけ挙げてある。

2)　例えば、『日本語学研究事典』(明治書院、2007:441)では、中古の肯定可能の例に配慮しつつも、通説を保持した記述がなされている。

3)　次の例は異文があり本文に問題が残るが、「見ー」型複合動詞以外の例となる。
　　〇二人の局を一つにあはせて、かたみに里なるほども住む。……。殿渡らせたまふ。「かたみに知らぬ人も語らはるる」など、聞きにくく。
　　　　　　　(紫式部日記、506頁、黒川本「かたらはゝ」笠間書院刊影印80頁)
この例は二人で共用している局に対する道長の評で、いつでも(恒常的に)「語らふ」ことができる部屋の恒常的性質を表していると解される。

4)　吉井健(2002)は「見ー」型複合動詞の例が「既に実現している事態を表している」点に注目している。そして、「全体的に自発に近い位置にあると見られる。ただし、意志の発動を重く見れば自発と一線を画することになろう」と位置づけている。

5)　「る・らる」が「べし・む」などを後接して未実現可能を表した例が指摘されているが(中西宇一1996:70)、未実現の意味は「べし・む」などがもたら

すと考える（6節参照）。本章では、その場合の「る・らる」をⅠとして処理している。
6) 時間軸上に局在するか否かによる「アクチュアル・ポテンシャル」（高橋太郎 2005）の区別も同様である。
7) 吉井健（2018）では、アスペクト形式、否定形式、「ゆ・らる／る・らる」が既実現可能の解釈を導く仕組みについて論じている。
8) 意志的か非意志的かの別を動作主の自律性に求めることについて、大鹿薫久（1987：35）を参考にした。
9) 可能が非現実に関わるものであることを尾上圭介（1998b）が主張するように、典型的な可能は、〈未実現可能〉である。なお、「実現・潜在」の観点では「潜在可能」として扱われるⅡ「恒常的事態」の例が肯定可能と認識されなかったのは、(10)〜(12)のように「見─」型の複合動詞の例であることが影響していると思われる。これらは吉井健（2002）が「「見る」が（下に他の動詞を下接させて）ラル形式をとる場合」に「全体としては「見ゆ」に近づく」ことを指摘しているように、自発の「目に映る」意なのか肯定可能の「見ることができる」意なのか曖昧で、中古に肯定可能はないという前提で解釈した場合、あえて肯定可能で解釈する必要は感じなかったのだろう。
10) 吉井健（2002）は、肯定可能で解釈できる場合に偏りが見られるところから、「る・らる」が可能の意味を担う形式ではないという結論を導いている。なお、現代語の〈既実現可能〉（例えば「食べられた」）が既実現であるにも関わらず自発の解釈が不自然になるのは、非意志的な事態と捉えにくいためだと考えられる。非意志的であることが自発の解釈を導くのである。
11) 渋谷勝己（2005）のように自発を下位分類する方法もある。自発の側から捉えれば、中古の〈既実現可能〉は「動作主体の期待するところに沿って事態が（他力本位的に）自然生起する」という意の「期待成就型自発」に相当すると思われる。
12) 仁科明（2006）は、「経験の範囲内での恒常的随伴性」を持つ「恒常」と、「一般性・法則性」を持つ「一般」とが理念として異なることを指摘している。
13) 本章が採集した中世以前の肯定可能の例は 79 例。内訳はⅠ 52 例、Ⅱ 11 例、Ⅲ 16 例である。このなかには自発・尊敬・受身と解しうる例があるかもしれず、その点で厳密な数値とは言いがたいが、少なくとも (31)〜(35) のような例がないことは確認しており、論旨に影響はない。
14) 橋本研一（1979）に「可能」が「分析されない意味」であったとの指摘がある。

15) また、一般条件を表した「已然形＋ば」が拡張して仮定条件を表すようになったことも既実現の捉え方が変化したことを裏付ける。一般論が既実現の事態という認識から未実現の事態という認識へこの段階で変化したと想定される（第1章参照）。
16) 近世になっても、未実現の事態を表す形式を用いて〈未実現可能〉を表す例も引き続き見られる。
　　○どこへいたらばのがれう（逃レラレルダロウ）と。
　　　　　　　　　　　　　　　　　　　　（近松・女殺油地獄、12・143頁）
17) 青木博史（2010、2018）参照。可能動詞として出現のはやい動詞「読む」は、(35) に挙げたように「る・らる」にも使われている。

第8章 「る・らる」における否定可能の展開

1 はじめに

　前章では、「る・らる」の肯定可能（肯定文で用いられた可能）の用法の推移を観察した。その際、事態が実現しているかしていないか、実現の仕方はどのようなものか、という二つの観点で分析することによって、中古・中世・近世の肯定可能の用法の異なりを示した。本章では、同じ観点によって否定可能（いわゆる不可能）の用法を分析することを目的とする。その結果、肯定可能と並行的に推移していることを明らかにする。

2 肯定可能の展開

　はじめに、前章の内容を本章の考察に必要な範囲で振り返っておこう。前章では、「望みの有無」「実現の有無」「実現の仕方」によって、「自発」「可能」に分類される用法の下位分類を試みた。

　「望みの有無」は、事態を実現させたいという望みがあるかどうかという観点で、これによって、事態の実現を望む「可能」と望みの無い「自発」とに分けた。「実現の有無」は、事態が既実現か未実現かという観点、「実現の仕方」は、事態の実現が、意志的―事態を実現させようと思って自律的に動作を行なって実現する―か、非意志的―自ら努力することなく偶発的に実現する―かという観点である。この二つの観点によって分けると、各用法の出現時期に違いが見出せる。以上の観点を組み合わせると、次頁の〔表1〕のようにA～Dの四つの用法に分けられる。現代語の作例を併せて挙げる。なお、Dは未実現であることが重要なため、「実現の仕方」の欄は、実現する場合のこととして、意志的の場合も非意志的の場合もあるが、本章の以下

の記述では問題としない[1]。

[表1] 自発と肯定可能の展開

	望み	実現	実現の仕方	例文（現代語の作例）	名称	時期
A	無	有	非意志的	映画を見ていたら悲しくて泣けた。	自発	中古
B	有	有	非意志的	会いたかった人に思いがけず会えた。	既実現可能	
C	有	有	意志的	頑張って泳いだら、1キロ泳げた。		中世
D	有	無	意志的 非意志的	本気を出せば1キロくらい泳げる。 屋根にあがればたぶん富士山が見られる。	未実現可能	近世

以下、A～Dそれぞれの用法を具体例に即して見ていく。

A 自発

実現させようという望みのない事態が非意志的に実現しているのが「自発」で、中古から用いられている。

（1）（紫上ハ）手習などするにも、おのづから、古言も、もの思はしき筋にのみ書かるるを、さらば我が身には思ふことありけり、と身ながらぞ思し知らるる。　　　　　　　　　　（源氏物語・若菜上、1076頁）

（1）は、紫上にとって「もの思はしき筋」を「書く」望みは無いのに「おのづから」実現したことを表している。使われる動詞は、2例目の「思し知る」のような思考・知覚を表す動詞に偏ることがよく知られている。思考・知覚を表す動詞は、自ら制御しにくい意味を表す動詞であることから用いられやすいと考えられる。注意が必要なのは、「自発」に用いられる動詞の範囲が現代語より広く[2]、1例目の「書く」のような通常意志的に行なわれると考えられる動詞にも用いられている点である。ある動詞が意志的であるかどうかは動詞によって決まるわけではない。このような例があるところから、意志的ではなく非意志的に実現したことを示すために「る・らる」形にしたのではないかと考えられるのである。

B　既実現可能（非意志的）

　望んだ事態が非意志的に実現しているのが「既実現可能（非意志的）」である。この用法も中古から用いられている。「自発」とは望みの有無で異なるが、「既実現・非意志的」である点で共通する。従来、肯定可能が現れるのは徒然草の頃からという通説に対する反例として挙げられるのはこの用法の例である。通説の認識が変わらないのは、「既実現・非意志的」という「自発」と解し得る一面があることが理由の一つだと思われる。

（2）　隙見ゆるに、寄りて、西ざまに見通したまへば、この際に立てたる屏風、端の方おしたたまれたるに、紛るべき几帳なども、暑ければにや、うち掛けて、いとよく見入れらる。
　　　　　　　　　　　　　　　（源氏物語・空蟬、86頁、川村大1993）
（3）　旅のいはやなきとこにも寝られけり草の枕に露は置けども
　　　　　　　　　（拾遺和歌集、356、物名「いはやなぎ」、西田直敏1964）
（4）　（中君）「なほえこそ書きはべるまじけれ。やうやうかう起きゐられなどしはべるが、げに限りありけるにこそとおぼゆるも、うとましう心憂くて」　　　　　　　　　（源氏物語・椎本、1564頁、川村大2005）

　（2）は中を覗こうとして近寄っているので、「見入る」望みはあると解される。しかし、「見入る」ことは自律的に実現したのではなく、屏風や几帳など遮るものがないことによって偶発的に実現している。（3）（4）も望みがあると解される。（3）の「寝」は、制御しやすい動詞ではなく、思いがけず寝られたことを示したと解される。（4）は自律的に実現したように見えるが、努力をして実現させたのではなく、最近の傾向として思いがけず「起きゐる」状態が実現していることを示した例と解される。

　中古には、このような非意志的に実現したと解せる例に限られる上に、次項Cで挙げるような「具体的動作を試みた結果、実現することができた」という行為を試みたことが明示されている例は見出しがたい。その点からも、中古の段階では非意志的に実現したことを示すために「る・らる」形にしたと解してよいと思われる。

C 既実現可能（意志的）

望んだ事態を意志的に実現させたのが「既実現可能（意志的）」である。この用法は中世前期から現れる。

（5）　試ニ縄ヲ付テ曳見ムト思テ曳ニ、軽ク曳ルレバ、喜テ曳ニ、道行ク人、力ヲ加ヘテ共ニ曳ク程ニ、　　　　　　　（今昔物語集、11・31）

（6）　カヽル所ニモスメバスマルヽ習ニテ有ケルゾ。

(延慶本平家物語、2本62ウ)

（5）は、「曳見ムト思テ」という「曳く」望みがあり、「曳ニ」とあるので実際に動作を試みた結果、実現している。（6）は、「スメバ」とあるので、意志的な実現であることが示されており、「住んでみると住める道理だ」という一般論を表している。古代語では一般論を既実現の事態と捉えていたと思われる（第1・7章、本章7節参照）。

D 未実現可能

望んだ事態を実現させようと思えば実現することができるというのが「未実現可能」である。この用法は中世後期から近世初めにかけて現れる。

（7）　爰ニナニモナキ埒ノ下ヱ只落チ死デ見ニ、中中張合無シテ飛レザル也。然レドモ此比ニナツテ、少シ飛ルルカト思フ也。

(驢鞍橋、上・13)

（7）は、「飛ぶ」望みがあるがまだ実現していない。「飛べるのではないか」と思っている例である。このような例が現れるのは、「む（ん・う）」がなくても未実現の事態を表せることになったことの反映だと考えられる。

以上見てきたように、三つの観点で分析することによって、「自発」と「可能」の差異、「肯定可能」の時代による差異が見出せるのである。次節では、この枠組みを否定形に当てはめて検討していきたい。

3　否定形の用法

前節〔表1〕の枠組みを否定形に当てはめたものが〔表2〕である。

〔表2〕否定事態の自発と否定可能

	望み	実現	実現の仕方	名称
A	無	有	非意志的	否定事態の自発
B	有	有	非意志的	既実現不可能
C	有	有	意志的	既実現不可能
D	有	無	―	未実現不可能

　このように考えると、肯定形と同様に否定形も分析することができる。以下、A～Dそれぞれの用法を具体例に即して説明する。

A　否定事態の自発

（8）　冬の夜の月は、昔よりすさまじきもののためしにひかれてはべりけるに、またいと寒くなどしてことに見られざりしを、

(更級日記、336頁)

　まず「望み」について、「冬の夜の月」は「すさまじきもの」である上に「寒い」ことも加わるので、「見る」望みはなかったと解される。次に「実現の有無」については、「見る」という事態は実現しなかったので未実現の事態と捉えられる一方で、「見られず」という事態は過去の「き」を後接した確定事態なので既実現の事態と捉えられる。肯定形の事態ではなく否定形の事態を問題としているので、後者のように否定形の事態が既実現である―ないという状態で実現している―と捉えるのである[3]。次に「実現の仕方」については、小学館新編日本古典文学全集の現代語訳に「別段、眺める気分にもなりませんでした」とあるように、「見ず」という事態を試みたのではなく、「見ず」という事態が非意志的に生じた、つまり、見る気にならなかったことを示した例であり、非意志的に実現した例である。

　「自発」の否定形は、「自然に実現するのではない（＝意志的に実現する、あるいは、何も実現しない）」意を表すのではなくて、「自発」の意が打ち消されることなく、「否定した事態が自然に生じる（＝「実現する気にならない」「実現する気が生じない」）意を表す。つまり、「自発」の否定文も「自発」で

ある。「自発の否定」という言い方は誤解を招くので、「否定事態の自発」と呼ぶことにする[4]。

B　既実現不可能（非意志的）

（9）　（光源氏ハ）入りたまひて臥したまへれど、寝入られず。

(源氏物語・花宴、273頁)

　まず「望み」について、「臥したまへれど」とあるので、「寝入る」望みはあると解される。次に「実現の有無」については、「A否定事態の自発」と同様に、「寝入られず」という事態は確定しているので既実現の事態である。次に「実現の仕方」については、「寝入る」は制御不可能な行為で努力によって実現の可否が決まる行為ではなく、「寝入る」ことができない状況を表しており、「寝入らず」という事態が非意志的に実現したと解せる。

　このように、「実現させたいが、実現できない状態である」という意を表す用法が「既実現不可能（非意志的）」である。

C　既実現不可能（意志的）

（10）　しばしかなでて後、（頭ニ被ッタ足鼎ヲ）抜かむとするに、大方抜かれず。

(徒然草、53段)

　まず「望み」について、「抜かむとするに」とあるので、「抜く」望みはあると解される。次に「実現の有無」については、「抜かれず」という事態は確定しているので既実現の事態と捉えられる。次に「実現の仕方」については、「抜く」動作を努力して試みているので意志的である。

　このように、「実現させようと思って、実際に行動に移したが（努力したが）、実現できない」という意を表す用法が「既実現不可能（意志的）」である。

D　未実現不可能

（11）　ま一度もどつては、親兄弟、人中へ顔が出されぬとはしりぬいて、火に入ほねをくだかるゝ共帰るまい。(近松・心中宵庚申、12・557頁)

まず「望み」については、「人中へ顔を出す」望みはあると解される。次に「実現の有無」については、もう一度戻った場合を仮定して述べているので、「出されぬ」という事態は未実現である。

このように、「実現しようと思っても、行動に移したところで実現できないだろう」という意を表す用法が「未実現不可能」である。

以上、三つの観点によって肯定形と並行したA〜Dの四つの用法に分けられることを示した。次に、この四つの用法に時代による異なりがあるかどうか検討していく。

4　中古の用法

本節では、中古の使用状況を検討する。結論から述べると、中古の用法は「A 否定事態の自発」と「B 既実現不可能（非意志的）」の二つに限られるようである。中古の資料として、用例の多い源氏物語の使用状況を中心に見ていく。

源氏物語には「る・らる」が否定表現と共起した（受身・尊敬の例を除いた）例が149例ある。「る・らる」に前接する動詞の異なり語をまとめると、次のようになる（「補助動詞介在の例を含む。反語の例は除く）。

源氏物語の「る・らる＋打消」動詞一覧
　〔心情に関する語〕
　　「思ふ」「思ひ出づ」「思ひ入る」「思ひ沈む」「思ひ知る」「思ひたどる」「思ひとがむ」「思ひなす」「思ひはなつ」「思ひめぐらす」「思ひやむ」「思ひ寄る」「思ひわく」
　　「おぼす」「思し出づ」「思し知る」「思し捨つ」「思し立つ」「思し流す」「思し分く」
　　「おぼしめす」「おぼしめしわく」「思ほし出づ」
　　「急ぐ」「うとむ」「心おく」「心許す」「惜しむ」「忍ぶ」「知る」「つつむ」「動ず」

「嘆く」「まどふ」「わきまふ」「分く」
〔視覚に関する語〕
　「見入る」「見聞きすぐす」「(筆跡ヲ) 見分く」「御覧じはなつ」
〔睡眠に関する語〕
　「寝」「寝入る」「まどろむ」「うち臥す」「伏す」
〔伝達行為〕
　「言ふ」「言ひ出づ」「聞こゆ (言ウ意)」「承り留む」「聞き分く」
〔その他の行為〕
　「出で立つ」「動く」「隠す」「死ぬ」「立ちまふ」「たどる」「(涙ヲ) とどむ」
　「(蜻蛉ヲ) 取る」「(名ヲ) 取り返す」「ふるまふ」「(心のどかに) ゐる」

　以下、「実現の仕方」「実現の有無」の順に検討していく。
　まず、「実現の仕方」の観点から動詞を検討すると、心情に関する語が多く、意志によって制御できない行為を表す動詞の例が多いことが見て取れる。すなわち、非意志的な実現を表しやすい動詞に偏っているのである。ABそれぞれの例を挙げる。

A　否定事態の自発

(12)　今は限りと思ひはてし程は、恋しき人多かりしかど、こと人々はさしも思ひ出でられず、ただ、親いかに惑ひ給ひけむ、乳母、よろづにいかで人並々になさむと思ひ焦られしを、いかにあへなき心地しけむ、いづこにあらむ、われ世にあるものとはいかでか知らむ、同じ心なる人もなかりしままに、よろづ隔つる事なく語らひ見馴れたりし右近なども、折々は思ひ出でらる。　(源氏物語・手習、2005頁)

　この例について、中西宇一 (1996 : 60) では、「「これからいよいよ死のうと決心した時には、恋しく思われる人々がたくさんあったけれども、生き返った今では、ほかの人たちのことはそれほど思い出されてこない」のである。ただ思い出されてくるのは、母君のこと、また乳母・右近などのことである。」

と述べている。波線を付した肯定形の「自発」の例と対応した表現となっているところからも、「A 否定事態の自発」の例であることは理解しやすい。

B 既実現不可能（非意志的）

(13) をちかへりえぞ忍ばれぬほととぎすほの語らひし宿の垣根に

(源氏物語・花散里、388頁)

源氏物語のBの例は（9）にも示したが、(13)は副詞「え」と照応した例である[5]。

ところで、動詞一覧のうち、〔その他の行為〕とした動詞の中には、非意志的な実現を表しにくそうな動詞も見られるが、それらの動詞の例も動作を試みてできなかったことを示した例はない。

(14) 立ちそめにし名の、取り返さるる物にもあらず。

(源氏物語・行幸、892頁)

(15) ありと見て手には取られず見ればまた行方も知らず消えしかげろふ

(源氏物語・蜻蛉、1984頁)

(16) （明石君ハ）なかなかもの思ひ乱れて臥したれば、とみにしも動かれず。 (源氏物語・松風、593頁)

(17) （玉鬘ハ）歩むともなく、とかくつくろひたれど、あしの裏動かれず、わびしければ、せむ方なくて休みたまふ。

(源氏物語・玉鬘、731頁)

(14)「取り返す」、(15)「取る」、(16)(17)「動く」は、いずれも動作を試みてはいない。実現させたいができない状態であることを表していると解せる例である。

源氏物語以外の用例に目を向けても、同じような使用状況である。数例挙げる。

(18) 物は少し覚ゆれども、腰なむ動かれぬ。　　　(竹取物語、52頁)

(19) この男の馬、放れにけり。荒れてさらに取られざりければ、この心通はす女ぞ、「恐ろしくもはやりあるかな」。男、「春の野に荒れて取られぬ駒よりも君が心ぞなつけわびぬる」　　(平中物語、33段)

(20) 目には見て手には取られぬ月のうちの桂のごとき君にぞありける
(伊勢物語、73段、万葉集「手には取らえぬ（手二破不所取）」4・632)
(21) 春ごとに流るる川を花と見て折られぬ水に袖や濡れなむ
(古今和歌集、43)

(18)「動く」、(19)(20)「取る」、(21)「折る」は、いずれも動作を試みることができない状態であることを表していると解せる。

次の3例は、一見、実現させようと試みているように見える例である。

(22) ゆけどなほゆきやられぬは妹が績む小津の浦なる岸の松原
(土左日記、45頁)
(23) かづけども波の中には探られで風吹くごとに浮き沈む玉
(古今和歌集、427、物名「かには桜」)
(24)「いと心憂き身なれば、死なむと思ふにも死なれず。……」
(大和物語、103段)

(22) は、「ゆけどゆかれぬ」「ゆきやれどゆきやられぬ」のように同じ動詞を用いた例ではなく、試みた動作ができなかったことを示す例ではない。「どんなに進んでも松原を通り過ぎられない状態」を表した例である。(23) も同様に、「かづけどもかづかれで」「探れども探られで」ではなく、「潜ったけれども手にすることができない状態」を表した例である。(24) は同じ「死ぬ」を用いているが、思っただけで行為を試みていないので、「死ねない状態」を表した例と解せる。

このような例は見られるが、(10) に示したような「C 既実現不可能（意志的）」の例に現れる「V ども V ず」という同じ動詞を用いて、行為を試みた結果できない意を表す例は見られない[6]。

なお、中古にはそのような表現がなかったのではなく、次に挙げるように「え―ず」を用いれば表すことができた。「え―ず」は、「(ら) れず」と照応した例があることを (13) で見たが、「(ら) れず」に比べて幅広く用いられているのである[7]。

(25) その歌、詠める文字、三十文字あまり七文字。……まねべども、えまねばず。書けりとも、え読み据ゑがたかるべし。

(土左日記、33頁)

(26) その母、長岡といふ所に住みたまひけり。子は京に宮仕へしければ、まうづとしけれど、しばしばえまうでず。　　　（伊勢物語、84段）

(27) くらつまろが申すやう、「この燕の子安貝は、悪しくたばかりて取らせたまふなり。さては、え取らせたまはじ。……」

(竹取物語、50頁)

　意志的な実現を表す場合に「え―ず」を用いた例があり、「(ら)れず」を用いた例が見られないところからも、中古では「(ら)れず」は、非意志的な実現を表す形式だったと考えることができるのである[8]。

　次に、「実現の有無」の観点から検討すると、「A 否定事態の自発」が既実現の事態であることは当然として、(13)～(24)についても、「～できない」事態は実現している[9]。中古の「(ら)れず」の例はすべて既実現の事態であると解される。なお、(20)(21)は、恒常的に「取れない」「折れない」状態であることを述べた例である。恒常的な事態は、中古では既実現の事態であると捉えていたと考えられる（第1・7章参照）。

　未実現の事態は、「(ら)れず」ではなく、「(ら)れじ」で表している。既実現を表す「ず」に対して、未実現は「じ」を用いて表していたと考えられる。つまり、「(ら)れず」では「D 未実現不可能」を表せなかったのである。

(28) 「鎖し籠めて、守り戦ふ下組みをしたりとも、あの国の人を、え戦はぬなり、弓矢して射られじ。　　　　（竹取物語、62頁）

　この場合も、「射ることを試みる」意は含意されず、単に「射ることができない状態」であることを表していると解される[10]。

　以上、中古の「(ら)れず」が「A 否定事態の自発」と「B 既実現不可能(非意志的)」の用法を持ち、非意志的な実現を表す形式であることを見てきた。

5　意志的用法の出現

　動作を試みた結果できなかったことを表す用法は、中世前期以降に現れる。

肯定形の場合と同様であり、肯定形と否定形で並行的な用法の変化として捉えられる。

今昔物語集には、「る・らる」が否定表現と共起した例は 28 例（受身・尊敬の例を除く）と少ないが、動詞の種類は多様である。4 節の源氏物語の例と同様に、「る・らる」に前接する動詞の異なり語をまとめると、次のようになる。

今昔物語集の「る・らる＋打消」動詞一覧
〔心情に関する語〕　「打ち解く」「知る」
〔視覚に関する語〕　「見開く」
〔睡眠に関する語〕　「寝」
〔伝達行為〕　　　　「言ふ」
〔その他の行為〕　　「出づ」「及び付く」「書く」「食ふ」「切る」「死ぬ」「（ありつるやうに）す」「閉てはつ」「突き入る」「飛ぶ」「捕らふ」「取る」「煮る」「引く」「読む」

説話というジャンルの影響も多分にあるが、源氏物語と比べて〔その他の行為〕の割合が高く、非意志的な実現を表しにくそうな動詞の例が目につくことが注目される。次の (29)～(31) は、それぞれ「飛ぶ」「切る」「引く」行為を試みた結果できない意を表していることが明らかな例である。

(29) 僧感、此ノ翼ヲ以テ飛バムト為ルニ、身猶少シ重クシテ、不被飛ズト見テ、夢覚ヌ。　　　　　　　　　　　　　　（今昔物語集、6・44）

(30) 彼レモ太刀ヲ持テ切ラムトシケレドモ、余リ近クテ衣ダニ不被切デ、鉾ノ様ニ持タル太刀ナレバ、被受テ中ヨリ通ニケルヲ、大刀ノ欛ヲ返シケレバ、仰様ニ倒ニケルヲ、太刀ヲ引抜テ切ケレバ、
　　　　　　　　　　　　　　　　　　　　　　　　（今昔物語集、23・15）

(31) （村の人が）此ヲ見テ、奇異也ト思ニ、山ヨリ下リ来テ、男ヲ捕ヘテ引ニ、辞テ不被引ズ。然ドモ強ク引テ、垣ノ外ニ引出。男、地ニ倒臥ヌ。　　　　　　　　　　　　　　　　　　（今昔物語集、20・30）

(10) にも示したが、今昔物語集以降の例も挙げる。いずれも行為を試みたことが明らかな例である。

(32) （義経ハ）此弓ヲトラン〰トシケレドモ、波ニユラレテ取ラレザリケレバ、　　　　　　　　　　　　　　（延慶本平家物語、6本22ウ）

(33) チヤット、シメウトスレドモ、シメラレヌ處デ、
　　　　　　　　　　　　　（史記桃源抄、滑稽列伝、第六十六、5-161）

このように「（ら）れず」は、中世前期以降、意志的な実現を表せるようになった。この段階で、非意志的な実現を表す形式から意志的非意志的を問わず既実現可能全般を表す形式となったことを示しているものと思われる。

なお、未実現を表す例については、意志的な実現を表した例が現れても、中古と同様に「じ」などを用いなければ表せなかったようである。

ところで、(29)～(33)の諸例は、状況的な不可能を表しており、能力的な不可能を表した例は見当たらない。「（ら）れず」の用法の史的変化を見る場合には、「状況可能か能力可能か」という観点ではなく、「意志的か非意志的か（行為を試みたか否か）」という観点で分析することによって、時代による差異を見出すことができるのである。

6　未実現不可能の出現

未実現の事態を表す場合には、中世後期から近世にかけた時期でも、「まい」などの推量表現とともに用いられた例が目に付く。

(34) 「うたへ。きかふ」「たゞはうたハれますまひ程に、酒をくだされてからうたいまらせう」　　　　（虎明本狂言・ねごゑ、上618頁）

しかし、僅かではあるが、推量表現を伴った形ではなく、「（ら）れず」の形で未実現不可能を表す例も見え始める。これも肯定形と並行的な現象で、「る・らる」の用法が肯定形否定形の別なく変化していることを示す。

(35) （太郎冠者）ふだんふせり付てうたひ申たによつて、おきてハうたハれませぬ　　　　　　　　　　　（虎明本狂言・ねごゑ、上618頁）

(36) 今俄にすべうとしてもすべられぬ。

(きのふはけふの物語、95頁、山岸文庫本)

(37)　以春といふ男持ながら、そなたと肌ふれねたは定。かたちは生れか
はつても、此悪名は削られぬ。　　　（近松・大経師昔暦、9・536頁）

(35)～(37) は、仮定を表す語と共起して用いた例であり、「D 未実現不可能」の例である。このように、「まい」を用いず「ず（ぬ）」だけでも未実現の事態が表せるようになるのは、「む（ん・う）」を用いず終止形単独で未実現の事態が表せるようになったことの反映であり、肯定形の場合と同様の事情によるものであろう。

7　「一般論」を表す用法について

「～することができないものだ」という「一般論」を表す例は、通常、「実現可能か潜在可能か」という観点では「潜在可能」の典型例として挙げられることが多いが[11]、本章の立場で「一般論」の例を時代を追って見ていくと、前節までの考察と同様のことが言える。

まず、中古の「一般論」の例は、非意志的な用法に限られる。

(38)　色といへば濃きも薄きも頼まれず山となでしこ散る世なしやは
　　　　　　　　　　　　　　　　　　　　　　（後撰和歌集、202）

(39)　「酔の進みては、忍ぶることもつつまれず、僻言するわざとこそ聞きはべれ。いかにもてないたまふぞ」　（源氏物語・竹河、1472頁）

次に、中世前期には意志的な用法が現れる。この時期までは、「已然形＋ば」「已然形＋ども」が一般条件を表したように、「一般論」は既実現の事態と捉えていたと考えられる。

(40)　(大豆ハ) 温かなる時、酢をかければ、すむつかりとて、にがみてよく挟まるるなり。しからざれば、すべりて挟まれぬなり。
　　　　　　　　　　　　　　　　　　　　　　（宇治拾遺物語、4・17）

(41)　今様の事どもの珍らしきを、言ひ広め、もてなすこそ、またうけられね。　　　　　　　　　　　　　　　　　（徒然草、78段）

(42)　……は沓冠の折句の歌也。ちやと詠まれし也。いかに詠まんとすれ

ども詠まれぬ時も有る也。　　　　　　（正徹物語、下・53、217頁）
　そして、中世後期から近世にかけて仮定条件とともに表した例が現れる。この時期は「已然形＋ば」が仮定条件を表すようになった時期でもあり、「一般論」も未実現の事態として捉えられるようになったものと考えられる。
（43）　フツト思モヨラヌ事カデキタラバ、祝テモ祝ワレヌ事ゾ。
　　　　　　　　　　　　　（史記桃源抄、平津主夫列伝、第五十二、4-311）
（44）　何ト勤メテモ、無我ニ成レヌ物也。　　　　　（驢鞍橋、下・25）
（45）　酒ハ伴ガナフテハゾ。独ハ飲マレヌモノゾ。（中華若木詩抄、中１ウ）
　このように、「（ら）れず」の用法の史的変化を見る場合には、「実現可能か潜在可能か」という観点ではなく、「既実現か未実現か」「意志的か非意志的か」という観点で分析することによって、時代による差異を明らかにすることができるのである。

8　おわりに

　本章で述べたことをまとめると次のようになる。
1　「自発」「可能」に分類される「（ら）れず」を「望みの有無」、「実現の有無」（既実現か未実現か）、「実現の仕方」（意志的に実現したか非意志的に実現したか）の三つの観点によって分類すると、A～Dの四つの用法に分けられる。
　　A　否定事態の自発
　　B　既実現不可能（非意志的）
　　C　既実現不可能（意志的）
　　D　未実現不可能
2　中古ではA・Bの用法に限られることから、「る・らる」は非意志的に実現したことを表す形式だと言える。
3　中世前期にCの用法が現れ、「る・らる」は既実現不可能全般を表す形式ともなった。
4　中世後期から近世にかけてDの用法が現れ、現代語と同様になった。

5　否定可能の用法は、肯定可能の用法と並行的に推移している。
6　「る・らる」における可能表現の史的変化を見る場合には、「実現の有無」と「実現の仕方」という二つの観点が有効である。

注
1) Dの「実現の仕方」には、意志的・非意志的どちらも考えられる。ただし、A〜Cとは異なって、実現すると仮定した場合の「実現の仕方」である。
2) 現代語でも古代語のような自発形を持つ方言がある。渋谷勝己（2006）では古代語の自発との類似性を指摘している。
3) このような否定事態の捉え方については、川端善明（1978）、田中敏生（1983）を参考にした。
4) 糸井通浩（2008）が「「自発」の否定（あるいは否定事態の自発）」と述べた後者の用語を借りる。
5) 源氏物語には「え―（ら）れず」の例は7例見られるが、『源氏物語大成校異篇』によると、（13）の他の6例には異文がある。一般に、「え―（ら）れず」の例は「え」の形骸化に伴って生じた例と捉えられており（鈴木博1972：379、村山昌俊1981、渋谷勝己1993：127）、異文のある例は後世の影響によるものかもしれない。異文のない（13）があることからすると、中古からあったと考えられるが、この例は和歌の例で、音数律に合わせた臨時的な表現だった可能性もある。
6) 小田勝（2015：143）に「結果の含意」の例として「VどVず」の挙例がある。
　　○馬に走り乗り渡れど渡られぬ瀬田の唐橋をゆか誰か行く（神楽歌拾遺、99）
　この例は、どの時代の例として扱えるのか不明だが、具体的に「渡る」行為をした例ではなく、（20）などと同様に、動作を試みることができない状態を表して「瀬田の唐橋」の属性を示した例と解するのがよいと思う。
7) 渋谷勝己（1993）は、「え」が「親の御もてなしも、え等しからぬものなり」（源氏物語・薄雲、605頁）のように、形容詞と応じた例もあることなどから、「副詞エの本来的な意味は、ある動作を最後までやり遂げること、あるいはある状態が完全であることを示すもの」と述べている。
8) 渋谷勝己（1993：79）のように、中古の「る・らる」に可能の意を認めず、すべて自発であるとする見解もある。
9) 川村大（2012：191、2013）は、古代語には「意図不成就」と名づける「一

回的行為の不成立を表す」例に偏る旨の指摘がある。なお、川村氏の「意図」は本章の「望み」に対応するものと思われる。
10) 糸井通浩（2008）はこの例を自発と見て、「自ずと弓矢を射る状態ではなくなっていることを意味している」と述べている。
11) ただし、「一般論」の用法に着目した研究は少ない。その中で、川村大（2012：192）では、一般論と恒常的事態を表した例をとりあげ、それらを「不可能」を表す典型例と見ている。

IV 尊敬表現

第9章　「る・らる」における尊敬用法の分類

1　はじめに

　「る・らる」の表す「尊敬」については、これまでに多くの研究の蓄積がある。

　共時的観点によるものでは、変体漢文資料での使用例が多く和文資料では「仰せらる」を除き使用例が少ないこと、和文資料で用いられる場合には男性の発話での使用例が多いことなど、おもに位相の偏りが指摘されている（森野宗明1971）。

　通時的観点によるものでは、「尊敬」の発生が「受身・自発・可能」に遅れること、中世において「尊敬」が全盛を迎えること、中世では中古に比べて待遇対象がより上位の人物であることなどが指摘されている（森野宗明1969、此島正年1973、黒沢幸子1978、大久保一男1995、泉基博1998）。

　このように、「尊敬」は、現代語の「れる・られる」で「尊敬」を表す場合とは異なって汎用性は高くなく、共時的にも通時的にも、現代語とは用法が異なっている。

　「る・らる」には「自発・可能・受身・尊敬」の4種の用法を認めるのが一般的であるが、なぜ同じ形式で4種の異なった意味を表せるのか、また、四者に共通する意味を見出すことができるのか、といった問いを発する時、上の「尊敬」の用法の特徴を踏まえた考察がなされるべきであるが、古代語の「尊敬」を現代語の「尊敬」と同じものとして論じている場合が少なからず見受けられる。このような問題を扱う場合、もっと古代語の「尊敬」について知る必要があるだろう。

　本章では、古代語の「尊敬」に位相の偏りが生じる理由と、発生過程を考察する前段階として、「尊敬」の内実を探っていく。

2 「一般尊敬」と「公尊敬」

「尊敬」に関する重要な指摘に、今昔物語集を対象として桜井光昭（1966）が指摘した、「一般尊敬」と「公(おおやけ)尊敬」との別がある。

「一般尊敬」とは、「使用対象よりも、話し手である使用者の方が優位に立つ場合などにも用いられる敬度の低いもので、セ給フ・サセ給フ、給フ、ル・ラルと段階をなし、最下位にあたる」（桜井光昭1983：88）という用法で、次のような例が挙げられている。

（1） 大臣、平中ニ宣ハク、「我レガ申サム事、実ニ<u>被思</u>バ、努不隠ズシテ宣ヘ。近来女ノ微妙キハ誰カ有ル」ト。平中ガ云ク、「……」ト。大臣ノ宣ハク、「其レハ何デ<u>被見</u>シゾ」。平中ガ云ク、「……」ト。大臣、「糸悪キ態ヲモ<u>被為</u>ケルカナ」トゾナム咲ヒ給ヒケル。

(今昔物語集、22・8)

一方、「公尊敬」とは、「「セ給フ」（「サセ給フ」「シメ給フ」）「給フ」と同一系列をなすものではない」（桜井光昭1966：157）もので、「対象は天皇・公をはじめとして大納言・大将・中少将までである。会話文の公尊敬の対象は、天皇・公から国司階級・地方の人までに及び、親子関係の親もある」（桜井光昭1966：167）という使用対象となる人物の身分の幅が広い用法で、次のような例が挙げられている。

（2） 其後、大極殿ニシテ節会<u>被行</u>ケル日、　　　(今昔物語集、22・1)

このように、今昔物語集に「一般尊敬」と「公尊敬」の2種の用法のあることが指摘された。その後、上記の規定の是非が問題とされるよりも、普通の尊敬とは異なる「公尊敬」があることが共有知識となっていく（森野宗明1971：132-135 など）。

しかし、新たに見出された「公尊敬」の規定の仕方は厳密とは言いがたい。また、「公尊敬」と「一般尊敬」がどのような関係にあるのかも明らかではない。同じ形式で同じ「尊敬」の意を表すにもかかわらず、異なる系列に属して、一方は天皇という最高位の人物に使用でき、一方は大臣以下に使用す

るという待遇価値の不均衡は何を意味するのだろうか。「尊敬」の用法については、いまだ明らかになっていない問題がある。以下、2種の用法を再検討していく。

3 新たな規定

　上の二つの用法は今昔物語集だけではなく、中古でも和文資料、変体漢文資料ともに認められる（森野宗明1971、穐田定樹2008）。（3）（4）が「一般尊敬」、（5）（6）が「公尊敬」の例である。
（3）（冷泉院）「……と右大臣の語られし。……」など思しやりて、
　　　　　　　　　　　　　　　　　　　　　　（源氏物語・竹河、1491頁）
（4）　右大臣被来、有被示事。　　　　　（御堂関白記、寛仁2.1.25）
（5）（六条院デハ）唐めいたる舟造らせたまひける、急ぎ装束かせたまひ
　　　て、おろし始めさせたまふ日は、雅楽寮の人召して、舟の楽せらる。
　　　　　　　　　　　　　　　　　　　　　　（源氏物語・胡蝶、781頁）
（6）　被定女一宮御著裳。　　　　　　　（御堂関白記、寛弘2.2.8）
　これまで「る・らる」の尊敬用法の特徴が指摘される場合、「公尊敬」の特殊性が指摘されてきた。おもな指摘は二つにまとめられる。
　一つは主語の側面からの指摘で、「漠然としている」（桜井光昭1983）とか、「その行為の主催者ないしは主権者の認識はなされていても、特定の動作主の認識は必ずしも必要とはされていない」（穐田定樹2008：232）とかの指摘である。
　もう一つは述語の側面からの指摘で、「政治関係のものが多く、他に対して働きかけたり、具体的に形に現れたりする動作が多い」（桜井光昭1983）とか、「「せ給ふ」「給ふ」に上接する動詞が動作主の直接の動作を表現しているのに対し、「る・らる」は、動作主の直接関与しない動詞に承接している」（石井幸子1979）とかの指摘である。
　具体的に見ると、例えば「一般尊敬」の（3）の主語は「右大臣」と明確で、述語の「語る」は「右大臣」の直接的な行為であり、「右大臣」は動作

主（＝行為者）である。それに対して「公尊敬」の（5）の主語は明確ではなく、あえて言えば六条院の主である光源氏ということになるが、光源氏は述語の「舟の楽す」を直接行なう行為者ではなく、行事の主催者にあたる。

このように、「公尊敬」は敬意の対象となる主体が明らかではなく、仮に主体が想定されたとしても行為者にはあたらない点で「たまふ」などの他の尊敬表現とは異質である[1]。それに対して「一般尊敬」は敬意の対象となる主体が明らかで、「たまふ」などの他の尊敬表現と共通する面がある。「一般」の名称が与えられているのも、その点を捉えてのものだろう。

以下、このような特徴に留意して、「尊敬」の用例を分析していく。用例の採集にあたり、「受身」や「自発」とも解釈できる例は採らず、「尊敬」としか解釈されないような例を採集した。それでも「受身」や「自発」と解釈できる例があるかもしれないが、本書の趣旨には影響ないと考える。また、中世に一語化する「仰せらる」、中古では「る・らる」が「自発」と解される「おぼさる・おぼしめさる」（大久保一男 2016）と「きこしめさる」の例は考察対象から除外した。そのうえで、より客観的に「尊敬」を分類するために、上で見た二つの側面のなかから、「公尊敬」の「主体が漠然としている」という特徴に着目して、「主語が特定できるか否か」という観点と、石井幸子（1979）の指摘を承け、行為の実現の仕方に着目して、「主語の表す主体の直接的な行為か否か」という観点を導入して分類を試みる。

まず、第1の観点である「行為の主体が特定できるか否か」であるが、特定するための基準として次の三つを考える。

［基準1］行為主体が主語あるいは被連体修飾語として同一文中に記されている。
- （7）（女五宮）「……。今はその、やむごとなくえさらぬ筋にてものせられし人さへ亡くなられにしかば……」などいと古代に聞こえたまふを、　　　　　　　　　　　　　　（源氏物語・少女、666 頁）
- （8）（源氏→夕霧）「……、かの宮の萩の宴せられける日、贈物に取らせたまへるなり。……」などのたまひて、（源氏物語・横笛、1285 頁）

［基準2］対話の相手として特定される。
　（9）（源氏→大輔命婦）「こと人の言はむやうに、咎なあらはされそ。……」
　　　　とのたまへば、　　　　　　　　　　　　（源氏物語・末摘花、205頁）
［基準3］文脈上特定される。
　（10）（頭中将→式部丞）「……。少しづつ語り申せ」と責めらる。（式部丞）
　　　　「……」と言へど、頭の君、まめやかに「遅し」と責めたまへば、
　　　　　　　　　　　　　　　　　　　　　　　（源氏物語・帚木、58頁）

　（1）は［基準2］によって、（3）（4）は［基準1］によって主体が特定できる例と認められる。それに対して、（2）（5）（6）はいずれの基準にもあてはまらないので、主体が特定できない例と認められる。
　次に、第2の観点「行為が主語の表す主体の直接的な行為か否か」であるが、これは文脈の解釈によって決めざるを得ない。例えば、（10）の「責む」は頭中将が直接ことばを発していると解せるので直接的な行為として認められる。その他、（1）（3）（4）（7）（9）はそれぞれ直接的な行為と解釈できる。それに対して、（8）の「かの宮」は「萩の宴す」を直接しているわけではなく、宴の主催者の立場にある。このような例を直接的な行為ではない例とした。その他、（2）（5）（6）が直接的な行為ではない例と認められる。
　以上の観点によって、4通りの組み合わせが考えられる。

　A　主語が特定でき、主語の表す主体の直接的な行為を表す例
　　　→（1）（3）（4）（7）（9）（10）
　B　主語が特定できるが、主語の表す主体の直接的な行為とは言えない例
　　　→（8）
　C　主語が特定できず、主語の表す主体の直接的な行為とは言えない例
　　　→（2）（5）（6）
　D　主語が特定できず、主語の表す主体の直接的な行為を表す例

　このうち、Dは考えにくいが、桜井光昭（1966：152）では、「公尊敬」と

連なる、敬意の対象が不定の例として次のような例が挙げられている。

　(11)　文ヲ取テ馬ニ乗リ乍ラ行々ク披テ見レバ、尼君ノ手ニハ非デ、賤ノ様ニ被書タリ。　　　　　　　　　　　　　（今昔物語集、15・39）

　(11)は、書く主体は特定できないが、書く場合には、書く主体の直接的な行為によって書いたと見なされ、「尊敬」と解すればDの例ということになる。桜井光昭（1966：152）では、「これらは、すでに言われているように尊敬である」として、参照文献として松尾聰（1952）を挙げる。そこには、「受身の言い方は「人」が主語に立つ場合に限って用いられ、人以外のもの特に無生物については用いられなかったといわれている」（24頁）とあり、「非情の受身」がないことが「尊敬」とみなした理由であることがわかる。ただし、「かなり無生物を主語とする受身の言い方の例外的用例があるようであるから、なお今後われわれは充分に調査して、解釈の正確を期さなければなるまいと思われる」（25頁）とも述べているが、桜井光昭（1966）では「非情の受身」である可能性について検討はなされていない。しかしその後、「非情の受身」の存在と特徴が、小杉商一（1979）、金水敏（1991）、川村大（2012）、岡部嘉幸（2018）等で明らかにされているので、「尊敬」と考える根拠はなくなった。したがって、(11)を「受身」の例として扱ってよいと考える。実際、上に続く箇所では、

　(12)　胸塞リテ、「……」ト思エテ読メバ、「……」ト書タルヲ見ルニ、

とあり、手紙の書き手が確かに尼君だと判明した後に非敬語形の「書タル」を用いていることからも、「被書」が「尊敬」であるとは考えにくい。このように、「受身」と考えられる例を除くと、「主語が特定できず、主語の表す主体の直接的な行為を表す例」に該当する例はないものと思われる。したがって、本書では、桜井光昭（1966）が「公尊敬」と連なるものとしたDを「受身」と処理するため、「一般尊敬」と「公尊敬」の別に完全に一致するわけではないが、上記のA～Cは、タイプAが「一般尊敬」、タイプB・Cが「公尊敬」にほぼ対応するものと言える。

4　タイプAとタイプB・Cの差異

　上の基準を適用することによって、従来よりも客観的に「公尊敬」と「一般尊敬」を分けることができるものと思われる。結局、「公尊敬」か「一般尊敬」かは「主語の表す主体の直接的な行為か否か」という第2の観点のみによって規定されることになり、タイプB・Cを一括して考察することもできるが、以下の考察で主語を問題にする場合があるので、第1の観点も維持してタイプBとCを分けておきたい。

　さて、タイプAとBは主語が特定できる点で共通するが、主語の性格は異なっている。タイプAの例である（3）の主語「右大臣」は「語る」の「行為者」である。それに対して、タイプBの例である（8）の主語「かの宮」は「萩の宴す」の「行為者」ではない。先に引用した穐田定樹（2008）が「その行為の主催者ないしは主権者の認識はなされていても、特定の動作主の認識は必ずしも必要とはされていない」（232頁）と述べていることは、「公尊敬」の主語の特徴を的確に捉えたものと言えるだろう。（8）の「かの宮」は「萩の宴す」の「主催者・責任者」にあたると考えられる。タイプBの主語が「主催者・責任者」だと考えることによって、行事や政治に関する語など手続きを必要とする行為に偏ることが多くなることも説明できると思われる。また、タイプCの（5）のように主語が特定できないが介在者（雅楽寮の人）が特定できる例や、タイプBの（8）のように主語が特定できるが介在者が特定できない例があることを踏まえると、タイプBとCで共通する「主語の表す主体の直接的な行為とは言えない行為」、つまり、「介在者を通した手続きを必要とする行為」が実現することに「公尊敬」の本質があり、「主催者・責任者」や介在者に表現の焦点は当たっていないと思われる。すなわち、タイプB・Cは「主催者・責任者」を上位待遇するという意味での「尊敬」ではないと考えられ、タイプAとは性格が異なっている。このように、「公尊敬」「一般尊敬」を再検討した結果、やはり2種の用法は異質であることを確認することができた。

5 おわりに

本章で述べたことをまとめると、以下のようになる。
1 「一般尊敬」「公尊敬」の別について、「主語が特定できるか否か」「主語の表す主体の直接的な行為か否か」の2点によって分類すると、次の三つのタイプに分けることができる。
  A 主語が特定でき、主語の表す主体の直接的な行為を表す例
  B 主語が特定できるが、主語の表す主体の直接的な行為とは言えない例
  C 主語が特定できず、主語の表す主体の直接的な行為とは言えない例
2 タイプAが「一般尊敬」、タイプB・Cが「公尊敬」にほぼ対応する
3 タイプAの主語は「行為者」、タイプB・Cの主語は「主催者・責任者」を表す。

この基準を適用することによって、従来よりも客観的に「公尊敬」と「一般尊敬」を分けることができるものと思われる。

これを踏まえて、第10章では、タイプAの用法が中世に拡張する状況を見ていき、第11章では、タイプAとタイプB・Cとの関係について考察する。そして、第12章でタイプA〜Cを「る・らる」の用法のなかに位置づける。

注
1) このような「公尊敬」の性質を踏まえ、石井幸子（1979）は尊敬用法ではなく受身用法の一種としている。

第10章　いわゆる「一般尊敬」の拡張

1　はじめに

　前章では、桜井光昭（1966）の「一般尊敬」「公尊敬」について、「主語が特定できるか否か」「主語の表す主体の直接的な行為か否か」の２点によって再規定し、次の３種に分類した。

　　A　主語が特定でき、主語の表す主体の直接的な行為を表す例
　　B　主語が特定できるが、主語の表す主体の直接的な行為とは言えない例
　　C　主語が特定できず、主語の表す主体の直接的な行為とは言えない例

　次の（1）がタイプAの例、（2）がタイプBの例、（3）がタイプCの例である。
　（1）（冷泉院）「……と右大臣の語られし。……」など思しやりて、
　　　　　　　　　　　　　　　　（源氏物語・竹河、1491頁、前章の（3））
　（2）（源氏→夕霧）「……、かの宮の萩の宴せられける日、贈物に取らせたまへるなり。……」などのたまひて、
　　　　　　　　　　　　　　　　（源氏物語・横笛、1285頁、前章の（8））
　（3）（六条院デハ）唐めいたる舟造らせたまひける、急ぎ装束かせたまひて、おろし始めさせたまふ日は、雅楽寮の人召して、舟の楽せらる。
　　　　　　　　　　　　　　　　（源氏物語・胡蝶、781頁、前章の（5））
そして、タイプAが「一般尊敬」、タイプB・Cが「公尊敬」にほぼ対応することを述べた。
　本章では、タイプAに着目し、中世に尊敬用法が全盛になる過程を追っていく。その際、従来、森野宗明（1969）、此島正年（1973）、黒沢幸子（1978）、

大久保一男（1995）、泉基博（1998）等で指摘されているような、待遇対象の上位の人物への拡大という観点ではなく、「尊敬」の用法そのものに着目する観点によって、中世の尊敬用法に中古とは異なる例が見られることを指摘し、「尊敬」が全盛になるための基盤が確立したことを述べる。

2 中古の用法（1）—源氏物語—

　まず、源氏物語をとりあげて、タイプAの動詞を行為の性質によって分類する。源氏物語で尊敬用法と解せる109例のうち、70例をタイプAと認定した。70例の動詞を分類すると次のようになる（括弧内の数字は用例数）。

　　〈心的行為・態度〉　思ふ（6例）、思ひ構ふ、思ひ企つ、思ひ定む、軽め弄ず、心使ふ、好む、定む、見棄つ、見直す、睦ぶ、睦びきこゆ、怨ず
　　〈伝達行為〉　いさむ、言ひなす、書き出だす、語る、かこちきこゆ、聞きあはす、聞こゆ、聞こえなす、責む、申す（5例）、（言葉を）混ず
　　〈移動〉　参る
　　〈授受〉　（娘を舞姫として）奉る、（女御の扱ひを）譲りきこゆ
　　〈存在・伺候〉　ものす（19例）[1]、候ふ（4例）
　　〈変化〉　書きなる、亡くなる
　　〈その他行為〉　（咎を）あらはす、供養す、（思ひやりなきわざ）し出づ、忍び籠む、忍び残す、過ぐす、住み着く、引き籠む、もてなす

　〈心的行為・態度〉と〈伝達行為〉の例が多いが、さまざまな行為に用いられている。これらに共通する意味を見出すことは難しいが、主体自身が具体的に動く行為に用いた例がないという点が注目される。これらの行為は動的ではなく静的なのである。例えば、〈移動〉の「参る」、〈授受〉の「奉る」「譲る」は具体的な動きがありそうであるが、次に示すように動きはないと解される。

第10章　いわゆる「一般尊敬」の拡張　187

(4)　(源氏→若紫女房)「……。(父宮邸ニ移ッタラ)まして聞こえがたかべければ。人一人参られよかし」とのたまへば、　　　(若紫、190頁)

(5)　(人々)「大納言の、外腹の娘を(五節ノ舞姫ニ)奉るなるに、朝臣のいつき娘出だし立てたらむ、何の恥かあるべき」とさいなめば、
(少女、695頁)

(6)　(源氏→明石君)「……。ただこの御有様をうち添ひてもえ見奉らぬおぼつかなさに、(紫上ハアナタニ女御ノ扱イヲ)譲りきこえらるるなめり。　　　(若菜上、1107頁)

　(4)の「参る」は、移動過程に焦点があるのではなく、着点にいることに焦点がある。(5)「奉る」、(6)「譲る」は、具体的な品物の授受ではなく、人物の扱い方を問題とした例である。このように、主体の具体的な動きのない「静的な動詞」に限られ、「動的な動詞」の例は確認できないようである。
　この他に、タイプBに分類した例のなかから、やや問題となる例を挙げる。

(7)　(明石入道ハ)宿守りのやうにてある人を呼び取りて語らふ。「……。修理などして、形のごと、人住みぬべくは繕ひなされなむや」と言ふ。　　　(松風、580頁)

(8)　(小君→御達)「なぞ、かう暑きに、この格子は下されたる」と問へば、　　　(空蝉、86頁)

(9)　(雲居雁→夕霧)「……。今めかしき御有様の程にあくがれたまうて、夜深き御月めでに格子も上げられたれば、例の物の怪の入り来るなめり」　　　(横笛、1280頁)

　「繕ひなす」「下ろす」「上ぐ」という行為自体は、具体的な動きがある。しかし、主体の直接的な行為というよりも、修理や格子の上げ下ろしを実際に行なう人を想定することができるので、主体を主催者・責任者の立場とする、タイプBと捉えられるのである。主体の直接的な行為に「動的な動詞」を用いる場合には次に挙げるように「たまふ」で表している[2]。

(10)　(光源氏ハ)日たくるほどに起きたまひて、格子手づから上げたま

　　　　　ふ。　　　　　　　　　　　　　　　　　　　　　　（夕顔、120頁）
(11)　（左大臣ハ）長橋よりおりて、舞踏したまふ。　　　　（桐壺、26頁）
(12)　源氏の中将は、青海波をぞ舞ひたまひける。　　　　（紅葉賀、237頁）
(13)　（光源氏ハ夕顔ヲ）かい探りたまふに、息もせず、引き動かしたまへ
　　　ど、なよなよとして、我にもあらぬさまなれば、　　（夕顔、124頁）
(14)　（光源氏ガ）中将の帯を引き解きて脱がせたまへば、脱がじとすま
　　　ふを、　　　　　　　　　　　　　　　　　　　　（紅葉賀、259頁）
(15)　（光源氏ハ）いとよそほしくさし歩みたまふほど、かしかましう追
　　　ひ払ひて、御車の尻に頭中将、兵衛督乗せたまふ。　（松風、594頁）

　(10)は格子を上げる例で、「手づから」とあるので、主体の光源氏自身の行為であることが明らかである。「手づから」とあるのは、格子の上げ下げは普通は直接行なうものではないことを意味するものと思われる。(9)では雲居雁は夕霧の「あくがる」という直接的な行為に「たまふ」で待遇していることも考え合わせると、(8)(9)は主体の直接的な行為とは言えない例と考えてよいだろう。

　念のために付け加えると、「たまふ」を用いると必ず直接的な動きのある行為を表すというわけではない。次に挙げるように、動きのない直接的な行為はもちろん、直接的な行為でない例にも用いられている。

(16)　（光源氏ハ）殊に許したまはぬあたり（＝右大臣家）にかかづらはむ
　　　も、人悪く、思ひ煩ひたまふに、弥生の二十余日、右の大殿の弓の
　　　結（＝右大臣家ノ弓ノ試合）に、上達部、親王たち多く集へたまひ
　　　て、やがて藤の宴したまふ。……。新しう造りたまへる殿を、宮た
　　　ちの御裳着の日、磨きしつらはれたり。　　　　　　（花宴、276頁）

　「思ひ煩ふ」は光源氏の直接的な行為で〈心的行為〉の例、「藤の宴す」は右大臣家の催す宴なので直接的とは言えず、「動的な動詞」でもない。「造る」は「動的な動詞」であるが、右大臣が直接造るわけではない。このように、「たまふ」は主体の行為の直接性や動詞の種類にかかわらず表すことができる点で「る・らる」とは異なるのである。

　上に述べた「る・らる」と「たまふ」の関係をまとめておくと〔表1〕の

第10章　いわゆる「一般尊敬」の拡張　189

ようになる。これまで引用した源氏物語の用例番号をあわせて載せる。

[表1]「る・らる」と「たまふ」

	主体の行為	行為	用例
る・らる	直接的	動的	ナシ
		静的	（1）（4）〜（6）
	非直接	動的	（7）〜（9）
		静的	（2）（3）
たまふ	直接的	動的	（10）〜（15）
		静的	（16）「思ひ煩ふ」
	非直接	動的	（16）「造る」
		静的	（16）「藤の宴す」

「直接的・動的」の領域を「る・らる」で表すことはない。このように、「る・らる」には用法上「たまふ」と重ならない表現領域があることを確認しておきたい。「る・らる」と「たまふ」との間の待遇価値の差は、重なる領域において問題となるのである。

3　中古の用法（2）―和文資料と変体漢文資料―

　さて、次は源氏物語以外の中古の和文資料（古今集、土左日記、竹取物語、伊勢物語、大和物語、平中物語、落窪物語、蜻蛉日記、枕草子、和泉式部日記、紫式部日記）の使用状況を見ていくことにする。先と同様にタイプＡの動詞を行為の性質によって分類すると次のようになる（角括弧内はその語が見られる資料を略称で示した。なお、伊勢物語にはタイプＡは見られなかった）。

　〈心的行為・態度〉　あなづる［落］、急ぐ［蜻］、忌む［平］、思ふ［平・蜻］、思ひかく［蜻］、思ひ知る［大］、悲しがる［土］、定む［枕］、騒ぐ［蜻］、祟りなす［大］、頼む［蜻・枕］、泣く［蜻］、歎く［落］、

190　Ⅳ　尊敬表現

　　　　　　　　情けなくす [落]、待つ [蜻]、まどはかす [和]、許す [蜻・枕]、
　　　　　　　　忘る [大]、煩ふ [蜻]、わぶ [平]
〈伝達行為〉　　言ふ [竹・平・落・蜻]、言ひつづく [蜻]、言ひなす [蜻]、
　　　　　　　　語る [蜻]、責む [蜻]、告ぐ [落]、問ふ [古・蜻]、申す [落・紫]
〈移動〉　　　　出づ [蜻]、訪る [蜻]、帰る [大・蜻]、まうづ [蜻]、まかづ [蜻]、
　　　　　　　　見ゆ [蜻]、渡る [蜻]
〈授受〉　　　　奉る [落]、取る [落]
〈存在・伺候〉　ものす [蜻]
〈変化〉　　　　（精進が）落つ [土]
〈その他行為〉　おこなふ [蜻]、通ふ [平]、（屏風のこと）す [蜻]、添ふ
　　　　　　　　[落]、取り占む [枕]、縫ふ [落]、見る [蜻]、もてかしづく [枕]、
　　　　　　　　射伏す [蜻]

　源氏物語に比べ、〈移動〉の例が多いが、これらも移動の過程に焦点があるというよりも、起点・着点に焦点がある例と考えられる。〈授受〉の2例は源氏物語と同様、具体的な品物の授受とは異なる例である。次に挙げる。

(17)　越前守「今はかひなし。『（邸カラ）物だに運び返さむ』と申せば、
　　　（先方ハ）『早うそれは取られよ』とはなだらかにのたまへど、人々
　　　さらに入れねば、いさかふべきことにしあらねば」
　　　　　　　　　　　　　　　　　　　　　　　　　　　（落窪物語、178頁）
(18)　この殿（＝邸）の御事は、（故大納言ガ）いと心ばへ深う奉らるめり
　　　しを、　　　　　　　　　　　　　　　　　　　　（落窪物語、220頁）

「取る」の対象は「邸の荷物」であり、直接個人が受け取るのではなく、実際に荷物を運ぶ人たちがいると想定できるのでタイプBと解せる。「奉る」の対象は「邸」であり、具体的な品物とは言えない。
　〈その他の行為〉にある「縫ふ」「射伏す」の2例は、「動的な動詞」の例だと思われる。

(19)　（北の方）「これはいつよりもよく縫はれよ。禄に衣着せ奉らん」
　　　　　　　　　　　　　　　　　　　　　　　　　　　（落窪物語、49頁）

(20) これかれ走り来つつ、まづこの（＝賭弓ノ）物語をす。「いくつなむ射つる」「（道綱ノ）敵には右近衛中将なむある」「（道綱ハ）おほなおほな射伏せられぬ。」　　　　　　　　　（蜻蛉日記、99頁）
(19)「縫ふ」は手元で行なわれる動きの小さい行為とは言え、動きがある。
(20)「射伏す」は解釈の難しいところでもあるが（上村悦子1987：349）、道綱に対する敬語と捉えるのが通説である。それぞれ本文の資料性の問題も残るが、源氏物語には見られない例なので注意される。中古の和文資料で主体の直接的な行為に「動的な動詞」を用いた例はこの2例のみである。

　和文資料では全体的に用例数が少ないため、「動的な動詞」の例が稀なのは偶然である可能性もあるので、変体漢文資料で検討する必要がある。まず、古記録を見ると、穐田定樹（2008）が御堂関白記、小右記の「被」を調査して公的行為に用いられる場合が多いと指摘しているように、タイプB・Cが多いようである。本章の観点から検討するために、試みに、御堂関白記（自筆本）のなかから、前章［基準1］の行為主体が同一文中に記されている例に限って主体の明確な例を採集すると、次のようにタイプA（21）・B（22）ともに見られる。

(21)　右大臣被来、有被示事。　　　　　　　（御堂関白記、寛仁 2.1.25）
(22)　公家被修五檀御修繕。　　　　　　　　（御堂関白記、寛弘 7.2.29）
このうち、タイプAの行為をまとめると次のようになる。

〈伝達行為〉　　「申」「奏」「聞」「示」「命」
〈移動〉　　　　「来」「座」「坐」「出」「参」「渡」「立頼」
〈授受〉　　　　「（呪願を）奉」
〈存在・伺候〉　「候」

〈授受〉の例も「呪願」の例なので、和文資料と同じく品物の例ではない。
(23)　被奉僧正〈雅慶〉呪願　　　　　　　　（御堂関白記、寛弘 6.10.13）
主体の直接的な行為を「動的な動詞」で表した例が見られない点も源氏物語と同様である。ただし、御堂関白記には〈心的行為〉の例は見られない。

出来事を記載することが中心の古記録の資料的な性格によるものだと思われる。次のように、小右記には例がある[3]。

(24)　相府深被喜悦云々。　　　　　　　　　　　（小右記、長和1.7.17)

したがって、御堂関白記に〈心的行為〉が見られないのは資料的な性格によるものと考えられ、用法上は源氏物語と変わらないと言えそうである。

次に、古文書について検討すると、辛島美絵（2003）では、7割が「役所や個人が上位の機関や支配者に出す上申文書」であると指摘されている。主体が特定の個人ではなく、タイプB・Cが多いということになる。辛島美絵（2003）で9世紀の尊敬用法の確実な例として挙げられた例のうち、特定の個人の直接的な行為と言えるタイプAの例は次の例くらいである（同じ表現が2例）。

(25)　義真法師被弘。　　　　　　　　　　　（平安遺文、4434号・4435号）

義真法師を「弘」行為の主催者・責任者として理解することもできるかもしれない。また、前接語の一覧が挙がっているが（辛島美絵2003：397〈別表1〉)、「動的な動詞」の例も、主体の直接的な行為ではないようである。次の例はタイプCとみなされる。

(26)　而相替之後、早被壊作東尾了、彼東尾地是故平聚院之領也。

（平安遺文、305号）

古記録・古文書は精査が必要ではあるが、資料の性格から特定個人の行為というより機関としての行為に関する記述が多いので、タイプB・Cの使用例の多さに目が引かれてしまうけれども、用法上、源氏物語と変わらないのである。中古では主体の行為に「動的な動詞」を用いた例は先に挙げた2例（(19)(20)）のみという状況であり、原則として「動的な動詞」は用いられないと言ってよいと思われる。

4　用法の拡張

更級日記には、主体の直接的な行為に「動的な動詞」を用いた例がある。

(27)　この男、出で入りし歩くを、奥の方なる女ども、「(アナタハ）」など、

第 10 章　いわゆる「一般尊敬」の拡張　193

　　　かく<u>し歩か</u>るるぞ」と問ふなれば、　　　　　（更級日記、344 頁）
この例は、出たり入ったりして歩き回っている男に女たちが尋ねた例である。明らかに主体（＝男）が動いている例で、これまでの例とは異なっている。院政期の資料にも次のように見られるが、今昔物語集には尊敬用法が多い割には「動的な動詞」の例はほとんど見られない。

(28)　大臣殿また参りて「……」と、えもいひやりたまはずのたまうて、
　　　御単衣取り寄せたまうて、（亡骸ニ）<u>引き被け参らせ</u>などせられぬ。
　　　　　　　　　　　　　　　　　　　　　　　　（讃岐典侍日記、303 行）
(29)　「……。然ラバ其ニ坐シテ<u>被居</u>タレカシ。然テ鍾ヲモ<u>被搥</u>(つか)ムハ糸吉
　　　キ事也」　　　　　　　　　　　　　　　　　（今昔物語集、29・17）

(28) は大臣殿の直接の行為と解したが、誰かに掛けさせたとも解せないではない。

「動的な動詞」を用いた例が多くなるのは、鎌倉時代以降で、特に 14 世紀以降である。次のような例が見られる。

(30)　この大納言「……」とて、……、ただただと<u>走り出でられ</u>にけり。
　　　　　　　　　　　　　　　　　　　　　　　　（宇治拾遺物語、3・2）
(31)　この木に降りかかりたりし雪を、（アノ方ガ）さながら折りて持ちたりしを、「（アナタハ）など、それをしも<u>折られ</u>けるにか」と申ししかば、　　　　　　　　　　　　　　　　　　（建礼門院右京大夫集、125 頁）
(32)　上人なほいきまきて「……」と荒らかに<u>言</u>ひて、極まりなき放言しつと思へる気色にて、馬を引き返して<u>逃げられ</u>にけり。
　　　　　　　　　　　　　　　　　　　　　　　　（徒然草、106 段）
(33)　大臣殿、御気色あしくなりて（為則ニ）「おのれ車やらむ事、賽王丸に勝りてえ知らじ。希有の男なり」とて、御車に（為則ノ）頭を<u>打ち当てられ</u>けり。　　　　　　　　　　　　　　　（徒然草、114 段）
(34)　煤け明り障子の破ればかりを、禅尼、手づから小刀して<u>切りまはしつつ張られ</u>ければ、　　　　　　　　　　　　　　（徒然草、184 段）
(35)　昌命、馬ヨリ飛下テ、「アノ大刀、<u>ナゲラレ候ヘヤ</u>」ト云ケレバ、行家大ニアザワラウ声、家ノ内ヒビキワタル。

(延慶本平家物語、6末45オ)
(36)　忠盛、御前の召に舞はれければ、　　　（覚一本平家物語、巻1、7頁）
(37)　新大納言、けしきかはりて、……、御前に候ける瓶子を狩衣の袖にかけて引倒されたりけるを、　　　（覚一本平家物語、巻1、46頁）
(38)　入道相国、大床に立て……しやつらをむずむずとぞ踏まれける。
(覚一本平家物語、巻2、79頁)

それぞれ主体の具体的な動きを表している。(36)の「舞ふ」は中古では(12)に示したように「たまふ」でしか表せない動詞であった。このように、中世に到ると用例が多くなるだけではなく、用法上の変化が認められるのである。これによって、タイプAの表現領域が拡張して動詞全般に使えるようになったと考えられる。すなわち、「たまふ」の領域と重なったことを意味する。やがて「たまふ」に取って代わることになる基盤がここに確立したのである。

5　おわりに

最後に、本章で述べてきたことを簡単にまとめて結びとしたい。
1　タイプAの行為を見ると、中古では具体的な動きを表す「動的な動詞」の例は原則として認められない。
2　タイプAが拡張して「動的な動詞」の例が観察されるのは、中世に入ってからである。
3　その結果、「たまふ」と表現領域が重なり、交替する基盤が確立した。
本章では「る・らる」の尊敬用法の変化の一端を述べたに過ぎない。タイプAが拡張した理由、タイプAとタイプB・Cとの関係など残された課題については、次章で述べることにする。

注
1)　「ものす」には〈伝達行為〉〈移動〉の意もあるが一括した。
2)　石井幸子（1979）は「動作主の動作或は状況が、動作主自身のものとして把

握された場合は「せ給ふ」(「給ふ」) を使用」することを指摘している。また、穐田定樹 (2008) も変体漢文の「給」が「その行為を特定個人のものとする傾向があると言えようか」と述べている。
3) 貞信公記・九暦にも見られないようである。特定人物の感情を記載する小右記の用法は新しい用法なのかもしれない。なお、貞信公記・九暦・小右記でもタイプ A の「動的な動詞」の例を見出すのは難しいようである。

第11章　いわゆる「公尊敬」について

1　はじめに

　第9章では、桜井光昭（1966）で示された「公（おおやけ）尊敬」と「一般尊敬」との2種の用法を再規定し、「主語が特定でき、主語の表す主体の直接的な行為を表す」タイプAが「一般尊敬」に対応し、「主語の表す主体の直接的な行為とは言えない」タイプB・Cが「公尊敬」にほぼ対応することを述べた。また、タイプAの主語は「行為者」であるが、主語の特定できるタイプBの主語は「主催者・責任者」で主語の性格が異なることも述べた。これを承けて、本章では、タイプAとタイプB・Cとの関係について考察する。

2　用法の変化

2.1　3タイプの出現時期

　本章では、タイプA～Cの先後関係について考察する。各タイプは上代には見られず、中古に入って同時に観察することができる。指摘されているように、「る・らる」の尊敬用法は、変体漢文資料に多く和文資料に少ないという位相の偏りがある（築島裕1969：506など）。変体漢文資料・和文資料からそれぞれ例を挙げる。

〔タイプA〕
　（1）　堀河太政大臣、元慶・仁和間、被住枇杷殿、　　（九暦記、天慶 7.12.11）
　（2）　右大臣被来、有被示事、　　　　　　　　　　（御堂関白記、寛仁 2.1.25）
　（3）　かぐや姫、翁にいはく「……」といふ。翁、「(アナタハ) それさも

第 11 章　いわゆる「公尊敬」について　197

　　　いはれたり」といひて、　　　　　　　　　　　（竹取物語、41 頁）
　（4）　（大宮→源氏）「……。中将（＝夕霧）のうらめしげに思はれたることもはべるを、　　　　　　　　　　　　　　　（源氏物語・行幸、892 頁）

〔タイプ B〕
　（5）　公家度者百廿人被進中宮、以其度者被施請僧也、
　　　　　　　　　　　　　　　　　　　　　（貞信公記、天慶 8.2.27）
　（6）　公家被修五檀御修繕、　　　　　　（御堂関白記、寛弘 7.2.29）
　（7）　昔、堀河のおほいまうちぎみ（＝藤原基経）と申す、いまそがりけり。四十の賀、九条の家にてせられける日、中将なりける翁、……
　　　　　　　　　　　　　　　　　　　　　　　　（伊勢物語、97 段）
　（8）　（大内記→匂宮）「（右大将ハ）いといかめしく造られて、不断の三昧堂などいと尊く掟てられたり、となむ聞きたまふる。
　　　　　　　　　　　　　　　　　　　　（源氏物語・浮舟、1865 頁）

〔タイプ C〕
　（9）　二日、使公輔朝臣奏可被祈雨事之状、　（貞信公記、天暦 2.6.2）
　(10)　十日、乙未、金埶、被定蔵人・雑色、　（御堂関白記、寛弘 1.1.10）
　(11)　同じ御時せられける菊合に、　　　　　（古今和歌集、272 詞）
　(12)　（使）「京にも、この雨風あやしき物のさとしなりとて、仁王会など行はるべしとなむ聞こえはべりし。　　（源氏物語・明石、442 頁）

　上のように中古からタイプ A〜C それぞれが見られる。したがって、出現時期の観点から三つのタイプの先後関係を示すのは無理である。そこで、尊敬用法の「る・らる」に見られる用法の変化に着目し、それを踏まえてそれぞれの先後関係を想定するという方法をとることにする。中世のタイプ A〜C の用法を観察すると、中古とは異なった用法を二つ指摘できる。以下順に見ていく。

2.2　タイプ A の拡張

　第 1 に注目されるのは、前章で見たように、タイプ A の動詞に拡張が認

められる点である。中古にはタイプAの動詞には制約がある。例えば、これまでに挙げてきたように、中古のタイプAの例は、（1）「住む」（2）「来たる」「示す」（3）「言ふ」（4）「思ふ」など、活発な動きや他に対する働きかけのない動詞に限られているのだが、院政期頃から次に挙げる（13）「し歩く」（16）「舞ふ」のような活発な動きのある動詞や、（14）「（枝ヲ）折る」（15）「（為則ノ頭ヲ）打ち当つ」（17）「（瓶子ヲ）引き倒す」のような他に対する働きかけのある動詞の例も見られるようになる。

(13) この男、出で入りし歩くを、奥の方なる女ども、「（アナタハ）など、かくし歩かるるぞ」と問ふなれば、　　　　　　　　　　（更級日記、344頁）

(14) この木に降りかかりたりし雪を、（アノ方ガ）さながら折りて持ちたりしを、「（アナタハ）など、それをしも折られけるにか」と申ししかば、　　　　　　　　　　　　　　　　　　（建礼門院右京大夫集、125頁）

(15) 大臣殿、御気色あしくなりて（為則ニ）「おのれ車やらむ事、賽王丸に勝りてえ知らじ。希有の男なり」とて、御車に（為則ノ）頭を打ち当てられけり。　　　　　　　　　　　　　　　　　（徒然草、114段）

(16) 忠盛、御前の召に舞はれければ、　　　　（覚一本平家物語、巻1、7頁）

(17) 新大納言、けしきかはりて、……、御前に候ける瓶子を狩衣の袖にかけて引倒されたりけるを、　　　　　　　（覚一本平家物語、巻1、46頁）

つまり、中古では静的な行為を表す動詞の例に偏っていたものが、院政期以降、動的な行為を表す動詞の例が現れるという変化が見られるのである。このような動的な行為を表す動詞にも承接できるようになったことは、タイプAがすべての動詞に制約なく承接できるようになったことを意味するものと考えられる。表現領域が拡張したことによって、使用できる動詞に制約のない「たまふ」と用法上重なり、「たまふ」と交替する態勢が整ったのである。中古のタイプAが尊敬用法の萌芽期と呼ぶことができるのに対して、中世のタイプAは尊敬用法の確立期と呼ぶことができる。

2.3 「（さ）せらる」の成立—タイプB・Cの変質—

　第2に注目されるのは、中世に「使役」の「す・さす」に後接した「（さ）

せ＋らる」が現れる点である。「(さ) せ＋らる」は、院政期からわずかに用例が見え始め、鎌倉期以降に多くなることが、堀畑正臣（2007：224-370）の詳細な調査によって明らかにされた。

(18) 梁ノ文帝ト申御門ノ時、……更ニ雨降ラス。光宅寺ノ法雲法師メシテ法花経ヲヨマセラル、ニ、　　　　　　　（法華百座聞書抄、ウ103）

(19) 主上あやしみ給て、この僧をめしければ、明遍ひざまづきて庭に候。……。(主上)「さればこそ」とて、御笛たびてふかせられけるに、万歳楽をえもいはず吹たりければ、御感有て、やがてその笛をたびてけり。　　　　　　　　　　　　　　　　　　　（宇治拾遺物語、10・3）

(20) 兵衛佐聞給テ、真平ヲ使ニテ宣ケルハ、「……」ヨシヲ、イワセラル。　　　　　　　　　　　　　　　　　　（延慶本平家物語、2末80オ）

院政期以前、今昔物語集までは、使役の「す・さす」を伴わない形で表していた。その場合、「る・らる」の行為は、主語の表す主体の直接的な行為ではないので、すべてタイプBかCの用例である。

(21) (六条院デハ) 唐めいたる舟造らせたまひける、急ぎ装束かせたまひて、おろし始めさせたまふ日は、雅楽寮の人召して、舟の楽せらる。
　　　　　　　　　　　　　　　　　　　（源氏物語・胡蝶、781頁、タイプC）

(22) (光源氏ハ) 人にはけしき漏らさじと思せば、験者など召し、御修法はいつとなく不断にせらるれば、僧どもの中に験ある限りみな参りて、加持参り騒ぐ。　　　　　（源氏物語・柏木、1233頁、タイプB）

(23) 其中ニ五壇ノ御修法ヲ被行ケルニ、広沢ノ寛朝僧正、中壇トシテ、時ノ止事無キ人々ヲ以テ被行ケレドモ其験モ无キニ、
　　　　　　　　　　　　　　　　　　　（今昔物語集、20・4、タイプB）

(24) 天皇、菅原ノ文時ト博士ヲ召テ、此ヲ被講ケルニ、
　　　　　　　　　　　　　　　　　　　（今昔物語集、24・26、タイプB）

それぞれ (21)「舟の楽せさせらる」(22)「不断にせさせらるれば」(23)「行はせられ」(24)「講ぜさせられ」のように、「使役」の「す・さす」を使っていてもよさそうな箇所である。(22)(23) と同じ「御修法」を行なう場合でも、「たまふ」を用いた場合は次のように「す・さす」と共起している。

(25) (六条御息所ハ)ほかに渡りたまひて御修法などせさせたまふ。

(源氏物語・葵、294頁)

　この例は、六条御息所に対して、「渡りたまひて」というように、「せたまふ」ではなく「たまふ」で待遇しているので、傍線部の「させたまふ」の「させ」は「尊敬」ではなく「使役」であると解される。また、(21)の「造らせたまひ」「装束かせたまひ」「おろし始めさせたまふ」の「す・さす」も「使役」であると思われる。このように、中古では、「使役」の「す・さす」は「たまふ」とは共起するが「る・らる」とは共起しないのである。

　変体漢文資料でも同様で、「以」を用いた使役構文の場合、「たまふ」に相当する「給」は「す・さす」に相当する「令」と結びついて「以+(人)+令+(動詞)+給」の構文をなすのに対して、「る・らる」に相当する「被」は「令」とは結びつかず、「以+(人)+被+(動詞)」の構文をなす(堀畑正臣 2007：224-246)[1]。

(26) 以他人令行給(如何)、　　　　　　　(御堂関白記、寛弘 2.1.22)

(27) 以四十二口僧、於清涼殿被修不断、　(御堂関白記、寛弘 1.5.17)

　なぜ同じ尊敬を表すにもかかわらず、「たまふ」は「使役」の「す・さす」と承接し、「る・らる」は承接しないのだろうか。そして、なぜ中世になると「す・さす」と「る・らる」が承接するようになるのだろうか。次にこの問題を考えていく。

2.4　二つの変化が意味すること

　タイプAに動的な行為を表す動詞を用いた例が現れることと、使役の「す・さす」に後接した「(さ)せ+らる」が現れることは、ともに院政期頃から見え始め、鎌倉期に入って同一資料から複数例拾えるようになる点で共通する。この二つの変化がほぼ時を同じくしているのは偶然ではないと考えられる。すなわち、タイプAの拡張が「(さ)せ+らる」の出現を引き起こしたと考えられる。

　タイプAの主語は「行為者」を表すが、中古の段階では述語は静的な行為を表す動詞に偏っていたので、正確には「(静的な行為の)行為者」を表す。

このように捉えると、使役の「す・さす」と共起しなかったことが理解できる。「す・さす」の主語は「（動的な行為の）行為者」である「使役の主体」を表し、述語は使役という他に対する働きかけを表す動的な行為を表す。このように、タイプAと「す・さす」は、主語の性格・述語の行為の性質が衝突するので、タイプAと「す・さす」が共起することはなかったと考えられる。

また、タイプBの主語は「主催者・責任者」を表し、述語は主語の直接的な行為ではない他者の行為を表す。それに対して、「す・さす」の主語は「行為者」を表し、述語は主語の直接的な行為を表す。このように、「す・さす」と「る・らる」は表現上の衝突があるため、共起することがなかったと考えられる。なお、タイプCは主語が特定できないが、述語の性質はタイプBと同じなので、タイプBと同様に考えることができる。

ここまでをまとめると、次の〔表1〕のようになる。

〔表1〕中古の「す・さす」と「る・らる」

	主語の性格	述語の性質
「す・さす」	使役の主体（＝直接的行為者）	動的な行為
「る・らる」A	静的な行為の行為者（＝直接的行為者）	静的な行為
「る・らる」B（・C）	主催者・責任者（＝非直接的行為者）	他者の行為

つまり、「（さ）せ＋らる」の承接は、「らる」がタイプAの場合にせよタイプB・Cの場合にせよ、それぞれの主語の性格・述語の行為の性質に矛盾が生じるために、現れ得なかったと考えられるのである。

これが中世に到ると、タイプAが動詞の制約なく使用できるようになり、尊敬用法の確立期に位置づけられるようになる。それは、動的な行為を表す動詞に承接できるようになったことによって、「る・らる」の主語が、従来の「（静的な行為の）行為者」に限られていた段階から、「（動的な行為の）行為者」も含んだ「行為者」一般に拡大したことを示唆する[2]。

このような捉え方が、タイプB・Cの「る・らる」にも影響を与えたものと思われる。すなわち、タイプBの主語が「主催者・責任者」から「行為

者」へと読み替えられ、述語は主語の直接的な行為として捉えられるようになったのではないだろうか。つまり、タイプB・CはタイプAに変化したのではないだろうか。「る・らる」の主語が「す・さす」の主語と同じく「行為者」として捉えられるようになったことによって、「(さ)せ+らる」が現れたと推察される。

中世の状況をまとめると次の〔表2〕のようになる。

〔表2〕中世の「す・さす」と「る・らる」

	主語の性格	述語の性質
「す・さす」	使役の主体（＝直接的行為者）	動的な行為
「る・らる」A （「る・らる」B・C）	直接的行為者	行為全般

先に挙げた(18)は、「法雲法師メシテ」とあるので、帝を「主催者・責任者」とするタイプBのように見えるが、「読ませる」ことは帝の直接的な行為なので、帝を「行為者」（＝使役の主体）とするタイプAである。同様に、(19)「吹かす」(20)「言はす」ことは主語の直接的な行為で、それに後接した「らる」はタイプAである。このように、「(さ)せ+らる」の成立によって、タイプAとタイプB・Cの垣根が曖昧になり、タイプB・CがタイプAと解されるようになってタイプAに吸収されていくという流れを見ることができる。このようなタイプBの主語が「主催者・責任者」から「行為者」へと読み替えられた段階で、最高位者への上位待遇ができる形式になった。やがて中世後期に最高敬語の「(さ)せらる」が成立するが（堀畑正臣 2007：328-370）、その契機となった変化だと位置づけることができるのである。

今昔物語集で「公尊敬」の存在が注目され、その後、敬語史の表舞台から「公尊敬」が消えていくように見えるのは、尊敬用法の「る・らる」が主語の表す主体の直接的な行為として捉えられるようになったことが大きな要因であると思われる。

以上のように、尊敬用法の変化を追っていくと、タイプAには中世に動

的な行為を表すようになるという拡張があり、タイプB・CにはタイプAになって「(さ)せ＋らる」が現れるという変質がある。このようなタイプAの拡張とタイプB・CのタイプAへの合流という流れを踏まえると、タイプAが後出で、徐々に勢力を増していったと考えることができるのではないだろうか。そこで、タイプAがタイプB・Cより後出のものと想定して、以下タイプAの派生過程の説明を試みる。

3　尊敬用法の発生過程

　先に述べたようにタイプA〜Cの出現時期に差は見られないが、タイプAがタイプB・Cより後出と想定した場合、タイプAとタイプB・Cの関係はどのようなものだろうか。無関係と考えるよりも、タイプAがタイプB・Cから派生したと捉えると、用法上の偏りなどの説明も可能になる。以下、用例の多い変体漢文資料を中心にして説明する。
　まず、タイプBとタイプCの関係から見ていくことにすると、タイプBとタイプCは主語が特定できるか否かの差であり、本質的に同じものと考えられる。

　(28)　廿九日、被定所々別当、左大臣奉之云々、　（貞信公記、天暦2.3.29）
　(29)　八日、丙午、中宮、於極楽寺被修前坊周忌御態、仍参向。
　　　　　　　　　　　　　　　　　　　　　　　（貞信公記、延長2.3.8）
　(30)　十五日、癸丑、内裏於被修先坊周忌御態、有所労不参向。
　　　　　　　　　　　　　　　　　　　　　　　（貞信公記、延長2.3.15）

　(28)は主語が特定できないが、左大臣が「奉」行為をするので、あえて求めれば天皇である。(29)は主語の「中宮」が明示されている。(30)は明示されていないが内裏で行なわれるので主語は天皇と特定できる。特定・想定された主語は、「被定」「被修」行為の直接的な行為者ではない点が共通し、必要があれば「主催者・責任者」として明示するという性格のもので、「被」の用法としては同一のものと見てよいと思われる。ただし、タイプAは主語が特定できるので、タイプAの派生は同じく主語が特定できるタイプB

から派生したと考えられる。その過程を次に考察する。

堀畑正臣（2007：238）は、「以＋（人）＋被＋（動詞）」で用いられた動詞が「『使役述語』に近い性格がある」ことを指摘している。そして使用される動詞を「受給動詞、発話動詞、方向性を持つ動詞、漢語サ変動詞、そのほかの他動詞」の五つに分類している。これはタイプB・Cの一部の用法の動詞の傾向を指摘したものと言える。一方、2.2でタイプAが中古では静的な行為を表す動詞に限られることを述べたが、使用される動詞を見ると、変体漢文資料・和文資料ともに発話動詞も含む伝達行為に用例が多いことに気づく（第10章参照）。タイプBとタイプAとで動詞が共通するところがあることに着目したい。共通すると言っても、同じ動詞でもそれぞれのタイプのなかでの使われ方は異なる。タイプBでは行為自体は主語ではない他者が行なうが、タイプAでは主語が直接的な行為を行なう。このように使われ方が異なるが、前者から後者への読み替えが行われたと想定することができる。具体的に、伝達行為のなかから変体漢文資料・和文資料ともに用例の見られる「仰せらる」をとりあげて見ていくことにする[3]。

「仰せらる」の原用法は、主語の表す主体の直接的な行為ではなく、介在者を通して伝えられた命令というタイプB・Cだと想定される。

(31) 使朝忠朝臣有被仰之事　　　　　　　　　（貞信公記、天慶2.10.2）

(31)の主語は明示されていないが、朝忠朝臣を使として「仰」という行為をしているので、主語の直接的な行為とは言えない。

(32) 中宮被仰内親王付（殊？）可給近江国五十戸之状、

（貞信公記、天暦9.7.14）

(32)は「中宮」が主語として明示されている。主語の直接的な行為（タイプA）か介在者の行為（タイプB）か不明である。タイプBとしても、(31)と異なり介在者は明示されず（このように明示されない例が圧倒的に多い）、「中宮」の行為へと読み替えられる素地はある。ここで注意されるのは、「主催者・責任者」は介在者となる実際の行為者よりも上位の人物であると考えられるので、主体を上位待遇する「尊敬」に転じ得たのだろう。ただし、変体漢文資料だと直接的な行為か否かは明らかにできない。和文資料では「仰せ

第 11 章　いわゆる「公尊敬」について　205

らる」を直接的な発話に用いた例がある。

(33)　(光源氏)「すべてにぎははしきに寄るべきなんなり」とて笑ひたまふを、「こと人の言はむやうに心得ず仰せらる」と、中将憎む。
(源氏物語・帚木、40 頁)

　頭中将が光源氏の発話を受けて使用した例で、光源氏の直接行為に使用した例である[4]。このように主語が、「主催者・責任者」から「行為者」へ読み替えられることによってタイプ A が成立したと考えられる。
　「仰す」のような伝達行為は、行事や政治的な手続きを表す行為のうちでも、個人の行為として捉えやすいので、タイプ A に読み替えられたのだろう。
　このように、タイプ B・C の介在者のいる事態のうち、主語の直接行為として解釈し得るものが、タイプ A となったのだと考えられる。ことによると、前章でタイプ A と認定した例のなかにも、実際には、介在者のいる例もあるかもしれない。
　タイプ A のなかで、明らかに個人の行為として行なわれる心的行為の例は、貞信公記（藤原忠平 880-949）、九暦（藤原師輔 909-960）、御堂関白記（藤原道長 966-1028）には見られない。辛島美絵（2003：397）の挙げた「る・らる」に前接する動詞の一覧表を見る限り、10 世紀までの古文書でも確認できないようである。多分に資料的な性格によって現れないとも思われるが、介在者を想定しえないため、介在者を想定し得る動詞より出現が遅れたとも考えられる。古記録では小右記（藤原実資 957-1046）に例がある。

(34)　相府深被喜悦云々。　(小右記、長和 1.7.17)

ただし、和文資料には次のように散見される[5]。

(35)　この羽根といふところ問ふ童のついでにぞ、またむかしへ人を思ひ出でて、いづれの時にか忘るる。今日はまして、母の悲しがらるることは。
(土左日記、28 頁)

(36)　(大宮→源氏)「……。中将（＝夕霧）のうらめしげに思はれたることもはべるを、　(源氏物語・行幸、892 頁)

　このように、タイプ A はタイプ B のうち、主語の直接的な行為として読

み替えられるような動詞から派生したのではないかと考えられる。中古のタイプAには静的な行為を表す動詞という偏りが見られるが、そのなかを介在者を想定し得る動詞と想定し得ない動詞というように分けた場合、想定し得る動詞のほうが成立が早かったと推測され、タイプBとAとの橋渡し役となったものと思われる。

以上、タイプAがタイプB・Cから派生したものと想定して考察してきた。それに対して、タイプAとB・Cが無関係と考えたり、タイプAからB・Cが派生したと考えたりする場合、タイプAの動詞が静的な行為に偏る理由や位相が偏る理由など説明するのは困難であり、ここで想定した展開のほうが成り立つ蓋然性の高い想定だと考えられる。

4　おわりに

本章で述べてきた、「る・らる」における尊敬用法の展開は次のⅠ～Ⅴのように想定される。

Ⅰ　タイプB・C［中古］
　介在者を通した行為を表す。
　主語は「主催者・責任者」を表す。

Ⅱ　タイプAの派生［中古］―尊敬用法の萌芽期―
　タイプBのうち介在者を想定し得る通達行為のような動詞から派生した。
　主語は「(静的な行為の) 行為者」を表す。

Ⅲ　タイプAの拡張①［中古］
　介在者を想定し得ない心的行為のような動詞に使用範囲が拡張した。

Ⅳ　タイプAの拡張②［中世］―尊敬用法の確立期―
　動的な行為を表す動詞に使用範囲が拡張し、「たまふ」と交替する態勢が整った。
　主語が「行為者」一般を表すようになった。

Ⅴ　タイプB・Cの変質［中世］

主語が「主催者・責任者」から「行為者」へと読み替えられ、タイプAになった。

「使役＋尊敬」の「(さ) せ＋らる」が出現する。

　要するに、いわゆる「公尊敬」からいわゆる「一般尊敬」が生じ、やがていわゆる「公尊敬」がいわゆる「一般尊敬」に吸収されるという流れを想定したのである。ただし、「尊敬」の意は、ⅡのタイプAの派生によって萌芽し、Ⅳ・Ⅴの変化によって確立したと考える。「尊敬」(タイプA) の母体となったタイプB・Cは、「主催者・責任者」「行為者」に焦点はなく、主語を上位待遇するという意味での「尊敬」ではないと考えられ、「公尊敬」という名称も不適切だと考えられる。そこで、タイプAの「尊敬」に対して、タイプB・Cを主語の性格に着目して「主催」と呼ぶことにする。「主催」は「尊敬」の母体となった用法であるが、尊敬を表す用法ではない。このように考えることによって、待遇価値の不均衡の問題は解消されるが、「主催」と他の「る・らる」の用法との関係や「主催」を設定することの利点については、改めて次章で論じることにしたい。

注
1) ただし、「被＋令＋（動詞）」の例は、貞信公記・九暦には見られないが、御堂関白記・小右記には見られる。
　　a 従此<u>被令</u>問案内
　　　　　　　　（御堂関白記、長和2.5.8、陽明文庫蔵古写本「従此令問案内」）
　　b 以外記<u>被令</u>勘申詳有所見歟　　　　　　　　（小右記、万寿2.8.29）
　　c 去夕御馬引出<u>被令</u>見、　　　　　　　　　　（小右記、寛弘2.3.28）
　御堂関白記には、aの1例のみ見られるが、自筆本のない箇所（自筆本系統の「平松本」による）で、異文があり確例とはならない。小右記にも自筆本がなく資料性の問題がある。仮にこれが「使役＋尊敬」の例だとするとかなり早い例となるが、堀畑正臣（2007：314）が「その後も用例が増加すべきだが、その後も含めて「被令～」の用例は数が少ない」と指摘するように「(さ) せ＋らる」とは同列に考えられない。あるいは、「令見」の例は「見す」に対応するとも考えられ、「令」が他動詞の語尾を表しているのかもしれない。いずれにせよ存疑の例なので、「被令」は「(さ) せ＋らる」とは別に考えることにする。

2) 「る・らる」の可能用法においても、「昇らる」「捕らる」など、主語の表す主体の具体的な動きを伴う意志的動作の例が現れるのは院政期である（第7・8章参照）。可能用法の変化と本章で見てきた変化をあわせて考えると、この時期に「る・らる」の主語が行為の主体と捉えられるようになったものと思われる。
3) 「仰せらる」は「おっしゃる」意へ一語化して「らる」を分析できなくなるので前章では考察対象から外したが、ここの派生を考える時点では他の「被」「らる」の例と同様に考えることができる。「仰せらる」については、第13章でも扱う。
4) （33）については、第13章で異なる解釈の可能性について触れている。
5) （35）について、新編日本古典文学全集頭注では「亡児の母に対する敬意。他の亡児追懐の箇所では敬語はなく、ここだけ異例」とある。心的行為の場合、「自発」で解する余地もあるため、取り扱いが難しい。

第12章　尊敬用法の「る・らる」の位置づけ

1　はじめに

　「る・らる」は「自発・可能・受身・尊敬」の4種の用法に分類するのが一般的である[1]。このうち「尊敬」は、上代には用例が確認できないことから、「自発・可能・受身」の3用法より後出の用法とされ、「自発」から生じたとする説、「受身」から生じたとする説など、その発生過程が問題とされてきた。
　「尊敬」は、現代語の「れる・られる」で「尊敬」を表す場合とは異なって汎用性は高くなく、用法に偏りがあるという特徴がある。改めて前章までに見てきた特徴をまとめると、次の5点になる。

　①異なる2種の用法があること。
　　動作主体を上位待遇するいわゆる「一般尊敬」のほかに、おもに公を中心とした行事を表す場合に使われる、いわゆる「公(おおやけ)尊敬」という用法がある（桜井光昭1966）。
　②2種の用法には待遇価値の差があること。
　　いわゆる「一般尊敬」が「せたまふ」「たまふ」と「同一系列をなし」、「せたまふ」「たまふ」よりも「敬度が低い」のに対して、いわゆる「公尊敬」は「せたまふ」「たまふ」と「同一系列をなすものではな」く、天皇という最高位者にも使用できるという待遇価値の差が見られる（桜井光昭1966）。
　③使用される動詞に制約があること。
　　いわゆる「公尊敬」は「政治に関係のある動詞」が多く、「任免・賞罰・評定・命令など政治関係の用語か、政治関係の場面でもちいられ」（桜

井光昭 1966:154)、いわゆる「一般尊敬」は中古では原則として活発な動きや他に対する働きかけのない「静的な動詞」に限られている（第10章参照）。

④位相の偏りがあること。

2種の用法とも、変体漢文資料に多く和文資料に少ない(築島裕 1969:506など)。また、『源氏物語』で用いられる場合には、地の文のほとんどがいわゆる「公尊敬」で、いわゆる「一般尊敬」は会話文で男性の発話での使用例に偏っている（森野宗明 1969、1971)。

⑤中世に用法が変化すること。

いわゆる「一般尊敬」は中世には「動的な動詞」にも使われるようになって動詞の制約がなくなり（第10章）、「たまふ」に代わる位置を占め、中世末期には「(さ)せらるる」の形で最高敬語を表すようになる（此島正年 1973、堀畑正臣 2007 など）。

従来、「尊敬」の発生過程を扱う場合には、発生した「尊敬」が2種の用法のうちのどちらなのか、なぜ使用する動詞や位相の偏りが生じたのかについて触れられることはほとんどない。本章ではこの点を踏まえ、「尊敬」の発生過程と、「る・らる」の諸用法のなかで「尊敬」がどのような位置にあるのか考察することを目的とする。

2 「主催」の位置づけ

前章では、いわゆる「公尊敬」（タイプB・C）からいわゆる「一般尊敬」（タイプA）が派生し、やがていわゆる「公尊敬」がいわゆる「一般尊敬」に吸収されるという流れを想定した。いわゆる「公尊敬」（タイプB・C）は主語の表す主体の行為ではない（タイプCは主体さえ特定できない）ので「尊敬」ではなく、「公尊敬」という名称も適当ではないことから、「主催」と呼ぶことを提案した。ここまで述べてきた桜井光昭（1966）の用語と本書の名称の関係を次頁〔表1〕に改めて整理しておく（ただし、第9章で述べたように、「公

尊敬」の指す範囲はタイプB・Cよりも広い)。

〔表1〕「尊敬」の分類

桜井分類	本書の名称	主語の特定	述語の行為
一般尊敬	タイプA「尊敬」	できる	直接
公尊敬	タイプB「主催」	できる	間接
公尊敬	タイプC「主催」	できない	間接

　そして、「主催」は「尊敬」の母体となった用法ではあるが、「尊敬」ではないと考えることによって、1節の②で示した待遇価値の不均衡の問題は解消されるのである。このように考えた場合、待遇価値の問題は解消されるが、「尊敬」の母体となった「主催」とは何かが問題となるだろう。

　「主催」は、主語が明示された場合は「主催者・責任者」を表し、述語の行為は主語の表す主体による行為ではなく、他者を通して事務的に行なわれる行為であることを表す。本節では、「主催」と「る・らる」の表す他の用法との関係について考察する。

　はじめに結論を述べると、「主催」は、「自発・可能・受身」のいずれかから派生した用法ではなく、「自発・可能・受身」と並ぶ一つの用法として位置づけられるものと考える。そのように考えるのは、「自発・可能・受身」には、「主語の表す主体の意志以外によって事態が実現する」という共通点があると考えられ、その共通点を「主催」も持つ一方で、他の3用法との相違点を持っているからである。

　「る・らる」の表す共通点を「主語の表す主体の意志以外によって事態が実現する」とする場合の「意志」とは、通常の行為の過程——行為の実現を「望み」、その「望み」に沿って自らの「意志」によって実行する——を考えた時に、「望み」ではなくて実行の「意志」を指している。例えば、

　（1）　太政大臣、下りて舞踏したまふ。　　（源氏物語・藤裏葉、1017頁）

の例では、主語の表す主体「太政大臣」が「下る」「舞踏す」という行為を望み、自らの意志によって自律的に行為している。このような場合を主体の意志による行為と考える。行為が主体の意志によって実現することを「意志

的実現」と呼ぶことにする。それに対して、通常は主語の表す主体の意志を必要とする行為が主体の意志がなく実現することを「非意志的実現」と呼ぶとすると、「る・らる」は「非意志的実現」を表す形式であると言える。

「非意志的実現」の仕方について、主語の表す主体の行為として事態が実現する場合と、主体の行為としてではなく事態が実現する場合とに分けることができる。以下にそれぞれ見ていくことにする。

a 主体の行為として事態が実現する場合

主語の表す主体の行為として事態が実現するのが「自発」と「可能」である。「自発」と「可能」は事態実現の望みがあると解せるか否かによって分けられる。

（2）（二条院デ）我も我もと装束き化粧じたるを見るにつけても、（光源氏ハ）かのゐ並み屈じたりつる（左大臣邸ノ）気色どもぞあはれに思ひ出でられたまふ。　　　　　　　（源氏物語・葵、318 頁、自発）

（3）（光源氏ハ）隙見ゆるに、寄りて、西ざまに見通したまへば、この際に立てたる屏風、端の方おしたたまれたるに、紛るべき几帳なども、暑ければにや、うち掛けて、いとよく見入れらる。
　　　　　　　　　　　　　　　　（源氏物語・空蟬、86 頁、肯定可能）

（4）（光源氏ハ）入りたまひて臥したまへれど、寝入られず。
　　　　　　　　　　　　　　　　（源氏物語・花宴、273 頁、否定可能）

「自発」の（2）は、「思ひ出づ」という事態を実現したのは「光源氏」であるが、「光源氏」は自律的に「思ひ出づ」という行為をしたのではない。二条院での華やかな様子を見ることで対照的な左大臣邸に対する感慨深い思いが自然に湧き起こったのである。このように、「自発」は、実現させようという望みのない事態が非意志的に実現していることを表す。

（3）（4）は「可能」の例である。中古の「可能」は、すべて「自発」と捉える見解もあるなど（渋谷勝己 1993）、「自発」に近い表現領域に留まっている。肯定文で用いられた「可能（肯定可能）」の（3）は、部屋のなかを覗きたいという望みがあって近寄っているが、屏風や几帳など遮るものがな

い状況によって偶発的に「見入る」という事態が実現した例である。このように、中古の肯定可能は、自律的に行為して実現したという例は見られず、実現を望む事態が状況に助けられて非意志的・偶発的に実現していることを表している（第7章）。一方、（4）の否定文で用いられた「可能（否定可能）」は、「寝入る」望みがあって自室に戻って横になるものの、出逢った女性が気になって「寝入らず」という事態が実現した例である。「寝入る」は努力によって実現の可否が決まる行為ではなく、「寝入らず」という事態が非意志的に実現した例と言える。このように、中古の否定可能は、自律的に行為した結果、行為ができなかったことを表す例は見られず、状況による不可能の意を表している（第8章参照）。

以上のように、中古の「自発」と「可能」は、ともに主語の表す主体の、意志的ではなく非意志的な行為として事態が実現する意を表しているとまとめられる。

なお、可能が「主体が努力をした結果、行為を達成することができた（できない）」という主語の表す主体の意志的な行為の実現の意を表す次のような例が見られるようになるのは院政期以降である（第7・8章）。

（5）　試ニ縄ヲ付テ曳見ムト思テ曳ニ、軽ク曳ルレバ、

(今昔物語集、11・31)

（6）　しばしかなでて後、（頭ニ被ッタ足鼎ヲ）抜かむとするに、大方抜かれず。

(徒然草、53段)

b 主体の行為としてではなく事態が実現する場合

主語の表す主体の行為としてではなく事態が実現するのが「受身」であり、「主催」もここに位置づけられる。「受身」と「主催」は、主語の表す主体の関与があるか否かによって分けられる。

まず、「受身」は、主語の表す主体の関与がなく、主体以外の他者が実現する意を表す。

（7）　方弘は、いみじう人に笑はるるものかな。　　　(枕草子、211頁)

（8）　思ふ人の、人に褒めらるるは、いみじううれしき。(枕草子、246頁)

（7）「笑ふ」、（8）「褒む」という事態は、主語の表す主体の「方弘」「思ふ人」の行為ではなく「人」の行為によって実現している。また、主体の「方弘」「思ふ人」は「笑ふ」「褒む」という事態の実現に関与していない。このように「受身」は、主語の表す主体の関与がなく、主体以外の他者が事態を実現する意を表す。関与がないにもかかわらず、他者が事態を実現することを表現する結果、他者から主語の表す主体への一方的な行為を表すことになる。主語から見れば「受身」と呼ばれる所以である。

なお、上に述べた「他者」には注釈が必要である。次のように、「他者」とは言いにくい例があるからである。

（9）　大きなる木の風に吹き倒されて、根をささげて横たはれ臥せる。
（枕草子、231頁）

（10）　近き几帳の紐に、箏の琴のひき鳴らされたるも、
（源氏物語・明石、456頁）

ともに「非情の受身」の例であるが[2]、（9）「吹き倒す」、（10）「ひき鳴らす」という事態はそれぞれ無生物の「風」「紐」が引き起こした事態である。これらは事態を実現させ得るものとして、意志ある生物に準じた無生物と捉えられるので、人物の行為から派生したものとして「他者」に含めて考えておく[3]。

次に、「主催」は、主語の表す主体の関与がある事態を、他者を通して実現する意を表す。命令・許可・規定などに基づく事務的な行為を表す場合に多く用いられる（（2）～（4）は派遣された者の行為である）。さらに例を挙げる。

（11）　（光源氏ハ）人にはけしき漏らさじと思せば、験者など召し、御修法はいつとなく不断にせらるれば、僧どもの中に験ある限りみな参りて、加持参り騒ぐ。　　　　　　　　　（源氏物語・柏木、1233頁）

（12）　国王、使ヲ遣テ此ノ男ヲ捕ヘテ獄ニ居ラレヌ。（今昔物語集、5・19）

（13）　「京にも、この雨風、あやしきもののさとしなりとて、仁王会など行はるべしとなむ聞こえはべりし。　　　　　（源氏物語・明石、442頁）

（14）　毎年ノ公事トシテ、藤原ノ氏ノ弁官ヲ以テ勅使トシテ、于今下遣シ

第12章　尊敬用法の「る・らる」の位置づけ　215

テ被行ル。　　　　　　　　　　　　　　　　　（今昔物語集、12・3）

　(11) は、修法の直接的な行為者は験者なので、験者の行為として修法が実現する。光源氏は「主催者」として修法に関与している。(12) は、「獄に居う」直接的な行為者は「使」であり、国王は「主催者」として関与している。(13)(14) は、主語の表す主体が明確でない例で、あえて求めれば朝廷か帝である。(13) は「行ふ」の行為者も示されていないが、主語の表す主体ではない他者が介在して実現するものと想定される。(14) の「行ふ」は「勅使」の行為として実現する。このように、「主催」は、主体が明示された場合は「主催者・責任者」を表し、述語の行為は主語の表す主体による行為ではなく、他者を通して事務的に行なわれるという他者による行為を表す。

　行為の実現に対して、主語の表す主体が関与しない「受身」に対して、「主催」は、主語の表す主体が直接行為はしないが「主催者・責任者」の立場で関与があるという差異がある。このように、「受身」とは他者の行為として実現するという共通点があり、主語の表す主体の関与の有無という点で相違するのである。

　また、他者の行為に「主催者・責任者」として関与する「主催」は、「使役」と類似したところがある。次の例は「使役」と「主催」を一連の文脈で用いている。

　(15)　（光源氏の邸の六条院デハ）唐めいたる舟造らせ給ひける、急ぎ装束かせ給ひて、おろし始めさせ給ふ日は、雅楽寮の人召して、舟の楽せらる。　　　　　　　　　　　　　　　（源氏物語・胡蝶、781頁）

しかし、「使役」と「主催」の表現の仕方は異なるようである。「造る」「装束く」「おろし始む」「舟の楽す」という事態は、光源氏の行為ではなく他者の行為である点で共通している。その一方で、「使役」の「造らす」「装束かす」「おろし始めさす」という事態が「たまふ」を後接して他者に強制するという光源氏の意志的な行為であることを示すのに対して、「主催」の「舟の楽す」という事態は「らる」を用いて光源氏の意志的な行為ではなく「雅楽寮の人」の行為であることを示している点で異なっている。「使役」の「す・さす」が「たまふ」を後接するのに対して、「主催」の「る・らる」が「た

まふ」を後接しないのは、「使役」の主語が「使役の主体」という行為主体であるのに対して、「主催」の主語は行為主体ではないという主語の性格が異なるためであると考えられる。また、中古の「す・さす」が「る・らる」を後接しない（堀畑正臣 2007）理由も、「す・さす」と「る・らる」とで主語の性格が異なるためだろう。

　従来、いわゆる「公尊敬」の特徴の一つとして挙げられる「主体が漠然としている」という特徴は、「主催」の主語の表す主体が「行為者」ではなく、主体に表現上の焦点がないことの反映だと思われる。このように、「使役」とは主語の表す主体の関与がある点で共通するが、主体の意志的な行為か否かという点で相違する。これをまとめると次のようになる。

〔表2〕受身・主催・使役

〈共通点〉他者の行為		意志性	
		有	無
主体の関与	有	使 役	主 催
	無	×	受 身

　このように、他者の行為として事態が実現する意を表す用法として、「受身」の他に「主催」を認めることができる。

　以上見てきた諸用法の関係をまとめると次のようになる。

　a 主体の行為として事態が実現する
　　主体の実現への望みがあると解せない…………「自発」
　　主体の実現への望みがあると解せる……………「可能」
　b 主体の行為としてではなく事態が実現する
　　主体の関与のない行為（他者からの行為）………「受身」
　　主体の関与のある行為（他者を通した行為）……「主催」

　他者の行為として実現する場合として、他者からの行為である「受身」以外の場合があることは従来想定されてこなかったが、他者を通して行なう

「使役」とも異なった「主催」を想定することはあり得ることではないだろうか[4]。そして、想定された「主催」は、「自発・可能・受身」と並ぶ用法として「る・らる」の表す「非意志的実現」の中に位置づけることができる。

これを認めることによって、「る・らる」に共通する意味を狭い範囲で規定した上で、「尊敬」は「主催」から、意志的に実現する「可能」は非意志的に実現する「可能」から、それぞれ派生したものと捉えることになる[5]。

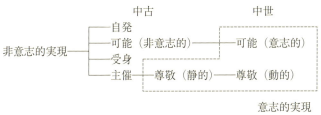

従来、「る・らる」の表す用法に共通する性質を捉えるのが困難であったのは、観察される最初の段階から異質な用法を含んでいるからだと考えられる。

3 「主催」を設定する立場からの説明

「主催」を設定すると、1節に示した尊敬用法の特徴は次のように説明できる。

まず、①の2種の用法の関係について。本章ではいわゆる「公尊敬」（タイプB・C）を「主催」という他者を通した行為を表す用法であると捉え直した。そして「主催」の主語の「主催者・責任者」が「行為者」へと読み替えられて「尊敬」（タイプA＝いわゆる「一般尊敬」）が派生したと考える。「主催者・責任者」は介在者となる実際の行為者よりも上位の人物であると考えられるので、主体を上位待遇する「尊敬」に転じ得たのだろう。これによって、「受身」起源説で想定される格の転換を考えずに「尊敬」の発生過程が説明できる。

次に、②の2種の用法の待遇価値の差について。いわゆる「一般尊敬」は

低位の人物を対象とするのに対して、いわゆる「公尊敬」は最高位の人物も対象とするが、本章では、いわゆる「公尊敬」にあたる「主催」を「尊敬」とは考えないので、問題ではなくなる（本章2節参照）。「主催」から派生した「尊敬」は、当初は「たまふ」より表現領域も狭く、重なる部分で「たまふ」と競合した。その結果、「たまふ」より下位の人物に用いる敬語として使われた。やがて、中世に使用範囲が拡張して「たまふ」と表現領域が重なり、「たまふ」の衰退に伴って「る・らる」の使用範囲が上位者へ拡大し、中世後期の最高敬語の「（さ）せらるる」の成立（堀畑正臣2007）につながる。低い敬意を表す用法から最上位の敬意を表す用法になるという敬意逓減に反するように見える過程はこのように考えることで説明できる。⑤の特徴は「尊敬」が拡張する過程として捉えられる。

　次に、③の使用する動詞の偏りについて。「主催」は他者を通した行為に用いられるため、行事や政治に関する場面で用いられ、「行ふ」など事務的な手続きを必要とする動詞が多くなる。一方「尊敬」は、「主催」で使われる、介在者を想定し得る「仰す」などの通達行為のような動詞から派生したと想定され、中古では萌芽期の段階であるため「静的な動詞」に限られるのだと考えられる。やがて、中世に確立期となって「動的な動詞」にも使われ、動詞に制約がなくなる（第10章参照）。

　最後に、④の位相の偏りについて。「主催」は介在者を通した政治的な行為に用いられるため、古記録や古文書などの変体漢文資料に用例が多くなる。和文資料で稀にしか現れないのは行事や政治の場面が少ないからである。使用場面の描写の多寡が用例数の多寡と比例したのだと考えられる。その点で、「しむ」と「す・さす」の対立などに基づく、ある文体の特有語というのとは異なり、変体漢文資料の「る・らる」に対応する他の形式が和文にあったというのではない。ある文体に現れる表現が他の文体に現れない場合には、代わりの表現がある場合の他に、使用場面がないため現れない場合がある。「主催」は後者の理由で位相の偏りがあると考えられる。また、中古の「尊敬」の偏りは、母体となった「主催」の持つ形式的・事務的な表現性を保持したことによる偏りだと思われる。

従来、「尊敬」を「受身」や「自発」からの派生と考えてきたのは、「尊敬」が上代に例が見られず、後出の用法であると見なすからである。「尊敬」を「主催」からの派生と考える場合には、「主催」が上代に見られないことが問題となるが、上代に「主催」がなかったのではなく、記紀万葉が中心となる上代の資料的な制約によるものと考える。和歌の場合、行事や政治的手続などを表す場面が詠まれにくいので現れず、正格漢文資料の場合、漢語の「被」が和語の「る・らる（ゆ・らゆ）」の表現領域のうち「受身」と対応するところでしか用いられないため現れなかったのだろう。

4 「尊敬」の発生過程についての諸説の検証

最後に、「尊敬」の発生過程を論じた従来の説を検証する。新たな事実が明らかになった場合、従来の説がその事実を踏まえていないのは当然であるが、従来の説明がそのまま成り立つかどうかの検証は必要である。本章の関心は、1節に挙げた「尊敬」の用法上の特徴のうち、中古に見られる①〜④の問題が説明できるかどうかという点にある。その他の諸説の問題点については、辛島美絵（2003）や川村大（2012）で詳しく扱われているので多くはそれに譲り、本章の関心を中心に検証していきたい。

4.1 「可能→尊敬」説の検証

まず、現在では支持されることのない「可能」起源説から見ていく。山田孝雄（1936:319）は「る・らる」の根本的な用法を「受身」として、「受身→自然勢（自発）→能力（可能）→敬語（尊敬）」という直列的な展開を想定した。「可能」から「尊敬」への派生については、「その人にさる能力の存する由をいひその人の優越の地位に在るを示し、以て崇敬の意をあらはすに至れるものなるべし。」と述べている。しかし、現在「可能」からの派生で説明されることがないのは、「可能」が「自発」に近い意味を表すという用法上の偏りがあることによる（2節参照）。この点を踏まえて「尊敬」の派生と①〜④を説明することは、やはり困難であると思われる。

4.2 「自発→尊敬」説の検証

次に、通説と言ってよい「自発」起源説について検証する。「自発」起源説には、「る・らる」のすべての用法に共通する中心的な意味の「自発」(ここでは「自発的意味」と呼ぶ) から派生したと想定する立場 (イ) と、「可能」「受身」と並ぶ個別的意味の「自発」から派生したと想定する立場 (ロ) がある。どちらの立場か曖昧な場合もあるが、分けて考えなければならない (川村大 2012: 233)。図示すると、次のようになる。

橋本進吉 (1969: 284) は (イ) の立場で、「る・らる」の根源的意味を「自ずからさうなる意味」として、「尊敬」は、「我国では、人の動作をその人がするとして直接に云ひあらはさず、間接に自然の状態として云ひあらはすのが鄭重であるとせられている」ところから発生したとする。また、時枝誠記 (1941: 464) も同様で、「る・らる」を「自然的実現」を概念内容に持つ語とした上で、「尊敬」は動作が自然に実現するという表現によって婉曲になり、「婉曲であるといふことが敬語的表現になる所以である」と述べている。(ロ) の立場では、次のように説明される。

> 可能・受身の用法は、〈略〉その用法がかなりせまいのであり、また、ふつう、敬語表現が、間接的、婉曲的表現をふまえて発達することを考えると、おそらくは、自発の用法から、敬語の用法が生まれたものであろう。貴人の行為をあからさまに言い表わさず、しぜんそうなるという気持ちで、遠回しに言い表わそうとしたところに由来すると考えるわけである。(森野宗明 1964)[6]

結局、(イ)(ロ) どちらの立場の場合でも、動作を自然に実現したものとして婉曲的に表現することによって「尊敬」が発生したと説明することになる。

「自発」起源説は、しばしば日本人の思考法に結び付けて説かれ（大野晋1987）、感覚的に納得できるところがある。また、「自発」の主体から「尊敬」の主体へ読み替えるに際して、行為の主体に変更はないため、格の転換を考えなくてよい点は問題がない。ただし、個別の用法としての「自発」から派生したと考える（ロ）の立場に立つ場合、「自発」の主体は一人称が多いのに対して、「尊敬」の主体は非一人称であることの説明が必要となる。さらに「自発」は心情を表す動詞に偏るのに対して「尊敬」はそうではないことの説明も必要となる。この2点を説明することは困難である。一方、中心的な「自然にそうなる」意からの派生と考える（イ）の立場に立つ場合は、上の2点は問題ではなくなるが、やはり①～④を説明することは難しいだろう。「自然にそうなる」という抽象的な意味を適用して婉曲に表現する場合、使用する動詞と位相に偏りが生じるとは考えにくい。いわゆる「一般尊敬」の「静的な動詞」、いわゆる「公尊敬」の「政治的な動詞」という動詞の偏りがなぜ生じたのか、和文系の資料にはなぜ使われにくいのか、説明するのは困難である。

4.3 「受身→尊敬」説の検証

「受身」起源説は古く松下大三郎（1928:373）などに見られるが、①～④の他に、ニ格補語とガ格主語の交替という格の転換がなぜ起きたのか説明が必要であるが、その説明をした研究はほとんどない。そのなかで、辛島美絵（2003）は、古文書を中心とした詳細な調査に基づいて立論し、「尊敬」を「実用的対話性」の場において希求表現とともに用いられた「受身」から転じたとする。例えば、次のような例を挙げる。

(16) 望請府裁、一々<u>被</u>裁下。　　　（長徳4.11.5、平安遺文、375号）

そして、「「望請フ府裁ヲ、一々裁下セラレン」は、尊敬と見て「大宰府の裁を望みます。大宰府は、一々、裁下なさるべきです。」とも、受身と見て「大宰府の裁を望みます。一々、裁下されたいのです。」ともとれるが、いずれも行為者は宛所の大宰府衙である」（42頁）と述べている。すなわち、「私が相手にされることを望む」意を表すところから、される行為を「相手がす

る」という相手の行為に読み替えて「尊敬」が成立したとするのである。そして、このような派生の場を想定することで、男性の会話文に多いという位相の偏りと動詞の偏りを説明している。後者については、「上位者の行為を蒙る場合に、任免、賞罰、命令等に関係する政治的な色彩を帯びた動詞が多く使われるのは当然だからである」(56頁)と述べ、いわゆる「公尊敬」の動詞の偏りを説明する。また、いわゆる「一般尊敬」の敬意の低さについても、「もとが受身表現であった—すなわち、話者が行為者から直接に行為を受けうる程の近い関係にあった—とすれば理解しやすくなるはずである」(56頁)と述べている。このように、「尊敬」の発生過程に関して①～④の問題に対して正面から論じた画期的な研究であると言える。

ただし、いわゆる「公尊敬」といわゆる「一般尊敬」に言及しているものの、それぞれ「受身」から派生したと捉えているようで、その場合の両者の関係がどのようなものかについては明確ではない。

今はその問題を置くとしても、辛島氏が「ほとんどが、個人ではなく、太政官、大宰府、国衙等の朝廷の機関や寺院などの行為に使用していることに注意しておきたい」(43頁)と述べているように、いわゆる「公尊敬」を「尊敬」の典型と見ている点は興味深い。そして、「尊敬」のはやい例として示された「九世紀の確実な尊敬用法」14例(「尊敬」の可能性の高い例3例を含む)を見ると、次の(17)「下す」や(18)「安置す」のように、主語の表す主体(「官」「先師和尚」)の直接的な行為とは言えないいわゆる「公尊敬」の例がほとんどで、直接的な行為を表したいわゆる「一般尊敬」と見得る例は(19)くらいである(同じ表現が2例ある)。

(17)　官即被下省符。　　　　　　　　　　　　　(平安遺文、75号)
(18)　抑当社神体者、毘首羯磨之彫刻、青龍相伝之形像也。先師和尚、大同元年帰朝之日、奉納三衣箱底、被安置当寺者也。
　　　　　　　　　　　　　　　　　　　　　　　(平安遺文、61号)
(19)　義真法師、後左右之事、相労仕奉、如最澄法師命、義真法師被弘。
　　　　　　　　　　　　　　　　　　　　　　　(平安遺文、4435号)

しかし、(19)も、義真法師の直接的な行為というよりも「弘む」行為の

責任者と見るのがよいのかもしれない（第10章参照）。そのように捉えると、9世紀にはいわゆる「公尊敬」しかないことになる。いわゆる「公尊敬」を「尊敬」と見ることの問題は、第11章で論じて「主催」を設定したが、辛島氏の示す「尊敬」のほとんどは「主催」と捉え直すことができる。さらに、辛島氏の示す9世紀の実態は、「主催」から「尊敬」への派生という本章の想定と矛盾しない実態でもある。このように「受身」とは異なる「主催」が最初からあったと捉えることによって、格の転換を伴う「受身」からの派生や希求表現と共起した実用的な対話の場を想定せずに用例を処理することができる。辛島氏の示した9世紀の例は、上の (17)〜(19) のように、必ずしも希求表現と共起した例ではない。場の制約がなく使用できる用法であったと考えたほうが、古文書・古記録・和文で使用された「主催」を、主語の表す主体の直接的な行為ではないという共通点で把握することができるのである。

　なお、大坪併治 (1998:970) では漢文訓読文の「見」を「る・らる」と訓読した例に「尊敬」の例が見られることを指摘し、「受身」から「尊敬」が派生したことを論じている。これは、漢語の「見」の用法に「受身」から派生した「相手の行為が話者に向かっていることを表している」（西田太一郎 1980:228）用法があり、それを「る・らる」で訓読した箇所を「尊敬」と認めたことによる。日本語の「受身」に相当しない箇所に現れた「見」に「る・らる」をあてたことによって「尊敬」が発生したという翻訳を媒介にした派生の可能性はあるが、相手から話者への方向性がある用法だとすると、特殊な「受身」と捉えられていた可能性も残る[7]。仮に「尊敬」と捉えていたとしても、「大徳、何が故ゾ見レヌル(レ)打セ。」（石山寺本四分律平安初期点、巻39、15・11、大坪の挙例（七）で「ナゼ私ヲ打タレタノカ」と訳している例）の「打」のような「動的な動詞」の例もあり、和文・古記録での使用状況とは異なっているので、日本語にどのように広がっていったのか説明するのは難しいだろう。また、例えば、(15) では「しむ」ではなく「す・さす」とともに用いているように、和文での使用例が漢文訓読調であると言えそうにないのも問題である。

4.4 「出来文」説の検証

　川村大（2012）は、いずれかの用法から派生したのではなく、「る・らる」を、主語を場として事態全体が生起するという事態把握の仕方をする形式と捉える尾上圭介（1998a・b、1999）の「出来文」説の立場から「尊敬」となる仕組みを論じている。「る・らる」を用いることで、「動作主体の意志的行為であることの即物性・具体性（「ナマナマしさ」）を消すことになり、そういう意味でその人物の動作主性を消去することが行為の高貴さを表現する」(269頁)ことから「尊敬」の意を表すとする。「る・らる」の多義性を論じることに主旨があるため、「尊敬」については重く扱われていないこともあるが、「尊敬」の用法の偏りを踏まえた記述にはなっていない。いわゆる「公尊敬」については「尊敬用法の特殊な一角」(211頁)にあるとして、簡単に触れられているだけなので典型とは見ていないことはわかるが、いわゆる「一般尊敬」とどのような関係にあるのか明らかではない。また、位相の偏りや動詞の制約がなぜあるのかについても論じられることはないが、「出来文」説では説明するのが難しいと思われる。

　ただし、「出来文」説は「〔ラレル〕形述語の諸用法を単一のスキーマの適用として理解することは、〔ラレル〕形の各用法が歴史的に時間差をもって成立・展開してきたこと（例えば、尊敬用法が平安時代に成立したことなど）を否定するものではない。ただ、ある用法が（日本語史のある時点で）成立し得るような可能性を、〔ラレル〕形は潜在的に有している、と考えている」(274頁)とのことなので、汎時論的で抽象度が高く、本章で論じるような史的展開とは関心が異なるものと言える。

5　おわりに

　本章で述べたことをまとめると次のようになる。
1. 「一般尊敬」「公尊敬」と言われる2種の用法は、主語の表す主体の直接的な行為である「尊敬」と他者を通した行為である「主催」とに再規定できる。

2 「尊敬」は行為主体を上位待遇する尊敬語であるが、「主催」は尊敬語ではない。
3 「尊敬」は「主催」から派生した。
4 「主催」は他者を通した行事や政治に関する事務的な行為に用いられたので、変体漢文資料を中心に政治に関する動詞に偏って用いられた。「尊敬」は中古では「主催」の表現性を保持し、使用する場面・動詞に制約があった。
5 「る・らる」は「非意志的実現」を表す形式であり、実現の仕方には、a「主体の行為として事態が実現する場合」(自発・可能) と、b「主体の行為としてではなく事態が実現する場合」(受身・主催) とがある。
6 「意志的実現」を表す「尊敬」「可能(意志的)」はそれぞれ「主催」「可能(非意志的)」から派生したものである。
7 「主催」が上代に見られないのは資料的な制約があるためである。
8 「尊敬」の発生過程を説明するに際して、「自発・可能・受身・尊敬」の4用法に共通する意味があると考えたり、個別の「自発」「可能」「受身」からの派生と考えたりすると、「尊敬」の2種の用法と待遇価値の差、動詞の偏り、位相差について説明に窮するところがある。

以上のように、本章では、「自発」「可能」「受身」と並ぶ「主催」を設定することで、従来の「尊敬」の2種の用法が抱える問題を解消することを目指した。

注
1) 今井亨 (2017) に現在の分類になるまでの用語の変遷がまとめられている。
2) 「非情の受身」のすべてが無生物が引き起こした例というわけではない。例えば、(3) の「屏風、端の方おしたたまれたる」の「おしたたむ」は人物の行為と考えられる。「非情の受身」の用法については、金水敏 (1991)、川村大 (2012)、岡部嘉幸 (2018) に詳しい。
3) 正確に言えば、「受身」は、「主語の表す主体の関与がなく、主体以外の何かが事態を実現する意を表す」という言い方になる。
4) 細江逸記 (1928) は、「る (ゆ)」語尾を印欧古語に見られる中相 (Middle

Voice）と同様の形式とし、中相が「受身」とともに「使役」を表し得ることを述べている。「る・らる」に「使役」と類似した「主催」があると考える本章にとって、興味深い指摘である。
5) 図は派生関係を示したものであり、中世にも「自発」「受身」「主催」はある（ただし「主催」はやがて「尊敬」に吸収される（第11章参照））。
6) 森野宗明（1971：134）では、「「被」と密着して記録体で発達したこと、和文系の作品では「仰せらる」がとび抜けて目立つところ」から、「受身」からの派生という立場をとり、相手の行為を受ける「受身」の形を取ることで相手の行為を婉曲的に表現して「尊敬」が派生したと捉えている。
7) 『漢語大詞典』では「見」に「用在動詞前面、称代自己」として「自己」の用法を認めている。漢語の「見」の捉え方については、「尊敬」と見る説もあるなど諸説あることが瀬間正之（2015）に示されている。

第13章 「主催」から「尊敬」へ
―「仰せらる」と「くださる」―

1 はじめに

　第11章と第12章では、従来の尊敬用法に分類されていた用法を「主催」と「尊敬」の2種に分け、動作主体を上位待遇する「尊敬」は、主催者が他者を介在する行為を表す「主催」から派生したことを述べた。
　「主催」から「尊敬」への派生は、両者に共通する発話動詞の「仰せらる」に着目し、主語が「主催者」から「行為者」へと読み替えられたことによって生じたと考えた。
　本章では、「仰せらる」と、同じく「主催」から「尊敬」へ派生したと考えられる授受動詞の「くださる」の二つをとりあげ、その用法の変化を観察する。

2 「仰せらる」

2.1 「仰せらる」の2種
　第11章では、「仰せらる」を用いて、「主催」から「尊敬」への派生を次の（1）〜（3）を示して想定した。
　（1）　使朝忠朝臣有被仰之事、　　　　　　　　（貞信公記、天慶 2.10.2）
　（2）　中宮被仰内親王付可給近江国五十戸之状、　（貞信公記、天暦 9.7.14）
　（3）　（光源氏）「すべてにぎははしきに寄るべきなんなり」とて笑ひたまふを、「こと人の言はむやうに心得ず仰せらる」と、中将憎む。
　　　　　　　　　　　　　　　　　　　　　　　（源氏物語・帚木、40頁）
　まず、（1）は、使者である朝忠朝臣が明示され、主語の表す主体の直接的な行為ではないことが明瞭な「主催」の例である。（2）は、「中宮」が主

語として明示されているが、主語の直接的な行為か介在者の行為か不明瞭な例で、「主催」とも「尊敬」とも言える例である。こうした例が橋渡しとなって、(3)のような主語の表す主体の光源氏の直接的な行為に用いられた「尊敬」の例が現れるようになったと想定した。このように、「仰せらる」には、介在者がいて伝達される場合と、主語の表す主体が直接行為する場合とがあることを述べたが、それ以上のことを述べていないので、本章では、少し詳しく「仰せらる」の用法を観察していく。

2.2 「のたまはす」から「仰せらる」へ

上の(3)のような例が「尊敬」の例として、「言ふ」の尊敬語と認められるものであるが、中古では用例は多くない。中古の「言ふ」の尊敬語は「のたまはす」「のたまふ」で、「仰せらる」が「言ふ」の尊敬語として定着するのは、中世になってからである（穐田定樹 1976：285）。改めてこの点を確認するために、『日本語歴史コーパス（平安時代編・鎌倉時代編）』（国立国語研究所 2017）で、「仰せらる」と「のたまはす」「のたまふ」の使用例を見ると、次頁の〔表1〕のようになる（土左日記、方丈記、海道記、東関紀行には例がなかった）。また、延慶本平家物語と覚一本（高野本）平家物語は、それぞれの索引の数値を挙げた（複合動詞の例は含まない）。

「仰せらる」の項には「主催」の例も含まれるが、単純に使用数を見ると、枕草子が例外となるものの、「のたまはす」から「仰せらる」への移行を読み取ることはできるだろう。中古の「仰せらる」は、「のたまはす」に取って代わる前段階にあると言えるが、従来、「のたまはす」「のたまふ」のように、単に「言ふ」の意味を担っているだけではなかったと考えられている。中古の「仰す」は単独で使用した場合、尊敬語ではなく、「命じる」意を表す通常語であり、また、「たまふ」を後接した「仰せたまふ」は「お命じになる」意を表している（森昇一 1992：62）。

(4) 人は少なくて、さぶらふ限りみな寝たり。この院の預かりの子、むつましく使ひたまふ若き男、また上童一人、例の随身ばかりぞありける。召せば、御答へして起きたれば、「紙燭さして参れ。随身も

第13章 「主催」から「尊敬」へ

〔表1〕「仰せらる・のたまはす・のたまふ」の用例数

	仰せらる	のたまはす	のたまふ
竹取物語	2	4	56
古今和歌集	9		
伊勢物語			3
大和物語	2	7	29
平中物語			8
蜻蛉日記	2	12	38
落窪物語	5	10	400
枕草子	78	36	85
源氏物語	28	176	1204
和泉式部日記		56	25
紫式部日記		10	6
堤中納言物語	5	4	54
更級日記	4		3
大鏡	105	24	53
讃岐典侍日記	76		4
今昔物語集（巻11以降）	65		355
宇治拾遺物語	46	1	93
十訓抄	61	4	30
徒然草	25	2	7
建礼門院右京大夫集			1
十六夜日記			1
とはずがたり	71		1
延慶本平家物語	123		541
覚一本平家物語	51		343

　　弦打して、絶えず声づくれ、と仰せよ。人離れたるところに心とけ
　　て寝ぬるものか。惟光の朝臣の来たりつらむは」と、問はせたまへ
　　ば、　　　　　　　　　　　　　　　　　（源氏物語・夕顔、123頁）
（5）とかくのたまひ定めて、御庄の人ども召して、このほどのことども、

230　Ⅳ　尊敬表現

　　　　阿闍梨の言はむままにすべきよしなど仰せたまふ。
　　　　　　　　　　　　　　　　　　　　（源氏物語・宿木、1760頁）

「仰せらる」も「命じる」意に通じる例が多く、（3）のような「命じる」意がない例についても、上位者から下位者にという関係規定性があり、中世まで、このような表現性が保持されていることが指摘されている（穐田定樹1976：285）。この点で、中古の「仰せらる」は「のたまはす」相当の尊敬語とは言いにくく、「尊敬」の「仰せらる」が現れると言っても、中世の例とは分けて考える必要がある。

　穐田定樹（1976：286）は、栄花物語、大鏡に受け手が誰であるかという意識が薄れた例が現れるとして、次の（6）（7）を挙げている。

（6）　堀河の女御、松風の音を聞こしめして、「松風は色や緑に吹きつらむもの思ふ人の身にぞしみける」と仰せられけり。
　　　　　　　　　　　　　　　　　　　　（栄花物語、巻14、427頁）

（7）　（村上帝）「故宮の、いみじうめざましく、やすからぬものに思したりしかば、思ひ出づるに、いとほしく、悔しきなり」とぞ仰せられける。
　　　　　　　　　　　　　　　　　　　　（大鏡、119頁）

さらに、相互の同一の行為に用いた例として、延慶本平家物語で源二位（頼朝）と中納言律師忠快に用いた（8）の例を指摘している。

（8）　源二位、イカケシ給テ、急ギ対面有テ、「抑御房ハ何ノ法ヲカ学セサセ給テ候。本尊ヲバ何ヲ崇メマヒラセラレ候哉ラン」ト被仰ケレバ、（忠快）「……」ト被申ケレバ、（源二位）「……。只有ノマヽニ仰候ヘ」ト被仰ケレバ、（忠快）「……」ト被仰ケレバ、
　　　　　　　　　　　　　　　　　　　　（延慶本平家物語、6末13オ）

「対面有テ」とあるので、直接的な行為であることも示され、本章の観点からも「尊敬」の例であると言える。このように、「仰せらる」が中古の「のたまはす」に相当する敬語として用いられるようになるのは中世になってからである。第10章で、いわゆる「一般尊敬」（本書のタイプA＝「尊敬」）の用法が拡張し、動詞の制限がなく用いられるようになることを示し、「尊敬」の萌芽期から確立期への推移を見た。その際、「仰せらる」を考察対象から

除いたが、中古の「主催」の色合いの濃い「尊敬」の段階から、中世の「尊敬」へと捉えられる点で、並行した現象として捉えることができるのである。

2.3 「仰せらる」の捉え方

　一般に、「仰せらる」は、森昇一（1992）が「受命者の立場から下命する立場を表現するのに変る」（105 頁）と述べているように、「仰す」に「受身」が後接したものから「尊敬」に転じたと考えられている（今泉忠義 1931）。次の（9）は、森昇一（1992：98）が挙げる「受身」の例である。尊敬語と丁寧語は承接しないため、「はべり」の後接した（9）は「尊敬」とは捉えられない。また、（10）は受け手が明示された「尊敬」の例として挙げている。

（9）　「いと不便なりけることかな。さらに、御堂の間なむ、かねて仰せられはべりしかば、とりおきてはべる。　　　　（落窪物語、173 頁）

（10）　田村の御時に、女房のさぶらひにて御屏風の絵御覧じけるに、「……。これを題にて歌よめ」と、さぶらふ人におほせられければよめる

（古今和歌集、930 詞）

このように、「受身」と「尊敬」の例を示すことで、「受身」から「尊敬」への流れを想定するのである。ただし、「仰せらる」に「はべり」が後接した例は、『日本語歴史コーパス』では、当該例のみであり、善本のない落窪物語の本文に問題があるかもしれない。その他に「受身」としか捉えられない例はないようで、「受身」から「尊敬」へという変化は、あくまでも想定に留まり、実例によって示すことはできないものと思われる。

　上のように「受身」を起源とすることが一般的ななかで、根来司（1969：15）は、まったく異なる視点から、「仰せらる」について論じている。源氏物語では、発話文と地の文では異なる用法であるとして、発話文の例として（11）を挙げる。

（11）　（惟光→光源氏）「仰せられし後なむ、隣のこと知りてはべる者呼びて、問はせはべりしかど、はかばかしくも申しはべらず。

（源氏物語・夕顔、106 頁）

この例を「上位者から仰せを受けてそれに応えまた応えるべく他に伝達した」例と捉え、「仰せを受けた下位者話手が自然そうしないではいられない呼吸が感じられる」として、「らる」を「自発」と捉える。一方、地の文では、

(12) （光源氏ハ）繕ふべきところ、所の預かり、いま加へたる家司などに<u>仰せらる</u>。　　　　　　　　　　　（源氏物語・松風、589頁）

のように、「お命じになる」意で、敬語動詞となっていることを述べている。このように「らる」を「自発」と「尊敬」の2種に分けて捉えている。

そのうえで、「仰せらる」が多く用いられている枕草子の日記的章段に用いられた例を分析し、「会話にせよ地の文にせよすべて源氏物語の会話に見えた「仰せらる」と同じ仰せを受けた作中人物がそれに応えまたそれに応えるべく他に伝達するものばかりであるが、枕草子のばあいはそれがおおかた清少納言であるから彼女が<u>上位者帝や中宮の仰せを受けてそれに応えまた応えるべく他に伝達する</u>というふうに用いている」(23頁)と述べて、次の例を挙げている。

(13) 五月ばかり、月もなういと暗きに、「女房や候ひたまふ」と、声々して言へば、（中宮）「出でて見よ。例ならず言ふは誰ぞとよ」と<u>仰せらるれば</u>、（清少納言）「こは、誰そ。いとおどろおどろしうきはやかなるは」と言ふ。　　　　　　　　（枕草子、247頁）

この例は、中宮の発話を受け、清少納言が中宮の発話内容の通りに伝達している例である。このようなところから、「枕草子で「仰せらる」が現れると清少納言のいわば仰せ言伝達的な姿勢が読み取れるのであるが、これが彼女の女房という一種の職業婦人の、仰せを伝達するという職掌と深いかかわりがあることはいなめまい」(25頁)としている。

この指摘のように「らる」を「自発」とした場合、「伝えずにはいられない」という、望みがないのに非意志的に「仰す」行為をしてしまう意を表していると捉えることになり、最初に「仰す」行為をした中宮の行為としてはもちろん、伝達を行なう清少納言の行為としても不自然であり、通常の意味で「自発」と解するのは無理である。

2.4 「主催」から「尊敬」へ

　上のように、「尊敬」の「仰せらる」の「らる」の起源を「受身」「自発」に求めて変化を描こうとしても限界があるので、本章では観点を変えて、「主催」と「尊敬」に分けた基準（主語の表す主体の直接的な行為か否か）に加えて、「仰せらる」が「命じる」意か「言う」意かという観点によって観察する。この二つの観点を組み合わせると、〔表2〕のようにⅠ～Ⅳの4通りの組み合わせになる。

〔表2〕「仰せらる」の分類

介在者	意味		用法
	命じる	言う	
有	Ⅰ	Ⅱ	主催
無	Ⅲ	Ⅳ	尊敬

　まず、Ⅰに該当する例として、根来司（1969）が「尊敬」とした（12）が挙げられる。光源氏が直接命令したのではなく、介在者を通した命令と解するのが適当であり、典型的な「主催」の例である。同様に、（10）も帝が直接「さぶらふ人（＝女房）」に命じたというよりも、介在者を通して伝達された命令だと考えられ、「主催」の例と捉えられる。（9）は介在者を通した行為とも言えるが、「はべり」を後接している点で、Ⅰの「主催」としても異例である。この例は「命じられましたので」という「受身」の例であっても構わない。

　次に、Ⅱに該当する例として、（14）がある。

(14)　（中宮ガ）「……」など語り出でさせたまふを、上も聞こしめし、めでさせたまふ。「われは三巻四巻だに、え果てじ」と仰せらる。

　　　　　　　　　　　　　　　　　　　　　　　（枕草子、56頁）

　この例は、帝が感想を述べた発話で、「言う」意を表している。「命じる」意から「言う」意への語義変化が生じている例で、「尊敬」とも言えそうな例である。ここで注目されるのが、亀田定樹（1976：289）が枕草子の用法について、「帝に対しては「仰せらる」を専用し、中宮に対しては、「宣はす」

と「仰せらる」とを交用」することを指摘している点である。帝に対して「仰せらる」だけを用いるのは、清少納言にとって、帝のことばは介在者を通して聞くものだからだろう。このように、Ⅱは、通常「言う」意を表す「尊敬」に分類されるが、介在者を通した行為という点で「主催」だと言えるのである。「命じる」意から「言う」意への語義変化だけに注目していては、用法の変化を見落としてしまうことに留意する必要がある。

　一方、中宮に対しては、「のたまはす」と「仰せらる」を同じように用いた例がある。

(15)　おはします所に分け参るほどに、(中宮ガ) 立ち出でさせたまひて、「(斉信ノ発言ハ) めでたしな。いみじう今日の料に言ひたりけることにこそあれ」と<u>のたまはすれ</u>ば、(清少納言)「それ啓しにとて、物見さして参りはべりつるなり。なほいとめでたくこそおぼえはべりけれ」と啓すれば、(中宮)「まいてさおぼゆらむかし」と<u>仰せらる</u>。
　　　　　　　　　　　　　　　　　　　　　　(枕草子、243頁)

この「仰せらる」は、「命じる」意ではなく「言う」意を表し、中宮の発話は聞き手である清少納言に向けてのものであり、介在者はいないと判断されるので、Ⅳの「尊敬」の例ということになる。このような「仰せらる」には、「のたまはす」との差異はほとんど感じられない。

　最後に残ったⅢであるが、該当する例を指摘するのは難しい。一見、(13)は、中宮から清少納言に対して直接命令したⅢの例のように見える。ところが、先に見たように、根来司 (1969:15) が清少納言の「仰せ言伝達的な姿勢」を指摘した点は極めて重要な指摘ではないかと思われる。すなわち、枕草子において、清少納言自身が中宮のことばを伝える介在者（伝達者）の立場にあるという点である。根来司 (1969) が指摘した特徴を本章の立場から捉え直すと、上位者の命令やことばが介在者を通したものであることを示すために「らる」を用いたこと (=「主催」という用法を持っていたこと) に起因するものと考えられる。他の資料に比べて枕草子の用例数が多い理由は、中宮の発話を伝える場面が多いということに求められそうである。

　したがって、(13) のように、中宮のことばの介在者の立場から使用した

例は、Ⅰと見る余地がある。同様に、(11) も惟光が光源氏から直接命令を受けていたとしても、介在者の立場にあると見得る例である。

このように、Ⅲの例を指摘するのは難しいため、本章では、Ⅰの介在者を通した命令を表した「主催」が「仰せらる」の原用法であり、Ⅱの介在者を通した発話を過渡として、Ⅳの介在者のない発話の「尊敬」が成立したという流れを想定しておく。ただし、枕草子のⅣの例を、清少納言を介在者として中宮のことばを周知するためのものだと見た場合、ⅣではなくⅡの例ということになるが、仮にⅣの例がすべてⅡの例だったとしても、「主催」の色合いの濃い例が多いということになり、本章の想定と矛盾するものではない。

2.5 まとめ

本章では、「仰せらる」について、主語の表す主体が命じる側か命じられる側かという点に着目するのではなく、「仰す」行為が主語の表す主体の直接的な行為か否かという点と「仰せらる」が「命じる」意か「言う」意かという点に着目して考察した。その結果、介在者のない主語の表す主体の直接的な行為を表す例の出現が「尊敬」の確例となることを述べた。「仰す」のような発話行為を、「主催」から「尊敬」への橋渡しとなった例として想定するのは、他の動詞では、例えば、

(16) 院の御ために、八講行はるべきこと、まづいそがせたまふ。

(源氏物語・明石、477頁)

の例では、主語の表す主体が明示されていないが、院の八講を「行ふ」行為は主催者の直接的な行為としてではなく、実際には介在者の僧による行為がないと成り立たない。直接的な行為か直接的でない行為かは明瞭である。しかし、発話行為は、主催者の行為とことばを伝える介在者の行為が一致するため、主催者の直接的な行為（＝行為者の行為）として読み替えが生じ得る。「主催」から「尊敬」へは、このようにして派生したものと考えられる。

中古の「仰せらる」は、「主催」から「尊敬」へ派生した最初期であり、直接的な行為である「尊敬」の例も、「主催」の表現性を保持していた可能性がある。

そのような目で冒頭の（3）をⅣではなくⅡの例として見ると、頭中将は光源氏をからかうために、自らが伝達者としての位置づけで「仰せらる」を用いたと見ることもできるだろう。介在者を要する発言内容は、公的な発言であり、仰々しいのである。「仰せらる」と発言した後の「憎む」について、新編日本古典文学全集の頭注に「憎まれ口をきく意。源氏にからかわれ、対抗的に出て戯談をいう」（60頁）とあることとも対応する。このように、「主催」の「る・らる」があることを念頭において解釈していくと、新たな解釈が生まれる可能性がある。第10章でタイプＡ（「尊敬」）とした例についても、介在者が想定できる行為であるかどうか、吟味する必要があるだろう。

中世は、「動的な動詞」に「る・らる」が後接して「尊敬」を表すようになるという「尊敬」の確立期にあたり、「主催」が「尊敬」に吸収されていく時期でもある。「仰せらる」が「のたまはす」に取って代わって「言ふ」の尊敬語として定着し得たのは、「主催」が衰退し、「尊敬」が確立していく時期であることが背景にあると考えられる。

3 「くださる」

3.1 中古の「くださる」

現代語の受益敬語「くださる」は、「〈上〉から〈下〉へ移行させる」意を表す四段動詞「くだす」に、いわゆる尊敬の「る」が加わってできた語と考えるのが一般的だろう。もともとは下二段活用だったものが、近世に四段活用に転じたことはよく知られている（坂梨隆三1975）。

源氏物語には「くだす」の例が4例見られるが、「る」と結びついた例はない。『日本語歴史コーパス』でも中古の和文には例がない。古文書には次のように多数の例が見られる。

(17)　官即被下省符。　　　　　　　　　　　　　（平安遺文、75号）
(18)　望請、天裁、被下宣旨、　　　　　　　　　（平安遺文、76号）

このように、文体的な偏りが見られる。院政期の今昔物語集には、22例見られる。

第13章　「主催」から「尊敬」へ　237

(19)　其ノ時ニ、天皇无限ク喜テ半国ヲ可知キ宣旨ヲ被下ヌ。
　　　　　　　　　　　　　　　　　　　　　　　（今昔物語集、5・3）
(20)　王此レヲ聞テ喜ビ給フ事无限クシテ、宣旨ヲ下シテ、「……」。亦、
　　　諸ノ寺ニ勅シテ、「……」ト被下ル。　　　　（今昔物語集、6・9）

　主語は「天皇」「王」と明示されているが、ともに直接的な行為とは言い難く、「主催」の例であると言える。(17)(18)も「主催」だろう。したがって、「くだす」に「尊敬」の「る」が後接したものではなく、「主催」を表す「る」が後接して、主語の表す主体の直接的な行為ではなく、介在者を通した事務的な行為であることを表すために「くださる」が用いられたと考えられる。

　注目されるのは、「くださる」対象となるのが、「省符」「宣旨」など政治関係の命令に関わるもの（以下〈命令〉と呼ぶ）であることである。現代語の「くださる」のように、具体的な品物を授与した例や、「～くださる」のように補助動詞として用いた例は見られない。形態は現代語と同じでも、まったく異なるものである。

3.2　中世の「くださる」

　〈命令〉ではなく、具体的な品物を授与した例は (21) がはやいものと思われる。

(21)　（頼朝）畠山ニ宣ケルハ、「誠陳申所条々、無謂アラズ。サラバ
　　　我日本国ヲ討平ゲムホドハ、一向先陣ヲ勤ベシ。但頼朝ガ旗ニ只同
　　　キガ、マガウ事ノ有ニ、汝ガ旗ニハ此革ヲスベシ」トテ、藍革一文
　　　ヲゾ被下ケル。　　　　　　　　（延慶本平家物語、2末83オ）
(22)　主上、御勘のあまりに、師子王といふ御剣をくだされけり。
　　　　　　　　　　　　　　　　　　　（覚一本平家物語、巻4、257頁）

　ただし、これも主語の表す主体から、直接授与された例なのかどうかは不明である。介在者を通した授受とも取れ、「主催」の色合いが強いと言える。
　また、中世には〈受け手〉が主語となった例が現れる点が注目される。

(23)　六条右大臣顕房公御娘ノ御腹ニ堀河院御誕生。同年十一月三日、親

王ノ宣旨ヲ被下タリケレドモ、太子ニハ立給ハズ。
（延慶本平家物語、2中81ウ）

(24) 女院御年十五ニテ内ヘ参リ給シカバ、ヤガテ女御ノ宣旨被下テ、十六ニテ后妃ノ位ニ備リ、君王ノ傍ニ候ハセ給テ、朝ニハ朝政ヲ勧奉リ、夜ハ夜ヲ専ニシ給フ。　（延慶本平家物語、6本62オ）

(25) 皇子親王ノ宣旨ヲ下サル。　（延慶本平家物語、2本38オ）

(26) 御室、哀におぼしめし、一首の御詠をあそばひてくだされけり。……〈歌〉……。経正、御硯くだされて、……〈歌〉……。
（覚一本平家物語、巻7、52頁）

(27) 義盛「さらばお旗をくだされて向かはうず」と申す。
（天草版平家物語、339-13）

(28) 「これは父修理の大夫幼少の時、鳥羽の院からくだされた小枝といふ笛でござる。」　（天草版平家物語、277-16）

(23)(24)は接続句の前後で主語が変化している（例えば、(23)は「〈帝が〉女御ノ宣旨被下テ、〈女御が〉十六ニテ后妃ノ位ニ備リ」）と見れば、「〈与え手〉ガ〈命令〉ヲくださる」の例になるが、(24)は主語の変化を想定できず、当該箇所の目録も「皇子親王ノ宣旨蒙給事」となっているので、主語が〈受け手〉である例は認めなければならないだろう。

(28)は「鳥羽の院から〈父に〉」と解すると〈与え手〉主語の例になるが、「〈父が〉鳥羽の院から」と解するのが自然であり、百二十句（斯道文庫）本平家物語の対応箇所を見ると、「鳥羽院ヨリ賜ラレシ小枝」（549頁）のように「たまはる」を用いている。

一般に、〈受け手〉主語の「くださる」は「くだす」に受身の「る」が付いたものとされ、これがやがて「いただく」意を表す謙譲語としての「くださる」になったと考えられている。例えば、『日本国語大辞典　第二版』「くだされる」の項では、「（「る・れる」が受身の意の場合）上位者から「下賜される」「与えられる」というところから、「もらう」の意の謙譲語となる。」とある。また、「くださる」の変遷を論じた、古川俊雄（1996）も、天草版平家物語の〈受け手〉主語の例について、「謙譲語の「下さるる」は、元々

は「下す」に受け身の助動詞「るる」が付いたものである。それが意味の変化を生じ、「下す」の受け身としての「与えられる」の意から「受ける」「貰ふ」の謙譲語である「いただく」の意を表すようになっている」と述べている。しかし、主語が〈与え手〉の場合と〈受け手〉の場合とで、「る」に異なる用法を想定するのは、主語を説明するための便宜でしかないだろう。また、「くだす＋受身」から「いただく」意への変化を客観的に示すこともできないものと思われる。したがって「くだす＋受身」を想定しないほうがよい。それでは、どのように考えればよいかと言うと、「〈与え手〉がくださる」から直接「〈受け手〉がくださる」が派生したと考えるほうがよいのではないだろうか。『角川古語大辞典』「くださる」の項に、「「与ふ」「くれる」(ママ)の尊敬語。上位者が下位者に物を与える。賜う。下位者の立場からすれば「もらふ」の謙譲語「賜る」の意にもなる」とあるのに通じる捉え方である。

ところで、「くださる」のこのような用法は、「たまはる」と並行的に考えられる。「たまはる」は〈受け手〉を主語として「いただく」意を表すが、中世から〈与え手〉を主語として用いた例も現れはじめる（小久保崇明1987）。例えば、延慶本の「たまはる」について、訓みの確定できない「給」「賜」の例は除き、訓みが確定できる例を調査すると、〈受け手〉主語の例が72例ある一方で、次に挙げるような〈与え手〉主語の例が4例見られる。

(29) 鳥羽禅定法皇叡感ニ堪サセ御座（サ）ズ、忠盛ニ但馬国ヲ給ル上、年三十七ニテ内昇殿ヲ聴サル。　　　　（延慶本平家物語、1本16ウ）
(30) 朝敵ヲ討ニ遣ス大将軍ニハ、節刀ト云御剣ヲ賜ル也。
　　　　　　　　　　　　　　　　　　（延慶本平家物語、2中119オ）

このように延慶本には、「たまはる」の主語が混乱した例が見られるのである。これは格関係よりも上位者から下位者へという授受の主客を表す側面が優勢になった結果、誤って主語が〈与え手〉の場合にも適用させてしまったのだと考えられる。〈与え手〉主語の「たまはる」について、菊地康人(1994)は、「おそらく初めは誤用として尊敬語用法が生じ、それが次第に力を得ていったのだろう」と述べている。「くださる」も同様に授受の主客を表す側面が優勢になり、主語が〈受け手〉の場合にも誤って適用させてしまったの

だろう。このようなことが起きたのは、「くだす+る」に分析されていたのではなく、一語として認識されていたからである。〈受け手〉主語の場合に謙譲語補助動詞を後接した例（「くだされたてまつる」の例）がないのも、一語の〈与え手〉を上位とする語として使用していたため必要がなかったと考えられるのである。

そして、その背景には、「尊敬」の「る・らる」の確立がある。それによって「たまはる」の「る」を「尊敬」と解釈したため、「たまふ」と混乱した例が現れ、「くださる」の場合は、「る」を「尊敬」と認識したのがこの時期で、現代語の「くださる」に通じる一語の尊敬語の動詞として用いられたと同時に、「たまはる」に見られるような〈与え手〉〈受け手〉の関係が混乱した例が現れたと想定することができる。

さらに、補助動詞として用いられるようになるのは、中世後期である。

(31)　此事ガ一定ナラバマヅ私ヲ生害サセラレテ下サレイ。
　　　　　　　　　　　　　　　　　　　　　　　（蒙求抄、四2オ）
(32)　九国の地へ着けてくだされい。　　　（天草版平家物語、74-22）

次のように、明らかに、介在者がなく品物の授受をした例も見られる。

(33)　「かほがいたふてたまらぬ、まつかゞミをくだされひ
　　　　　　　　　　　　　　　　　　（虎明本狂言・みめよし、下523頁）

しかし、まだ現代語とは異なり、例えば、『日葡辞書』には自分自身の飲食について言う意を載せている。虎明本狂言に見られる次のような例である。

(34)　（太郎冠者）「たゞはうたはれますまひ程に、酒をくだされてからう
　　　　たいまらせう」　　　　　　　（虎明本狂言・ねごゑ、上618頁）

これは〈受け手〉主語の例からの派生とも、〈与え手〉主語の例からの派生とも言える。前者なら飲食物を受け取る意から飲食する意へ移ったと説明されるし、後者なら上位者が与える意から与えた結果の行為に視点が移って飲食する意になったと説明される。

3.3　「くださる」の一般化へ

「仰せらる」の場合は、「仰せらる」の「らる」が「主催」から「尊敬」へ

と読み替えられ、「尊敬」の「る・らる」が確立した中世に、元からあった「のたまはす」に取って代わって「言ふ」の尊敬語の位置に付いたということを2節で見た。

「くださる」の場合は、「尊敬」の「る・らる」が確立した時期に、〈受け手〉主語の例が現れたことを根拠として、尊敬語化が生じていたと推定した。しかし、「与ふ」の尊敬語として一般的な用法にはなっていない。「与える」意の尊敬語としては、「たまふ」の勢力がいまだ強かったためであると考えられる。この「たまふ」から「くださる」へ交替する状況を簡単に観察する。

覚一本平家物語では、独立動詞の「くださる」が28例（〈受け手〉主語の例も含む）で補助動詞の例はないのに対して、「たまふ」は独立動詞が53例で、補助動詞は非常に多く用いられている。蒙求抄（古活字版）では、「くださる」20例であるのに対して、「たまふ」が10例というように、「くださる」の例のほうが多い。そのうち、補助動詞も「くださる」4例に対して「たまふ」3例というように、「くださる」の勢力が増していることが見てとれる。天草版平家物語では、「くださる」63例のうち補助動詞は4例であるのに対して、「たまふ」は独立動詞の例はなくなり、補助動詞が9例用いられている。

ロドリゲスの『日本大文典』は、「たぶ」について「書き言葉に使はれ、話し言葉では稀」（590頁）としており、『日葡辞書』の「たぶ」の項には、

(35)　Tabi, u. Dar pessoa alta abaixa. S.　　　　　　　　　(233ウ)

とあり、文書語としての記号「S.（＝Scriptura）」が付されているところから、「たぶ」が衰退していることがわかる。『日本文典』『日葡辞書』ともに独立動詞の「たまふ」の記述が見られないのは、「たぶ」よりも衰退がはやかったことを示しているのだろう（桜井光昭1971）。

『日葡辞書』の「くださる」の項には、

(36)　Cudasare, uru, eta. Dar pessoa alta abaixa.　　　　　(63ウ)

とあり、文書語の記号はなく、「たぶ」と同じ解説がなされている。古典平家と天草版平家物語を対照すると（古典平家と天草版平家物語の「くださる」を対照したものに、清瀬良一（1986、1987）がある）、

242 Ⅳ 尊敬表現

(37) a 勧賞には闕国を給ふべき由仰下されける。

(覚一本平家物語、巻1、6頁)

b 「その御返報にはどこなりとも空かうずる国をくだされうずる」
と仰せられた。 (天草版平家物語、4-10)

(38) a 「はやはやいとまをたふで出させおはしませ」

(覚一本平家物語、巻1、20頁)

b 「はやはや暇をくだされて出させられい」(天草版平家物語、96-24)

のように、「たまふ」「たぶ」から「くださる」への移行が推測される例も見られる。

　一方、補助動詞の「たまふ」「たぶ」は、覚一本平家物語の段階では生産性が高いが、『日本大文典』では補助動詞「たまふ」について「書き言葉に使はれるのが普通」(584頁)と記述されるに至る。天草版平家物語の補助動詞「くださる」を古典平家と対照させてみると、

(39) a 「矢抜テ給」 (百二十句〈斯道本〉平家物語、527-8)

b 「矢抜いてくだされい」 (天草版平家物語、265-12)

のように4例のうち3例が「たまふ」「たぶ」と対応している(残り1例は「おはします」と対応)。蒙求抄・天草版平家物語の段階で補助動詞の「たまふ」「たぶ」が少なくなり、「くださる」の補助動詞化した例が現れるのは、補助動詞の「たまふ」「たぶ」の領域にも「くださる」が進出していったことを示しているのだと考えられる。

4　おわりに

　本章では、「主催」から「尊敬」への変化が推定される「仰せらる」「くださる」をとりあげて、中古から中世への用法の推移を観察した。本章で述べたことをまとめると、次のようになる。

1　「仰せらる」には、「命じる」意から「言う」意への語義変化と、介在者を通した行為を表す「主催」から主語の表す主体の直接的な行為を表す「尊敬」への用法の変化がある。中古の「仰せらる」は「主催」の色

の濃い段階にある。
2　「仰せらる」の主語の表す主体は、「主催者」から「行為者」に読み替えられて「尊敬」が派生し、中世には「尊敬」を表す形式として、「のたまはす」に取って代わった。
3　「くださる」は、中古では「主催」の用法のみが見られる。中世前期に、「尊敬」が現れ、補助動詞用法は、中世後期に成立する。
4　「くださる」に〈受け手〉を主語とした例が現れるのは、尊敬語としての用法があることによると考えられる。
5　「くださる」が一般的な授受敬語になるには、「たまふ」が衰退した中世後期である。

両語形とも、中世に「る・らる」の「尊敬」用法が確立したことによって、用法の変化が生じたと推察されるのである。

V
断定表現

第14章　断定表現「にてあり」の成立
　　　―前接名詞に注目して―

1　はじめに

　現代語の「である」「だ」の起源にあたる「にてあり」が、当初は断定表現の形式ではなく、「～という状態（資格）でいる」意を表す存在表現の形式であったことを、佐伯梅友 (1956) が指摘している。そこでは、格助詞「にて」に状態・資格を表す用法があることを根拠として、次に挙げる「にてあり」の「にて」にも同じ用法を認めた。
（１）　昔見給へし女房の尼にて侍る東山の辺に移し奉らむ。
　　　　　　　　　　　　　　　　　　　　　　（源氏物語・夕顔、128 頁）
（２）　御むすめ、后にておはします。　　　　　（枕草子、88 段）
　一方、断定表現の例として、平家物語（流布本）から次の５例を挙げている。
（３）　其時の御摂禄は松殿にてぞましましける。　　（巻１、殿下の乗合）
（４）　言語道断の事どもにてぞ候ひける。　　　　　（巻１、鵺川合戦）
（５）　候の儀にては候はねども、入道殿の御著背長を被召サ候ふ上は……、
　　　　　　　　　　　　　　　　　　　　　　　　　（巻２、教訓）
（６）　其の儀では候はず、一向当家の御上とこそ承り候へ。
　　　　　　　　　　　　　　　　　　　　　　　　（巻２、西光が斬られ）
（７）　幸は只先世の生付でこそあんなれとて、　　　（巻１、妓王）
　佐伯梅友 (1956) の主張は大筋では認められるものの、何をもって断定表現と考えるのかが必ずしも明確ではなく、また、どのような過程を経て存在表現から断定表現へ移ったのかについては述べられていない。その後も、「にてあり」の断定表現化に触れた研究が見られるが（桜井光昭 1981・1982・1985、小川栄一 1986a・b、南里一郎 1995）、断定表現の認定基準を規定しないために、

断定表現化の時期を特定するに至らず、断定表現化の過程の説明にも成功していないように思われる。

そこで、本章では、前接名詞[1]に注目して、断定表現の認定基準を規定し、「にてあり」が断定表現になる時期とその過程について考察を試みる。

なお、本文中では、単に、「にてあり」「にあり」と称するが、敬語形（「にておはす」「にはべり」など）も含めて使うことにする。

2 断定表現の認定基準

はじめに、断定表現の認定基準を規定するために、「にてあり」を断定表現である「なり」「にあり」と比較してみる。

（8） 御をぢの済時の君、今は宰相にておはするぞ、
　　　　　　　　　　　　　　　　　　　　　　　（栄花物語、巻1、上63頁）
（9） （円融院ノ）御母方の祖父は、出雲守従五位下藤原経邦といひし人なり。　　　　　　　　　　　　　　　　　　　　（大鏡、50頁）
（10）「誰そ、誰そ」と、あまたたび問はれて、「朝成に侍り」といらふるに、　　　　　　　　　　　　　　　　　　　（大鏡、142頁）

まず、前接名詞の時間性に注目すると、（8）の「宰相」は、「今は」という語があるので、明らかに一時的な名称である。それに対して、（9）（10）は、祖父や自分の名前（に関する名詞）なので、恒常的な名称である。このように、前接名詞には、一時的な名称か恒常的な名称かの区別を認めることができる[2]。

次に、前接名詞の意味に注目すると、（8）の前接名詞は「宰相（トシテ）」という属性を表し、（9）（10）の前接名詞は、「藤原経邦といひし人（ソノモノ）」「朝成（ソノモノ）」という実体を表していると考えられる。一般に、名詞には属性を表す側面と実体を表す側面との二つの側面が見られる（田中敏生1983、野村剛史1993a・b、小柳智一2003等）。属性は、主体に属する性質であり、変化がありうる相対的なものと言える。実体は、名詞の指示する事物そのものであり、普通変化しない絶対的なものと言える。たとえば、「小説」

という名詞を「こんな小説は小説ではない」という風に使った場合、前者の「小説」は話題にとりあげた小説そのもの（つまり、実体を表す側面）を問題としており、後者の「小説」は小説と呼べるにふさわしい内容かどうか（つまり、属性を表す側面）を問題としている。このように、前接名詞には、どちらの側面が際立つかによって、属性を表すか実体を表すかの区別を認めることができる。

以上、「にてあり」と「なり」「にあり」との前接名詞の違いを見てきたが、その枠組みを整理すると〔表1〕のようになる。

〔表1〕前接名詞の分類

	属 性	実 体
一時的	I	×
恒常的	II	III

(8)の「にてあり」の前接名詞はIの「一時的・属性」に所属し、(9)(10)の「なり」「にあり」の前接名詞はIIIの「恒常的・実体」に所属する。なお、一見「一時的・実体」と解せそうな例（例えば(8)）は、Iの「一時的・属性」の中に含まれるので、「一時的・実体」を考慮に入れる必要はない。

「なり」「にあり」には、もちろん、次のように、I IIに所属する用法もある。

(11)　小野宮の大臣・中宮大夫など、いと恥づかしき上達部なり。

　　　　　　　　　　　　　　　　　　　（栄花物語、巻24、下181頁、Iの例）

(12)　弾正尹宮の、童におはしまししし時、　（大鏡、173頁、Iの例）

(13)　高名の、某と言ひし御馬、いみじかりし悪馬なり。

　　　　　　　　　　　　　　　　　　　（大鏡、221頁、IIの例）

(14)　この度の宮、女にぞおはしましける。

　　　　　　　　　　　　　　　　　　　（栄花物語、巻1、上44頁、IIの例）

(11)の「なり」の例は、「上達部」は身分を表すので、「一時的・属性」の例である。(12)の「にあり」の例は、「童」というのは幼少時代を表す名称なので、「一時的・属性」の例である。(13)の「なり」の例は、「いみじ

250　V　断定表現

かりし悪馬」という性質は恒常的なものと思われるが、性質を表していることからもわかるように、「恒常的・属性」の例である。(14)の「にあり」の例は、「女」であることは生涯変わらないが、男か女かが問題とされているので、「恒常的・属性」の例である。

　このように、「なり」「にあり」にはⅠⅡⅢに所属する前接名詞が見られる。一方、次節で詳しく見るように、中古の「にてあり」には、ⅠⅡに所属する前接名詞は見られるが、Ⅲに所属する前接名詞は見られない。

　そこで、本章では、前接名詞にⅠⅡⅢの用例があることを断定表現の認定基準とし、この認定基準を満たす用例が「にてあり」に現れた段階（Ⅲが現れた段階）をもって、「にてあり」が断定表現化を果たしたものと認めることにする。

3　中古の「にてあり」

　「にてあり」が文献に現れる10世紀初頭の和文資料から、12世紀初頭の今昔物語集[3]までを対象として検討していく。この範囲での「にてあり」は、ⅠⅡの用法に限られ、Ⅲに所属する例は見られない。以下、ⅠⅡの順に内実を見る。

　Ⅰの「一時的・属性」に所属する例が多いので、これが「にてあり」の原用法であると考えられる。「にてあり」が承ける前接名詞は、或る時点・期間だけの属性、あるいは、或る時点までや或る時点からの属性を表す語である。Ⅰの中を、a一時的様態、b官職・身分、c境遇・役割、の3類に分けて考察する。

〈Ⅰa〉一時的様態

(15)　深草の帝と申しける御時、良少将といふ人いみじき時にてありけり。
　　　　　　　　　　　　　　　　　　　　　（大和物語、168段、335頁）

(16)　（僧都）「（浮舟ハ）助けて京に率て奉りて後も、三月ばかりは亡き人にてなむものし給ひけるを、……」　　（源氏物語・夢浮橋、2057頁）

第 14 章　断定表現「にてあり」の成立　251

(17)　女二宮、むげに不覚に、限りにておはしましけるに、

(栄花物語、巻 8、上 256 頁)

(18)　僧モ憶病ニ暫ハ病付タル様ニテゾ有ケル。　(今昔物語集、29・40)

(19)　おほかた昔は、前頭の挙によりて、のちの頭は、なることにて侍りしなり。

(大鏡、140 頁)

(20)　「げにさぞおぼしめすべきことにてぞあなれど、……」

(讃岐典侍日記、455 頁)

(21)　此レヲ思フニ、然バ、生霊ト云ハ、只魂ノ入テ為ル事カト思ツルニ、早ウ現ニ我レモ思ユル事ニテ有ニコソ。　(今昔物語集、27・20)

ここには或る時点だけの属性を表している語（最も「状態」と捉えやすい語）が所属する。その属性でいる期間が比較的短い例が多い。例えば、(16) には「三月ばかりは」という副詞句があるので、明らかに「死人のような状態」でいることが一時的であるとわかる。桜井光昭（1982）は、(19)～(21) のような形式名詞「こと」を承ける例を「なり」に近い例とするが、他の名詞と同様に考えられる。

〈Ⅰb〉官職・身分

(22)　その頃大殿（道長）は左大臣にておはします。

(栄花物語、巻 12、上 361 頁)

(23)　まだまことの斎宮にておはせし折の事なり。

(栄花物語、巻 12、上 386 頁)

ここに所属する語は、或る期間の属性を表している語（いわゆる「資格」を表す語）である。例えば、(22) の「左大臣」は、生涯ずっと「左大臣」なのではなく、或る時期から或る時期までというように、一時的なものであることは明瞭だろう。

〈Ⅰc〉境遇・役割

(24)　本院の北の方の、まだ帥の大納言の妻にていますかりける、

(大和物語、124 段、295 頁)

252　V　断定表現

(25) 御けしきにはあらで、さぶらふ人たちなどの、「左の大殿がたの人、知るすぢにてあり」とて、　　　　　　　　　　（枕草子、143段）

(26) （中君）「大輔などが若くての頃、友だちにてありける人は、……」
　　　　　　　　　　　　　　　　　　　　（源氏物語・東屋、1822頁）

(27) 大殿（兼家）年頃やもめにておはしませば、
　　　　　　　　　　　　　　　　　　　　（栄花物語、巻3、上120頁）

(28) （道長）「昔より帝王の御領にてのみ候ふところの、今更に私の領になり侍らむは、便なきことなり。公ものにて候ふべきなり」
　　　　　　　　　　　　　　　　　　　　（大鏡、55頁、役割）

(29) 其ノ後ヨリナム、伴大納言ハ行疫流行神ニテ有ケリトハ人知ケル。
　　　　　　　　　　　　　　　　　　　　（今昔物語集、27・11）

ここに所属する語は、或る時点までや或る時点からの属性を表す語である。Ⅰbよりもその属性でいる期間が長いものが多い。例えば、(27)には「年頃」という語があるので、「やもめ」であることが数年続いていることを表しており、「やもめ」は一時的なものであることがわかる。

次に、Ⅱの「恒常的・属性」に所属する例を示す。前接名詞は、恒常的ではあるが、何らかの点で相対的であり、属性を表していると捉えられる語である。Ⅱの中を、a恒常的様態、b性別・家柄・運命、c認識変化後の様態、の3類に分けて考察する。

〈Ⅱa〉恒常的様態

(30) くまのの物語の絵にてあるを、「いとよくかきたる絵かな」とて御覧ず。　　　　　　　　　　　　　　　　　（源氏物語・蛍、819頁）

(31) 中尊は皆金色にて丈六にておはします。
　　　　　（栄花物語、巻29、下300頁、富岡本甲本乙本「にて」の部分「に」[4])

(32) 苦空無我の声にてありける讃歎の声にて、遣水の声さへ流れ合ひて、万にみのりを説くと聞こえなさる。　　（栄花物語、巻8、上256頁）

(33) 「(獅子としてある) 父ヲ殺サム、无限キ罪ナレドモ、我レ半国ノ王ト成テ、人ニテ有ル母ヲ養ハム」ト思テ、　　　（今昔物語集、5・2）

(34) 其ノ鯖荷タリケル杖、于今御堂ノ東ノ方ノ庭ニ有リ。其ノ長増ル事無ク、亦、不栄ズシテ、常ニ枯タル相ニテ有トナム語リ伝ヘタルトヤ。　　　　　　　　　　　　　　　（今昔物語集、12・7）
(35) 功徳度々キコシメスガマサルコトニテ侍ベキナリ。
　　　　　　　　　　　　　　　　　　　　（法華百座聞書抄、オ142）
(36) 然様ノ物ノ霊ナドハ夜ルナドコソ現ズル事ニテ有レ、真日中ニ音ヲ挙テ長メケム、実ニ可怖キ事也カシ。　（今昔物語集、27・28）

　これらは、恒常的ではあるが、他の並行的な事態を想定することが容易であり、その並行関係の中で対比・相対化されるために、属性として捉えられる。例えば、(30) は、この「くまのの物語」は恒常的に「絵」であるが、「絵」ではない（普通は「文」の）「くまのの物語」が想定されるために、「絵」を属性として捉えることができるのである。(33) は「獅子」との対比が明確なため、「人」を属性として捉えていることがわかる。(36) は「真日中ニ現ズル事」との対比が感じられ、他の事態が想定される。

〈Ⅱb〉性別・家柄・運命

(37) この度の御子は、又男にてなむおはしましける。
　　　　　　　　　　　　　　　　　　　　（源氏物語・若菜下、1212頁）
(38) 僧、童ニ云ケル様、「……。若シ、女ナドニテ御スルカ。……」
　　　　　　　　　　　　　　　　　　　　（今昔物語集、17・44）
(39) 一条院の一品宮、年頃いみじう道心深くおはしまして、御才などはいみじかりし御筋にておはしませばにや、一切経読ませ給ひ、
　　　　　　（栄花物語、巻21、下141頁、富岡本甲乙本「御すゑに」）
(40) 世の中にはいにしへ、ただいまの国王・大臣みな藤氏にてこそおはしますに、このきたのまんどころ（倫子）ぞ、源氏にて御さいはひきはめさせ給ひたる。……。又、高松殿のうへ（源高明ノ女）と申すも源氏にておはします。　　　　　　　　（大鏡、208頁）
(41) 今一人「うたて恐ろしきまでな聞こえさせ給ひそ。何事も御宿世にてこそあらめ。……」　（源氏物語・浮舟、1913頁、青表紙本6本

中 3 本、河内本 7 本中 5 本、別本 5 本中 4 本が「にて」の部分「に」)
(42) (后)「思ひかけず、(中納言トハ)さるべき契りにてこそあらめ。……」
とおぼしつづくれば、　　　　　　　　　　(浜松中納言物語、178頁)

これらの例も、他の人間との並行関係の中で対比・相対化されるために、属性を表していると捉えられる。性別を承ける場合((37)(38))は出生時や性別が不確かな時など属性が問題とされるところに使用されている。家柄(血筋)・運命((39)～(42))は、各人が持っている資格であると考えられる。(40)は「藤氏」と「源氏」とが対比されているので、属性を表していることがわかる。

〈Ⅱc〉認識変化後の様態

(43) されど念じて泣きあかして朝に見れば、蓑も何も涙のかかりたるところは、血の涙にてなむありける。　(大和物語、168段、337頁)
(44) (カクヤ姫ハ)翁を呼びとりて言ふやう、「まことに蓬莱の木かとこそ思ひつれ。かくあさましき空ごとにてありければ、はやとく返し給へ」　　　　　　　　　　　　　　　　　(竹取物語、40頁)
(45) (薫ハ浮舟ノコトヲ)委しく聞きあきらめ給ひて、さらば、まことにてもあらむかし、見ばや、と思ふ心出で来ぬ。
(源氏物語・宿木、1763頁)
(46) 「夢にこの猫の傍にきて、『……』と言ひて、いみじうなく様は、あてにをかしげなる人と見えて、うち驚きたれば、この猫の声にてありつるが、いみじくあはれなるなり」　(更級日記、495頁)
(47) 李広、我ガ母ヲ害セル虎ヲ射ツル事ヲ喜テ、寄テ見ルニ、射タル所ノ虎、既ニ虎ニ似タル岩ニテ有リ。　(今昔物語集、10・17)
(48) 尼、此ヲ聞クニ、夫ノ故祥蓮ガ音ニテ有リ。　(今昔物語集、17・31)
(49) 兄、奇異ト思テ髻取タル手ヲ捜レバ、吉ク枯テ曝ボヒタル人ノ手ニテ有リ。　(今昔物語集、27・22)

ここに所属する例は、「(X) として認識されていたものが、改めて (Y) として認識される」というように、知覚認識上の変化を境に、その前 (X)

と後（Y）とが対比・相対化されるために、属性を表していると捉えられる例である。事実上は恒常的でも、認識上は一時的なのである。例えば、(43)は、「普通の涙」として認識していたものが、「朝に見れば」、「血の涙」としてあったという認識上の変化が描かれており、変化の前（「普通の涙」）と後（「血の涙」）とが対比されるために、「血の涙」を属性として捉えることができるのである[5]。

　以上、今昔物語集までの「にてあり」の前接名詞は、Ⅰ「一時的・属性」かⅡ「恒常的・属性」かのどちらかに所属しており、まだ、Ⅲ「恒常的・実体」と認められる例は見られないことを確認した[6]。このことから、今昔物語集までの「にてあり」は、「〜という属性（状態・資格など）で存在する」意を表す存在表現であったと考えられる。

4　断定表現「にてあり」の成立

ところで、栄花物語正篇に次のような例がある。
(50)　内には皇后宮、年頃宮々の御母にておはします。
　　　　　　　　　　　　　　　　　　　　（栄花物語、巻10、上338頁）
この例は、一見、恒常的な名称を表したⅡかⅢの例のように思えるが、「年頃」という語が示すように、「母」は子が誕生した時点からの境遇と捉えられ、Ⅰcに所属する例なのである。

　ここで注意されるのが、今昔物語集までは、親族名称では、「祖父・父・母」などの「親系」の語には「にてあり」が用いられるが、「子・孫」などの「子系」の語には「にてあり」が用いられないことである。一方、「なり」「にあり」は、次のように、「親系」「子系」ともに承けることができる。

(51)　右大臣には蘇我山田石川麿、これは元明天皇の御祖父なり。
　　　　　　　　　　　　　　　　　　　　　　　　（大鏡、61頁）
(52)　（忠平ハ）朱雀院幷村上の御伯父におはします。　　（大鏡、82頁）
(53)　（入道）「……。故母御息所は、おのが叔父にものし給ひし按察大納
　　　言の女なり。……」
　　　　　　　　　　　　　　　　　　　　（源氏物語・須磨、430頁）

(54) 花山院もかの（伊尹ノ）御孫におはしますぞかし。

(栄花物語、巻3、上117頁)

上の関係をまとめると〔表2〕のようになる。

〔表2〕親系と子系の分布

	なり	にあり	にてあり
親　系	○	○	○
子　系	○	○	×

「親系」の語は子や孫が誕生した結果としてなる境遇を表し、その境遇になる前後が対比・相対化されるために、属性を表していると捉えやすい。つまり「親系」の語はⅠの表現である。それに対して、「子系」の語は生来的に不変の属性を表す一方で、不変であるために実体を表す側面も強く感じられる。つまり「子系」の語はⅡとⅢの中間に属するのである。「にてあり」が「親系」の語を承け、「子系」の語を承けにくいのは、属性を表す側面と密接な関係を持っていることを示していると言えるだろう。

稀に、「にてあり」が「子系」の語を承ける場合がある。その場合は、次のように、属性が問題とされる場合に限られている。

(55) （源氏→小君）「さりとも、吾子は我が子にてをあれよ。……」

(源氏物語・帚木、75頁)

(56) 「……。この中納言、前の世の子にて侍りき。……」

(浜松中納言物語、165頁)

(57) 我レハ、此ノ家ノ娘ニテ有リシガ、羊ニ成リテ有ル也。

(今昔物語集、9・18)

(58) 僧、此（＝童）ヲ見ルニ、極ク喜シク思テ、「定テ、此レ、下﨟ノ子ナドニテハ不有ジ」ト見ユレバ、　　(今昔物語集、17・44)

(59) （川原の院は）其ノ大臣（源融）失テ後ハ、其ノ子孫ニテ有リケル人ノ、宇陀ノ院ニ奉タリケル也。　　(今昔物語集、27・2)

(55)は実際の子ではなく、(56)(57)は前世の子なので、それぞれ一時的であり、境遇を表していると捉えられる。(58)は、どのような人の子かと

いう属性を問題とした例である。(59)は、同定表現ではなく、「子孫」という属性でいることが問題とされた例であると思われる。要するに、「～ハ～ノ子デアル」という実体を問題とした例はなく、臨時的・文脈的にⅠに準じて解釈される例しか見られないのである[7]。

したがって、今昔物語集までは、「にてあり」はまだ断定表現とはなっていなかったと考えられる。これは、前節の結論とも一致するものである。

それでは、「子系」の語を承けて、Ⅲと解釈される例はいつ頃から現れるのであろうか。注目される例として、永治2年（1142）の「散位源行真申詞記」（愚昧記、仁安3年（1168）11月巻の裏文書、『平安遺文』2467号）がある。

(60) 右、行真申云、殺害字新六郎友員之事、全不知給候、但自本敵人仁天波前奥陸判官郎等字源七郎道正古曽候倍、其故波友員止道正止波共兄弟之子仁弖候仁、友員加道正加母幷弟道澄等遠殺害仕畢、其後又道正波□母幷兄友房末高等遠殺害仕候畢、如此之間、日来モ敵人仁弖候比志也、然者件道正加所為仁哉候良牟、道正モ友員モ行真仁波甥仁弖候也、（以下略）

第2例目の直前に対比を表す「には」があり、属性を表しているとも解せるが、「道正・友員」が「行真」の実際の甥である点でこれまでの例と異なり、自分との関係を指示するという実態を表す側面が際立っていると考えられる。属性を表した例だとしても、極めてⅢに近いⅡであり、断定表現への萌芽が認められる。

さらに、大治年間（1126-31）から建仁年間（1201-4）の間の成立とされる古本説話集には、次のような例がある。

(61) （自分ガ本物ノ留志長者デアルト）帝に愁へ申せば、「母に問へ」と仰せらる。母に問へば、「もの人にたぶこそは、子にて候ふらめ」と申せば、するかたなし。　　　　　　　　　　　（古本説話集、56話）

この例は、母が自らの子を同定する例であり（ただし母が指した人物は実子ではなく帝釈が変じた留志長者）、実態を表したⅢの例である[8]。このように、12世紀中期から後期にかけて断定表現と認められる例が現れる。

5　固有名詞・代名詞を承けた例

確実にⅢと言える例に、次の例がある。

(62)　「何者ぞ。便なし。罷りのけ」とのたまふに、「閻王の御使ひ、<u>白髪丸にて侍る</u>」と云ひて、　　　　　　　　　　（発心集、巻7・5）

(63)　僧正、あやしと思ひて、問ひ給ひければ、蚊の声のやうなる声して、「<u>陽勝仙人にて候ふなり</u>。……」　　　　　　　　（宇治拾遺物語、8・7）

(64)　「<u>季綱にて候ふぞ</u>」と名のりたりければ、　　　（古今著聞集、573）

これらは、自分の正体を名のる文であり、前接名詞は固有名詞なので、属性よりも実体を表す側面の方が際だっており、Ⅲの確例と言える。また、宇治拾遺物語には、代名詞を承けた例が見られる。代名詞は、指示するものが何であるか（つまり実体）だけを示すので、名詞の種類の中で最も実体を表す側面を強く持つものである。次に挙げる2例が見られる。

(65)　（国守ノ御子ノ太郎君ガ）人四五人斗具したり。「これや夢ときの女のもと」と問へば、御供の侍、「<u>これにて候</u>」といひて来れば、
　　　　　　　　　　　　　　　　　　　　　　　（宇治拾遺物語、13・5）

(66)　（晴明）「これは君を呪咀し奉りて候物を、みちにうづみて候。御越あらましかば、あしく候べき。犬は通力のものにて、つげ申して候なり」と申せば、（御堂関白）「さて、それはいづくにかうづみたる。あらはせ」とのたまへば、「やすく候」と申、しばしうらなひて、「<u>ここにて候</u>」と申所を、掘らせてみ給ふに、　（宇治拾遺物語、14・10）

ただし、今昔物語集にも代名詞を承けた例が1例見られるが、上の宇治拾遺物語の例とは異なるものである。

(67)　然レバ家女、此ノ法師ニ向テ見ルニ、法師ノ着タル衣ノ袖口急ト見ユ。其レニ、我ガ夫ノ着テ行ニシ布衣ノ、袖ニ色革ヲ縫合タリケルニ似タリ。女思ヒモ不寄ネバ、然モ心モ不得デ有ルニ、家女尚此ノ袖口ノ極ク怪ク思エケレバ、然ル気無キ様ニテ見ルニ、只<u>其レニテ有リ</u>。　　　　　　　　　　（今昔物語集、29・9）

上の例は、「其レ」が或る事物を指し示しているのではなく、文脈指示で「夫の袖口」を表しているものである。また、「然ル気无キ様ニテ見ルニ」とあるので、2節で見た〈Ⅱc〉「認識変化後の様態」に所属する例であるので、「其レ」は属性を表していると見ることができる。したがって、宇治拾遺物語の例のように、実体を指示する例とは異なっていることがわかり、今昔物語集の段階では、まだ「にてあり」が断定表現化を果たしていないことの傍証ともなるだろう。

このように、資料価値の低さの問題は残るものの、13世紀初頭[9]に確例が見られるのだが、この結果は、前節で見たように、12世紀後半の資料にⅢと思われる例があることからも、現れても不思議ではない例だと言えるだろう。

6 応答文から見た「にてあり」

ところで、(61)～(63)は問いに答えた文であるが、最後に、応答文の観点から「にてあり」を検討しようと思う。

次のように、答えに断定表現を要求する質問文がある[10]。

(68)　政人有テ、「此ハ、敏行カ」ト問ヘバ、使、「然也」ト答フ。
（今昔物語集、14・29）

(69)　院、「融ノ大臣カ」ト問セ給ケレバ、「然ニ候フ」ト申スニ、
（今昔物語集、27・2）

(70)　張騫、「此ハ、何ナル所ゾ」ト問ケレバ、「此ハ天河ト云フ所也」ト答フ。
（今昔物語集、10・4）

(71)　羅漢、此ヲ見テ山人ニ問テ云ク、「……。亦、此ノ幼童ハ汝ガ何ゾ」ト。山人、答テ云ク、「此レハ己レガ子ニ侍リ。……」ト。
（今昔物語集、4・11）

上のように、今昔物語集で「なり」「にあり」を応答に用いた例は見られるが、「にてあり」を応答に用いた例は見られない。この点からも、今昔物語集の「にてあり」は断定表現であるとは言えないのである。

問いの型式を承けて、応答に「にてあり」を用いた例として、次のような例がある。

(72) 晴明「なにぞの人にておはするぞ」と問へば、「播磨の国の者にて候ふ。陰陽師を習はむ心ざしにて候ふ。……」

(宇治拾遺物語、11・3)

(73) (徳大寺ノ左大臣ガ)「この木は桜か」と問はせ給ひけるに、ただちかしこまりてもなくて、口疾く、「桃の木にて候ふ」と申したりければ、

(十訓抄、1・40、83頁)

この場合も、他の観点と同様に、やはり13世紀の資料から確認できるのである[11]。

7 おわりに

これまで述べてきたことをまとめると、以下のようになる。
1 「にてあり」「なり」「にあり」に前接する名詞を、一時的か恒常的か、実体を表すか属性を表すかによって分類すると、次のようになる。
  Ⅰ　一時的・属性
  Ⅱ　恒常的・属性
  Ⅲ　恒常的・実体
  (「一時的・実体」は考えにくく、一見そのように見えるものも、Ⅰに含まれる。)
2 「なり」「にあり」にはⅠⅡⅢの前接名詞が見られる。一方、今昔物語集までの「にてあり」にはⅠⅡは見られるが、Ⅲは見られない。ⅠⅡⅢに所属する前接名詞が見られることを断定表現の認定基準とすると、今昔物語集までの「にてあり」は断定表現ではないことになる。
3 「にてあり」が親族名称を承ける場合、今昔物語集までは、「親系」の語に限られ、「子系」の語は見られない。これは「親系」の語はⅠであり、「子系」の語はⅡとⅢの中間であるという違いによるものと思われる。つまり、今昔物語集までの「にてあり」が「子系」の語を承けにく

いのは、断定表現ではないためであると考えられる。
4　断定質問文に対する応答文に注目すると、今昔物語集では「なり」「にあり」は用いられるが、「にてあり」は用いられない。このことからも、上の2・3は認められる。
5　「にてあり」がⅢを承けて、断定表現化を果たしたと思われる例は、12世紀後期に見え、13世紀前期には複数の例を見ることができる。

　以上のように考えると、「にてあり」が存在表現から断定表現へ移る過程は、前接名詞の拡張（ⅠⅡからⅠⅡⅢへ）として捉えることができる。

　なお、「にてあり」が存在表現から断定表現へ移行した要因については、今後さらに考究する必要があるが、現時点では次のように考えている。まず、「にてあり」という表現が本来持っていた内的な要因として、「にてあり」が結果的に表す意味が断定表現と類似する点があることである。つまり、「AはBにてあり」という文は、「AはBとして存在する」意を表していたと考えられるが、AとBとの関係を見ると、「A＝B」が成り立つ点で、「AはBなり」と同じである。この点において、「にてあり」が断定表現に移行する素地はあったと言える[12]。しかし、「A＝B」が成り立てばよいだけであるなら、「にてあり」が断定表現と認められる例が、中古にもあってよいはずである。断定表現として意識されるようになるのが12世紀中期以降ということは、その頃に「にてあり」が断定表現と意識される外的な要因があったと考える必要があると思われる。その外的な要因とは、テ型補助動詞の発達ではないだろうか。例えば、受益敬語で、中古には、

(74)　（源氏）「住吉の神、近き境を鎮め護り給へ。まことに跡を垂れ給ふ神ならば、<u>助け給へ</u>」　　　　　　　　　（源氏物語・明石、443頁）

のように、「助け給へ」で「お助けください」の意を表していたものが、

(75)　「今度殿下ノ寿命<u>助テタベ</u>。……」　　（延慶本平家物語、1本82オ）

のように、「て」を介在させて「助テタベ」で「お助けください」の意を表すようになる（岡崎正継1971）。つまり、「動詞＋補助動詞＝動詞＋て＋補助動詞」の図式が成り立つようになるのである。「にてあり」も「にあり」に「て」を介在したものと意識された結果、断定表現となった例が見られるよ

うになったものと思われる。

注

1) 連体修飾語を持つ名詞（例えば（9））も、便宜上、「連体修飾語＋名詞」全体で一つの名詞と考える。また、前接語には稀に準体句の例もあるが、名詞と同様に考えられるので、特にとりあげないことにする。
2) 中村幸弘（1979）に、「にてあり」の前接名詞が、源氏物語などでは「一過性の身分関係名称に偏る」との注記がある。
3) 資料価値の高い鈴鹿本を底本とする巻（巻2・5・7・9・10・12・17・27・29、の計9巻）を考察対象とする。それ以外の巻に問題があることについては、第16章で触れる。また、日本古典文学大系本の訓に従うと、「であり」の用例が全巻で5例見られるが、前接名詞は「にてあり」と同様に考えられる。用例を挙げておく。
　　○其レヨリ後ニヤ其ノ家ニ此ル鬼有ケリトハ知ケム、亦本ヨリ然ル所デヤ有ケルニヤ、委ク不知ズ。　　　　　　　　　　　　（27・18、大系頭注によると、「所ニヤ」とするもの2本、「所□ヤ」とするもの2本ある）
　　○昔シ、畦兄トハ同学デ有リシ人也、互ニ恩深カリキ。　　　　（9・36）
　　○今ノ后ハ継母デゾ有リケル。　　　　　　　　　　　　　　　（4・4）
　　○此児ノ可生報デ有ケレバ、
　　　　　　　（26・5、但し大系頭注によると8本中2本が「ニテ」）
　　○然レドモ学生ニテハ有ケレバ、大学ノ衆デモ有ケル也。　　（28・41）
4) 松村博司編（1985）による。
5) 今昔物語集の（47）〜（49）は、桜井光昭（1982）が「感覚的判断」と呼び、断定表現への移行的な表現としたものであるが、既に10世紀に見られる表現であることは示した通りである。
6) ⅠⅡ以外に見える例は、おそらく、「場所、手段・方法、原因」表示の格助詞「にて」の前接語か、「目馴れにて侍れば」（枕草子、8段）のように、「完了の「に」＋「てあり」」の前接語かのどちらかである。
7) 今昔物語集の鈴鹿本が現存しない巻（底本が鈴鹿本以外の巻）には、次のように、実際の子を承けた例がある。
　　○（師尹）貞信公ト申シケル関白ノ五郎ノ男子ニテナム御ケル。（19・9）
「五郎ノ男子」という属性を問題とした例とも解せるが、鈴鹿本が現存する巻とそれ以外との差が見られる点で注目される。今昔物語集の資料性について

は、第16章で検討する。
8) 宇治拾遺物語の同話 (6・3) は、「人に物くるるこそ、わが子にて候はめ」(199頁) とある。
9) 発心集は、建暦2年 (1212) から建保4年 (1216) 頃の成立とされる。宇治拾遺物語は、建保年間 (1213-19) あるいは仁治3年 (1242) 以降の成立とされる。古今著聞集は、建長6年 (1254) の成立。
10) 「—カ」「何—ゾ」による断定質問文。岡崎正継 (1996) 第1篇第6章参照。用例は同書によった。
11) 問いの形式は持たないが、栄花物語正篇に応答文で用いた例が見られる。ただし、異文があるので、確例とは言えない。
 ○ (小一条院)「式部卿宮・中務宮など、『さるべき事いはぬ事』など恨み給ふめり。それにも聞えてむ」など宣はすれば、殿ばら、「げにさる事<u>にて候ふ</u>」とて、皆おのおのさるべき事ども仕うまつり給ふ。
 (栄花物語、巻26、下229頁、富岡本甲本乙本ともに「さる事どもに候ふ」)
12) 小柳智一 (2018) では、存在の「にてあり」にコピュラの「である」意が含意されていることを指摘し、「にてあり」の断定表現化を「含意の表意化」の事例としてとりあげている。

264　Ⅴ　断定表現

第15章　体言承接の「たり」の位置づけ

1　はじめに

　いわゆる断定（＝指定）の助動詞には「なり」と「たり」がある。従来「なり」と「たり」の相違点について、文体・用法の面から指摘されている。すなわち、和文調・漢文訓読調の文章を問わず用いられる「なり」に対して、「たり」は漢文訓読調の文章に用いられること、体言の他に体言相当の句を承ける「なり」に対して「たり」は体言しか承けないこと、また、その承ける体言に制約があること、の3点を中心として、おもに「たり」の狭さが指摘されてきた。

　しかしながら、なぜ「たり」が限定した使われ方をしているのかについては現段階では答えることができないものと思われる。そこで本章では、まず過去の研究成果に依りながら「なり」と「たり」とを比較し、両者が相補的な関係にないことを確認した上で、「たり」がなぜ文体・用法に制約があるのかを明らかにし、「たり」の語法上の位置づけを試みることを目的とする。その結果、「たり」は文法化を果たした形式ではなく、断定の助動詞から除かれるべきものであることを主張することになる。

　なお、本章での断定表現という用語は、「ＡハＢナリ」の「なり」のように、主概念（Ａ）と賓概念（Ｂ）が同一であることを示すコピュラを用いた表現という狭義の断定表現の意で使う。また、体言に承接する場合と形容動詞の語幹に承接する場合とで、「たり」の用法差を見出すことはできないので一括して考えることも可能であるが、「たり」と対照される「なり」は、体言に承接する場合と形容動詞の語幹に承接する場合とで性格が異なるので（北原保雄1967）、本章では体言に承接する「たり」に限定して考察を加えることにする[1]）。

2 「たり」の研究史

「たり」は「なり」に比して言及されることの少ない語で、助動詞を解説する中で軽く触れられる程度にすぎない。それは和文にほとんど用いられないため、古典解釈とは無縁だったことが原因だろう。「たり」は「たり」自体の研究というよりも、「なり」との対比という方法でその語性を探る試みがなされてきたのである。現在までに明らかになっていることは次の4点にまとめられる。

第1に、「にあり」の縮約形である「なり」に対して、「たり」は「とあり」の縮約形であること。これは、本居宣長（1779序）が「<u>にありをつゞめてなり</u>とはいふなれば」（巻6、2裏）、富士谷成章（1778）が「<u>とあり</u>のひきあへる也」（巻4、19裏）と指摘するのがはやいようである（岡崎正継・大久保一男 1991）。

第2に、活用語にも承接する「なり」に対して、「たり」は体言だけに承接すること。また、「たり」が承接する体言は状態・資格を表す語に偏ること。前者は大槻文彦（1889）に指摘がある。後者については中田祝夫（1968）が「「たり」は多く人倫・官位の下につくとならないかと思う」と指摘している。それよりはやく、松尾捨治郎（1936）が「人為的・一時的」とするのも前接語の偏りに注目した発言だろう。

第3に、「たり」は訓点資料をはじめ漢文訓読調の文章に用いられ、和文にはほとんど用いられないこと。和文では次に挙げる例が知られている程度である。

（1） すみとげむいほ<u>たる</u>べくも見えなくに、　　　（古今和歌六帖、4016）
（2） 明くれば、五日のあかつきに、兄<u>たる</u>人、ほかより来て、

（蜻蛉日記、312頁）

（1）は、富士谷成章（1778）が「ほたるをかくして、やむことなくよめる也」と「蛍」を読み込むための臨時的な処置で用いたものであることを説いている。（2）は、義門（1844）が挙げた例であるが、国会図書館本に「兄

なる」という異文があるところから問題視されている（山田孝雄1952）。このように、和文には用いられていても何らかの特殊な事情が見られるのである。「たり」が訓点語特有の形式だとされる所以である。

　第4に、「たり」は中世後期には生産性がなくなり衰えること。湯澤幸吉郎（1936）が近世上方語で、土井洋一（1982）がキリシタン資料を中心に「たり」の衰退を指摘している。

　以上が「たり」に関する客観的な事実の指摘である。これらのうち、第1から第3の点を踏まえて「たり」の語義について解釈がなされている。

　まず、山田孝雄（1908）は、「内面的・断定」を表す「なり」に対し、「たり」は「外貌的・状態」を表すとし[2]、松尾捨治郎（1936）は、「自然的・永久的」な「なり」に対して「たり」は「人為的・一時的」であるとした。「たり」を状態的な語と見る点では同じ立場と言えよう。しかしその後は次に挙げるように、状態的であることに触れたとしても断定の仕方に重点が移り、「たり」は「なり」に比して状態・資格を強調的に断定する助動詞とする解釈が主流を占めることになる。

- ・断定（指定）の意味は、「なり」と同じであるが、表現の強さがやや強く感じられる。これには、「に」と「と」とのちがいが関係し、また漢文訓読体の中で発達し、おそらく女性語としては用いられたことがなく、もっぱら男性語として用いられたことが影響しているであろう。（林巨樹1958）
- ・「たり」のほうが、より限定的、状態的で、それだけに指定の意味が強く表われることになるのであろう。（伊牟田経久1969）
- ・断定であるが、「なり」がそれだけを絶対的に措定するのに対して、「たり」は他の事がらと相対的に対立的に、「ということである」「としての資格・状態をもつものである」として強調措定する、感情的なニュアンスを含んでいる。（岡村和江1984）

　そして、これらが現在の一般的な理解となり[3]、辞典類の記述に反映している。例として、『日本国語大辞典　第二版』『角川古語大辞典』を次に挙げる[4]。

・体言に付く。格助詞「と」に動詞「あり」の接した「とあり」の変化した語
  断定の助動詞。事物の資格をはっきりとさし示す意を表す。…である。〈以下略〉(『日本国語大辞典　第二版』第8巻、小学館、2001)
・「とあり」の約。体言に付いて断定（指定ともいう）を表す。事物の備えている資格・立場などの指定に用いられることが多く、同じ断定の助動詞「なり」よりも語感が強調的である。〈以下略〉(『角川古語大辞典』第4巻、角川書店、1994)

3　問題のありか

　上に見たように、前接語・文体上の制約がない「なり」に対して、「たり」には制約があることが明らかになった。この事実は、「なり」と「たり」が相補的な関係にないことを意味している。この点は強調しておきたい。

　例えば、前接語について、「なり」と「たり」の関係をまとめると〔表1〕のようになり、両者は相補的な関係にあるとは言えない。

〔表1〕「なり」「たり」の前接語

前接語	体言	活用語
なり	○	○
たり	○	×

　また、文体上の制約に関しては、中田祝夫（1968）が注意しているように、「なり」は和文だけに用いられているのではなく、訓点資料にも用いられているから、「なり」と「たり」の関係は、（Ⅰ）ではなく（Ⅱ）のようになる。

（Ⅰ）　訓点語──和文語　　（Ⅱ）　訓点語──和文語
　　　　たり ── なり　　　　　　　なり ── なり
　　　　　　　　　　　　　　　　　　たり

これは、通常の訓点語・和文語の対立としてとりあげられる比況の「ごとし」と「やうなり」、使役の「しむ」と「す・さす」、打消の「ざる・ざれ」と「ぬ・ね」などとは異質である。

さらに、語形についても、縮約形が現れる時期は「なり」と「たり」では異なる。「なり」は奈良時代に縮約形・非縮約形の両形が見出せるが、「たり」は奈良時代には非縮約形のみが見られ、縮約形が現れるのは平安時代に入ってからである（春日和男 1968）。しかも、縮約形が現れて後も非縮約形の「とあり」が用いられており、特に今昔物語集では縮約形の「たり」よりも多く用いられている（春日和男 1968・稲垣瑞穂 1965）。一方、「なり」の非縮約形の「にあり」は原則として「にあらず」の形を除いては「にやあらむ・にしもあらず」などの係助詞・副助詞が介在した場合に用いられており、「たり」「とあり」と並行的に考えることはできない。

その他に、漢字の訓に着目しても、観智院本類聚名義抄では、「也」の訓である「なり」に対して、「たり」は「為」「作」などの訓であり、「なり」「たり」を等しく断定を表すとするのも問題がある。

以上のように、「なり」と「たり」は相補的な関係にないのである。このことを確認した上で、次の2点を問題点として指摘したい。

①「たり」の前接語・文体上の制約が何を意味するのか不明である。
②「たり」の制約と語義との関係が明確ではない。

従来①について明確な答えは出されていない。特に文体上の制約は問題となる。春日和男（1964）は「漢籍仏典の中には珍しい漢語が混つていて、特にそれを注意したり、強調すべき体言などを指示する際に、助詞トが好んで用いられるようになつた」と述べているものの、同時に漢語だけでなく和語を承ける例も指摘しており、中田祝夫（1968）も和語を承けることを指摘している。このことからすると、和文に用いられていても不思議はないはずである。和文に用いられていない理由は他に考えざるを得ないだろう。そしてそれは、「たり」自体の性質に起因すると考えるのは無理ではないかと思われる。視点を変え、「たり」以外のところに要因を求めたい。

②については、用法上の制約がどのような論理で強調的な断定を表すとい

うことにつながるのかわからない。「男性語」であることや「限定的、状態的」であることが強調につながるというのは感覚的な印象でしかない。

そこで、まず文体上の偏りの要因を解明し、その上で前接する体言の制約の問題をはじめ、活用語を承けない理由、非縮約形の「とあり」が用いられる点なども新たに説明し直して、「たり」の制約と語義の関係を明確にしようと思う。そして「たり」が中世後期には衰退していることについても説明を試みる。

4 「たり」と「にてあり」

「なり」との比較ではなく、視点を変えて見てみると、「たり」に対応する形式として前章で観察した「にてあり」があることに気づく。「にてあり」について、佐伯梅友（1956）は「～という状態（資格）でいる」意を表す存在表現であったものが断定表現に移行したと考え、前章でも、今昔物語集までの「にてあり」は存在表現であり、12世紀中期以降に断定表現に移行したことを確認した[5]。以下、「たり」を今昔物語集までの「にてあり」と対比しながら、両者が相補的な関係にあることを示す。なお、「とあり」「にてあり」には敬語形の「とおはす」「にてはべり」なども含めて考える。

4.1 文体

はじめに、「たり」と「にてあり」が訓点語と和文語という文体的対立をなしていることを示す。訓点資料の例として西大寺本金光明最勝王経平安初期点（春日政治訳文）と地蔵十輪経元慶七年点（中田祝夫訳文）の平安初期の2種を、和文資料の例として源氏物語をとりあげ、「たり」「とあり」「にてあり」の用例数をまとめると〔表2〕のようになる。

〔表2〕「たり」「とあり」「にてあり」の用例数

	たり	とあり	にてあり
金光	84	6	
地蔵	25	22	
源氏		8	77

270　V　断定表現

　まず、訓点資料を見ると、「たり」と「とあり」が使われており、「にてあり」の例はない。訓点資料では「たり」と「とあり」は同じように使われ、資料によって多寡のあることが指摘されている（稲垣瑞穂1965）。例を挙げる。

（3）　金光明微妙教典の衆経の〔之〕王たるが、

(金光明最勝王経、巻3、52-18)

（4）　是レ衆経の王といますをモチテ、　　(金光明最勝王経、巻4、73-12)

（5）　是（れ）仏宝を求（む）る商人の導首たり。

(地蔵十輪経、巻2、56頁)

（6）　有情の為に親友とあり。　　(地蔵十輪経、巻10、142頁)

　次に、源氏物語を見ると、「にてあり」が使われ、「たり」の例はない。例を挙げる。

（7）　（一条御息所ノ）御甥の大和の守にてありけるぞ、

(源氏物語・夕霧、1340頁)

　このように、「たり」は訓点資料に、「にてあり」は和文資料に使われていることがわかる。しかし、源氏物語には「とあり」の例が8例（通常語形5例、敬語形3例）用いられている。

（8）　（博士）「はなはだ非常に侍りたうぶ。かくばかりのしるしとある某を知らずして、朝廷には仕うまつりたうぶ。はなはだをこなり」

(源氏物語・少女、670頁)

（9）　そのころ、太政大臣亡せ給ひぬ。世のおもしとおはしつる人なれば、おほやけにも思し嘆く。　　(源氏物語・薄雲、613頁)

　（8）は、博士のことばであり、「はなはだ」「非常」など訓点語に特有の語とともに用いている。男性の発話のなかに用いた例は他に2例（常夏841頁・東屋1803頁）見られる。ただし、乳母の発話に用いた例も1例ある（玉鬘739頁）。

　残りの4例は地の文に現れる。（9）は大臣の死の場面であるが、他にも中宮の死の場面であったり（薄雲617頁、2例）、政界から退く政治的な場面であったり（賢木371頁）、公的な場面に用いられている。

このように少数ながら「とあり」が見られるが、使用例がやや偏っているように感じられ、訓点語特有の形式であることが推し量られるのである。公的な場面に用いられるのは、訓点語に特有の表現を使うことで荘重な感じを出そうとしているのかもしれない。

ところで、今昔物語集は天竺・震旦部で漢文訓読調、本朝部で和文調が強いことは周知の通りである。そこで、「たり」「とあり」と「にてあり」の用例数を調査してみると〔表3〕のようになる。

〔表3〕今昔物集の「たり」「とあり」「にてあり」

	たり	とあり	にてあり
天竺・震旦部（巻1〜10）	7	43	31
本朝部前半　（巻11〜20）	6	24	143
本朝部後半　（巻22〜31）	1	4	311

用例数に差はあるが、「たり」「とあり」は天竺・震旦部を中心に、「にてあり」は本朝部を中心に用いられている。本章の見通しを裏づける結果と言えるだろう。

ただし、用例数の開きについては説明が必要である。今昔物語集は、出典の表現そのままではなく撰者自身の表現に改めているところがあると考えられている（山口佳紀1993・第4章）。「にてあり」の用例数が多く、漢文訓読調の強い巻にも少なからず見られるのは、出典の影響を受けつつも、今昔物語集の文体として「たり」「とあり」よりも「にてあり」が選択されたことを示しているものと思われる。山口佳紀（1993）は今昔物語集の引用のク語法について、「いはく」「のたまはく」などの典型的な語に限って用い、生産的には用いていないこと——いわば漢文訓読調の排除——を指摘している。今昔物語集の撰者は、漢文訓読調の強い「たり」についても同様に使用を嫌ったのではないだろうか。「とあり」に比して「たり」の用例が少ないのも、漢文訓読調の強弱に対応した結果であると思われる。

以上のことから、「たり」「とあり」は訓点語特有の形式、「にてあり」は和文語特有の形式だと考えられ、「たり」「とあり」と「にてあり」とは相補

的な関係にあると言える。これにより、「なり」と比較することでは見えてこなかった「たり」の偏りが説明できるのである。3節に示した（Ⅱ）の関係は、次の（Ⅲ）に改められる。

 （Ⅲ）　訓点語 ── 和文語
   なり ── なり
   たり ──にてあり

なお、「たり」「にてあり」に類似する形式に、「にしてあり」「としてあり」「とてあり」があるが、これらは「たり」「にてあり」に相当する形式とは言えない。例えば、和文資料の「にて」に対して、訓点資料では「にして」が用いられることから（築島裕 1963）、和文資料の「にてあり」に対して訓点資料では「にしてあり」が想定される。しかし、その例はほとんど見出せず、西大寺本金光明最勝王経平安初期点では（10）の1例使われているだけである。今昔物語集でも（11）の1例見られるが異文のある例である。これは「にしてあり」の役割を「たり」「とあり」が担っているためだと考えられる。
 (10)　念を正して斯の微妙の典を誦（し）つゝ、端然にして動（か）ず〔不〕して心身楽にしてあり。　　　　　　（金光明最勝王経、巻9、164-20）
 (11)　今ハ昔、小野ノ篁ト云フ人有。学生ニシテ有ケル時ニ、
          （今昔物語集、20・45、流布本「学生ニテ」）
また、「としてあり」は訓点資料・和文資料ともにほとんど見出せない。今昔物語集では33例用いられているが、巻による偏りはない（天震10例、本前14例、本後9例）。「とてあり」については、源氏物語に2例と用例数が少ない上に、次の例は、4.2.1で後述するように、固有名詞を承けている点で「たり」「にてあり」とは異質であると考えられる。
 (12)　ここには人少なにておはせんを心苦しがりて、心ばせある少将の尼、左衛門とてある大人しき人、童ばかりぞとどめたりける。
             （源氏物語・手習、2020頁）
以上のように、「たり」「にてあり」に相当する形式は見当たらないのである。

4.2　用法

次に、「たり」と今昔物語集までの「にてあり」とが同じ用法を持っていることを示す。以下、3点について「なり」「にあり」とは異なる用法をとりあげて相違点を指摘する。

4.2.1　前接語

「たり」と同様、「にてあり」も原則として前接語は名詞に限られる[6]。両者の名詞を見る前に、第14章でも触れたが、改めて名詞の性質について確認しておく。

名詞には実体を表す側面と属性を表す側面の二面性が見てとれる（田中敏生1983、野村剛史1993a・b、小柳智一2003）。例えば、「写真」という名詞では、写真それ自体を指示する実体を表す側面と、写真と呼べる性質を持った属性を表す側面との二面性が指摘できる。「こんな写真は写真ではない」が文として成り立つのは、初めの「写真」は実体を問題としており、後ろの「写真」は属性を問題とした文であるからである。もし、両者の「写真」が同義であるなら、この文は意味をなさない。名詞に二面性があるからこそ理解できるのである。構文的な環境としては、名詞を主語に使った場合には実体を表す側面が前面に出て、述語に使った場合には属性を表す側面が前面に出てくる。また、名詞を同一平面上に並べると（例えば述語という同じ構文的な環境に置くと）、実体を表す側面が強い名詞は、例えば「これ」という語の属性を考えることが難しいことからわかるように、代名詞が最も実体を表す側面が強く、固有名詞がそれに次ぐ。それに対して、属性を表す側面が強い名詞は、「風邪」の実体を指摘するのが難しいことからもわかるように抽象名詞である。普通名詞は「山」「花」のように実体を表す側面の強いものも、「社長」「学生」のように属性を表す側面の強いものもある。

「たり」と「にてあり」の前接名詞について、今回調査した例と先行研究の挙げている例を見ても、代名詞・固有名詞を承けている例は見出せない。次のような例が多い。

(13)　「昔コソ三千人ノ貫首タリシカドモ、今ハカ丶ルサマニナリタレバ……」　　　　　　　　　　　　　　　　　　（延慶本平家物語、1末7裏）

(14)　汝ヂ、前世ニ、狗ノ身ト有リキ。　　　　　（今昔物語集、14・16）
(15)　女二宮、むげに不覚に、限りにておはしましけるに、

（栄花物語、巻8、上256頁）
(16)　人タル者是ヲ喜ベキヤ。　　　　　　　　（太平記、巻4、127頁）
(17)　そのおとうとの女君は、この殿の中納言殿の御女とあれば

（栄花物語、巻3、上104頁）
(18)　この度の御子は、また男にてなむおはしましける。

（源氏物語・若菜下、1212頁）

(13)〜(15)のような、一時的（非恒常的）な属性を表す例が多い。従来「たり」「にてあり」の前接語を「一時的」「資格を表す」とする捉え方がなされていたのはそのためである。しかし、(16)〜(18)のように恒常的な属性を表した例も見られる。「たり」「にてあり」は名詞の属性を表す側面を際立たせる働きがあると括ることができる。先に「こんな写真は写真ではない」の例を挙げたが、現代語ではこのような場合は「だ」「である」で表すが、古代語では「なり」「にあり」を用いた例が見出せず、次の(19)(20)のように「たり」「にてあり」を用いて表している。属性を表す側面を問題にする専用の形式であるため使われたのだろう。

(19)　此三之宝無時ハ、君モ君タラズ、世モ世タラズ。

（西源院本太平記、巻26、713頁）
(20)　かくのごとくに秘すればこそ、道は道にてあれ。（古今著聞集、486）

そして「たり」「にてあり」にとって重要なのは、実体を表す側面の強い代名詞・固有名詞を承けることはないという点である[7]。「なり」と「にあり」は前接名詞に制限はなく、属性を表す側面の強い名詞のほか、次の(21)(22)のように、代名詞・固有名詞も承けることができる。

(21)　其ノ舞人ハ多ノ好茂也。　　　　　　　（今昔物語集、28・35）
(22)　その御時の護持僧には、智証大師におはす。

（大鏡、42頁、蓬左本「護持僧は」）

名詞の実体を表す側面を問題にする場合には「なり」「にあり」が使われ、「たり」「にてあり」は使われていないのである。

4.2.2　統語的特徴

「たり」「にてあり」の統語的特徴として、場所格を承ける例、対格を承け使役構文を作る例が見られる。以下に例を挙げる。

(23)　(訶黎勒ハ) 忌むモノ無し、薬の中に王たり。

（金光明最勝王経、巻9、177-12）

(24)　関山ノ喬ニ水ニテ有ル所、　　　　（今昔物語集、25・12）

(25)　穆王是ヲ愛シテ造父ヲ御タラシメ、（西源院本太平記、巻13、328頁）

(26)　(宮木ノ侍従ハ) いと小さく、細く、なほ童にてあらせまほしきさまを、心と老いつき、やつしてやみ侍りにし。　（紫式部日記、489頁）

(23)(24)は場所格の「に」を承けた例である。これはコピュラ文ではないことを示し、「たり」「にてあり」のところに存在の意味があることを示している。(25)(26)は使役構文の例で、(25)は対格を明示した例である。対格を承け使役形を作るということは、「にてあり」の場合、「―を―にて・あら＋す」のように、「にて」と「あり」が一語化しておらず、「あり」に存在の意があることは明確である[8]。同様に「たり」の場合も、語形は縮約しているが、存在の意を認めなければならない。このように、「たり」「にてあり」は、存在の意を持っていると考えてはじめて理解できる構文を作ることがあるのである。

4.2.3　応答文

用法上注目されることに、質問に対する応答に「たり」「にてあり」を用いた例がないことが挙げられる。平安時代では、「―カ」「何―ゾ」という質問文は答えに断定表現を要求する質問文である（岡崎正継1996）。それぞれ例を挙げる。

(27)　政人有テ「此ハ敏行カ」ト問ヘバ、使「然也」ト答フ。

（今昔物語集、14・29）

(28)　「殿ハ何ニ御マスゾ」ト問スレバ、童、「摂津ノ国ニ御マスニ候フ。……」

（今昔物語集、30・11）

このように、「なり」「にあり」は用いているが、「たり」「にてあり」を用いることはないのである[9]。「たり」がもし資格について強調的に断定する

形式であるなら、応答文に使っていてもよさそうなものである。この事実は、「たり」「にてあり」は断定表現ではないことを示していると考えられる。

4.3 語義

4.2.2 と 4.2.3 で「たり」と今昔物語集までの「にてあり」とは断定表現とは言えないということを述べた。4.2.1 の前接名詞の偏りを踏まえて、「にてあり」については言われているように、「～として（～という属性で）存在する」意を表す存在表現だったと考えられる。「たり」も一語化してはいるが、「とあり」の意を保って「にてあり」と同じ意を表していたのではないかと考える。実質的な意味を失って文法的な機能を表すようになる変化を「文法化」と呼ぶなら、「たり」「にてあり」は文法化していない形式と見られる。本節では存在表現から断定表現への文法化の認定の仕方について本章の立場を明確にしておきたい。

まず、形態の面から検討する。「とあり」が「たり」へ、「にてあり」が「であり」へと語形を縮約させるが、語形の縮約は文法化の認定基準にならない。例えば「にあり」が「なり」に縮約しても、

(29)　その家なりける下人　　　　　　　　　（源氏物語・夕顔、130頁）

のように存在の意を保ったままの例があることはよく知られているように、文法化していることを示す根拠とはなりえない。反対に、非縮約形の「にあり」が、

(30)　しましくも独りあり得るものにあれや（毛能尓安礼也）

　　　　　　　　　　　　　　　　　　　　　（万葉集、巻 15・3601）

のように文法化したと考えられる例も見られる。したがって、語形の縮約は文法化の認定基準にはならないのである[10]。

次に、意義の面から検討する。存在表現から断定表現への変化は、「AはBとして存在する」意から「AはBである」意への変化である。しかし、この変化は、客観的に示すことができない。例えば、

(31)　親父為義いまだまさしき地下の検非違使たり。　（保元物語、91頁）

について、「地下の検非違使としている」と存在にも、「地下の検非違使だ」

と断定にも解釈できる。「あり」の存在の意味の濃淡を解釈によって判断した場合、存在の意を読もうと思えば読めるし、形式化しているとみなせばみなせるという具合に解釈者の個人差が出てきてしまう。したがって、意義変化を解釈によって示すのは困難である。

　結局、文法化の客観的な認定基準は、断定表現特有の用法に注目せざるを得ないのである。そして、前節で見たように、代名詞や固有名詞などの実体を表す側面の強い名詞を承けることがなく、存在文としか解せない例があり、応答文に用いることがないという3点によって、「なり」「にあり」とは異なっているため、「たり」と今昔物語集までの「にてあり」とは断定表現とは認められず、存在表現であったと考えるのである。

　実は、現行の辞典類に反映されてはいないが、「たり」を存在表現に近いものとする見方は従来もあった。山田孝雄（1908）・松尾捨治郎（1936）のように「たり」を状態的な語と捉える見方を断定表現に引き付けて解し、強調的な断定を表すとする見方が主流となっているのは既に見た通りである。そのなかで、鈴木泰（1985）は存在表現とまで踏み込んだ言い方はしていないが、「「A、Bタリ」の意味は、AがBという役割、呼称、価値等を仮に有するものと認定されてある、という意味だと考えられる。」と述べて、用言的な性格を持った語であることを指摘している点で注目される。それよりはやく三矢重松（1908）は「たり」を指定の助動詞とするものの、「「なり」といふよりも存在的にして、やゝ動作的なり。口語の「として居る」「となって居る」「といふ」などに当る。」と述べている。さらに、富士谷成章（1778）が「たり」を「トイフテアルと里す」と述べて、「里にヂヤまたデアルなど言へり」とした「なり」とは異なった解釈をしているのも、存在表現としての見方を示したものと言えよう。

　「たり」を「～という属性で存在する」意を表す存在表現だったと考えることによって、用法上の制約が説明できる。前接語が偏る理由や活用語を承接しない理由は「とあり」が縮約して「たり」となっても「と」の語義が残っているためであり、非縮約形の「とあり」が助詞の介在なしで用いられるのも存在の意があるためである。そして文体上の制約は、「たり」の役割を和

文では「にてあり」が担っているために生じているのである。このように考えることによって、「たり」の用法上・文体上の偏りの理由が説明されたことになる。

以上のように、「たり」は一貫して存在表現だったと考えられ、文法化を果たさなかった形式だと言える。一方、「にてあり」は中世に文法化を果たす。この違いを次に考察する。

5 「にてあり」の文法化と「たり」の衰退

「にてあり」の文法化は客観的に示すことができる。前接語に代名詞・固有名詞・活用語を承けた例や応答文の例が現れ、用法上の変化が認められるからである。

(32) 「これや夢ときの女のもと」と問へば、御供の侍、「これにて候」といひて来れば、（宇治拾遺物語、13・5、代名詞承接の例）

(33) 「何者ぞ。便なし。罷りのけ」とのたまふに、「閻王の御使ひ、白髪丸にて侍る」と云ひて、（発心集、7・5、応答文・固有名詞承接の例）

(34) 是はいふかひなき我等が念仏して居たるを妨んとて、まゑんの来たるにてぞあるらむ。（覚一本平家物語、巻1、104頁、活用語承接の例）

(35) 御門ノ「此ノ木ハ何木ソ」ト問給ケレハヒケルハ、独ノ翁ノ申様ハ、「コノ木ハクヌキニテ候。……」
（信西日本紀鈔、影印109頁、応答文の例）

このように、用法上の変化をもって断定表現の確例と考え、存在表現から断定表現へと文法化を果たしたものと考えるのである。

「にてあり」の用法上の変化の過程を「なり」・「たり」と対照して図示すると次頁の〔表4〕のようになる。

〔表4〕のように「にてあり」は中古に持っていなかった用法を中世に獲得し、「なり」と同じ用法を持つに至った結果、「たり」とは異なる用法を持つことになった。

それではなぜ、「たり」と「にてあり」は相補的であったのに、「たり」は

[表4] [中古]

	なり	にてあり	たり
固有名詞承接	○	×	×
応答文の用例	○	×	×

[中世]

	なり	にてあり	たり
固有名詞承接	○	○	×
応答文の用例	○	○	×

文法化せず、「にてあり」は文法化を果たしたのだろうか。これについて現時点では次の2点が指摘できると思う。

第1に文体差が要因となったこと。「たり」は文章語として規範的に用いられたため、変化を起こす契機がなかったのだと思われる。それに対して「にてあり」は、口頭語としても用いられていたがために、用法の変化が起きやすかったのだと思われる。

第2の要因として、「てみる」「てくる」「てたぶ」などのテ型補助動詞が成立したこと。中古までは「動詞＋補助動詞（X φ Y）」の形で表していたのが、中世以降、助詞「て」を介在させて「動詞＋テ＋補助動詞（X テ Y）」の形で表すテ型補助動詞が増え始める。

(36) 姉なる人にのたまひみむ。　　　　　　　（源氏物語・帚木、73頁）
(37) 木曽の懸路の丸木橋、げに踏みみるからに危ふげなる渡りなり。
　　　　　　　　　　　　　　　（とはずがたり、247頁、「文見る」を掛けた和歌
　　　　　　　　　　　　　　　　〈千載集・1195〉を踏まえた表現）
(38) なほもただかきとめてみよ藻塩草人をも分かず情ある世に
　　　　　　　　　　　　　　　　　　　　　（とはずがたり、314頁）

このように、「X φ Y＝X テ Y」の図式が成り立つと「にてあり」も文法化する。例えば、

(39) 二人ノ僧、碁ノ上手ニテ有ケリ。　　　　（今昔物語集、24・6）

において、もともと「僧は碁の名人としている」という存在表現だったが、

意味関係として「僧は碁の名人である」を含意するので（小柳智一 2018：70）、「て」に続く形は独立動詞という制約がなくなった段階では、「僧は碁の名人である」と断定表現として読み替えることが可能となる。すなわち、「て」に続く形は独立動詞という制約がなくなることで、「にあり」の「あり」と同じように「にてあり」の「あり」も文法化し、「にあり＝にてあり」の図式が成り立つのである。それに伴って従来とは異なる（32）〜（35）のような例が現れたのだろう。

　一方、「にてあり」の文法化は、それまで相補的な関係にあった「たり」との関係が崩れたことを意味する。口頭語では「にてあり」の文法化によって、名詞述語の属性面を際立たせる専用の形式がなくなった。その結果、文章語の「たり」も生産性を失い形骸化していったのだと考えられる。詳細な過程は不明だが、「たり」が中世以後、形骸化していくのは「にてあり」の文法化がひとつの契機となったものと思われる。

6　おわりに

本章で述べたことをまとめて結びとしたい。
1　「たり」は「なり」とではなく「にてあり」と相補的な関係にある。「たり」は訓点語特有の形式、「にてあり」は和文語特有の形式と位置づけられる。
2　「たり」と「にてあり」は前接語の制約、存在文と解せる例がある、応答文に用いられないという点で共通し、「〜という属性で存在する」意を表す存在表現であったと考えられる。
3　「たり」は文法化しなかった形式であり、「にてあり」は文法化を果たした形式である。
4　「にてあり」の文法化にはテ型補助動詞の成立が背景にある。文法化を果たしたことにより、「たり」との相補的な関係が崩れ、「たり」の形骸化を誘発したと考えられる。

以上のような次第で、「たり」は「なり」と対置して説かれるべき語では

なく、断定の助動詞からは除外し、「にてあり」と対置して説かれるべきだと考えられる。

注
1) 体言か形容動詞の語幹か迷う場合は体言に含める。
2) 山田孝雄（1936）では「外貌的にして主として資格又は状態をあらはせり」とある。
3) 春日和男（1964）も同様。山口堯二（2005）は資格を表す面に重点を置いている。
4) 他に『小学館古語大辞典』(1983)、『時代別国語大辞典　室町時代編』(1994)、『訓点語辞典』(東京堂出版、2001)、『日本語文法大辞典』(明治書院、2001)を参照した。
5) 第 14 章では、今昔物語集については鈴鹿本を底本とした巻に限ったが、本章ではその他の巻からも用例を挙げる。ただし、鈴鹿本以外の巻に問題があることについては、第 16 章で触れる。注 9 も参照。
6) 稀に活用語を承けていても、「(自分ガ乗ッタ船ハ)ただ家の小さきにてあり。」(枕草子、306 段)のように、属性と捉えられる形状性用言の例か、「あり」が明らかに独立動詞とわかる例かに限られ、(34)のような中世の例とは異なる。
7) 「にてあり」には代名詞を承けた例が 1 例ある。
   　○然レバ、家女、此ノ法師ニ向テ見ルニ、法師ノ着タル衣ノ袖口急ト見ユ。其レニ、我ガ夫ノ着テ行ニシ布衣ノ、袖ニ色革ヲ縫合タリケルニ似タリ。女思ヒモ不寄ネバ然モ心モ不得デ有ルニ、家女尚此ノ袖口ノ極ク怪ク思エケレバ、然ル気無キ様ニテ見ルニ、只其レニテ有リ。
   　　　　　　　　　　　　　　(今昔物語集、29・9、＝第 14 章 (67))
   この例は、実体を指示する例とは異なっている。「其レ」が或る事物を指しているのではなく、文脈指示で「夫の袖口」を表しており、また「見ルニ」とあるので、「されど念じて泣きあかして朝に見れば、簀も何も涙のかかりたるところは、血の涙にてなむありける」(大和物語、168 段、337 頁)と同じ、「認識変化後の様態」(第 14 章の Ⅱ c) に所属する例となり、「にてあり」の前接語の範囲内の例と解せる。
8) 「にてあり」が一語化していないことを示す例として、「月の都の人にて、父母あり。」(竹取物語、60 頁、＝「父母月の都の人にてあり」)の例も参考になる。

9) ただし、「にてあり」には、次のように応答に用いた例がある。
　　○「抑モ尼ハ何者ニテ有シゾ」ト問バ、尼、「己ハ故宰相殿ノ物張ニテナム侍リシ」　　　　　　　　　　　　　　（今昔物語集、24・27）
　この例は、過去の境遇を答えた例であり、前接名詞は中古の用法と変わらないが、質問文への応答という点で異例である。第16章で述べるように、巻24は鈴鹿本が現存しない巻であり、「にてあり」が断定表現化した後の用法が反映した例である可能性がある。

10)　実際に、「とあり」から「たり」へ、「にてあり」から「であり」へ縮約しても用法上の変化は認められない。それぞれの例は本文中に挙げてあるので、ここでは「であり」の例を挙げておく。はやい例としては今昔物語集に「であり」と見られる例が現れる。
　　○今ノ后ハ継母デゾ有ケル。　　　　　　　　　（今昔物語集、4・4）
　なお、「にてあり」が「であり」になる過渡の段階に「んであり」の語形を想定できるが、真字熱田本平家物語には「ンテ候」と書いた例が見られる。珍しい例なので報告する。
　　○野モ石モ海モ川モ武者ンテ候。　（真字熱田本平家物語、巻5、29表）
　遠藤邦基（2002）は「ン」ではなく「レ」に近く書かれた「返々目出事レテコソ候ヘ」（金沢文庫蔵神仏古説話残簡）を挙げ、弱い鼻音を表したものと述べている。

※本章で引用した資料以外の調査資料は以下の通りである。
　土左日記・竹取物語・伊勢物語・平中物語・宇津保物語・落窪物語・篁物語・枕草子・和泉式部日記・堤中納言物語・更級日記・夜の寝覚・浜松中納言物語・狭衣物語・讃岐典侍日記・方丈記・愚管抄・正法眼蔵・正法眼蔵随聞記・親鸞集・日蓮集・沙石集・平治物語・義経記・神皇正統記・増鏡・曽我物語・太平記・興福寺本大慈恩寺三蔵法師伝古点・群書治要・打聞集・仮名書き法華経（足利本）

第16章　今昔物語集の「にてあり」と「たり」

1　はじめに

　前章では、「にてあり」と「たり」が相補的な関係にあることを示した。本章では、今昔物語集の使用状況を詳しく観察し、前章で述べたことを改めて確認するとともに、今昔物語集の資料的性格について考察を加える。

2　今昔物語集について

　院政期12世紀前半に成立した今昔物語集は、天竺・震旦・本朝の1040の説話を収めた説話集である。全31巻（8・18・21の3巻は欠巻）から成り、巻1〜5は天竺部、巻6〜10は震旦部、以降本朝部で、巻11〜20は仏教説話を収めた仏法部、巻22〜31は世俗説話を収めた世俗部で構成されている。

　現存諸本は、一つの系統に属すると考えられており、最善本は、今昔物語集成立からほど遠くない時期に書写された鈴鹿本（京都大学附属図書館蔵）だが、巻2・5・7・9・10・12・17・27・29の9巻しか現存していない。日本古典文学大系『今昔物語集　五』（岩波書店）の解説では、「本集を語史資料として用いるに際して注意すべき取扱態度について纏め述べる」（43頁）として次の6段階に分けている。

　　ⅰ　第一等資料として用いて可なるもの（巻2・5・7・9・10・12・17・27・29）
　　ⅱ　第一等資料に準じて用うべきもの（巻31（24話〜30話））
　　ⅲ　第二等資料として用いらるべきもの（巻1・3・4・6・13〜15・22）
　　ⅳ　第二等資料に準じて用うべきものA（巻16・19・20）
　　ⅴ　同B（巻28・30・31）

284 　V　断定表現

  vi　第三等資料として扱うべきもの（巻11・23〜26）

すなわち、ⅰは鈴鹿本の現存する巻、ⅱは室町期の断簡の残る部分、ⅲは「古本系統の本文が比較的忠実に伝えられているものと考えられる」巻、ⅳは「本文が比較的損壊を受け、古本そのものよりはやや遠ざかっていると考えられる」巻、ⅴは「古本そのものは存しないが、流布本系に属するA本の本文が比較的忠実に古本の俤を伝えていると考えられる」巻、ⅵ「古本系統の全く伝えられない」巻である。その後、諸本の脱落部分を残している巻15の抄本（荻野本）が発見されたが、それ以上の本文研究上の進展はない。

ところで、今昔物語集の本格的な研究は20世紀に入ってから始まったが、語法に関する研究としては、これまで文体的視点と歴史的視点の二つの視点を軸に多くの研究が行なわれてきた。

文体的視点による研究は、天竺・震旦部と本朝仏法部で漢文訓読調が強く、本朝世俗部で和文調が強いという説話の出典の影響に基づく異質性の指摘から始まった。この異質性は、例えば「ごとし」と「やうなり」、「はなはだ」と「いと」のように、漢文訓読文に特有の要素と和文に特有の要素のなかから、同じ意味・機能を持つと考えられるペアをとりあげて巻ごとの分布状況を調べることによって明らかにされた。これに対して、変体漢文の影響が指摘されたことが契機となって分布に偏りのない要素が注目され、今昔物語集に一貫する撰者固有の文体を探る研究が行なわれるようになった[1]。このように今昔物語集の文体研究では、出典の影響による異質性と撰者固有の文体に基づく統一性という二つの側面を念頭に置いて考察する必要がある。

歴史的視点による研究は、今昔物語集の言語事象を日本語史の流れのなかに位置づけることを目的とする。例えば、存続の「り」が下二段動詞に接続した「思ヒ出デル者」（巻5・1）の例や、完了の「ぬ」がナ変に接続した「死ニヌ」（巻2・29）の例をとりあげて平安期からの変容を論じるのがその一例である（山田巌1954）。

もちろん、この二つの視点は相反する視点ではない。どちらに重点を置くにせよ、相互に目を配らなければならない。ここでは、第14章でとりあげた「にてあり」を、上の二つの視点を踏まえて考察する。

3 「にてあり」の性格

　断定の助動詞「なり」の非縮約形「にあり」は、「ず」を後接した「にあらず」や、助詞を介在させた「にやあらむ」「にこそありけれ」、「あり」の部分を敬語形にした「にはべり」「におはす」などの形で用いられている。ここでとりあげる「にてあり」も、「にあり」に助詞（「て」）を介在させた一つのタイプと見なされており、解釈上留意されていないように思われる。しかし、今昔物語集では、「にてあり」は「なり」「にあり」に比べて用法上の制約があり、同じ断定表現として認めることはできない。はじめに「なり」「にあり」との差異に注目して、「にてあり」の性格を明らかにしていく。

3.1 属性明示の存在表現
　「なり」「にあり」は活用語や名詞に接続する。「にあり」の例を次に挙げる。
　（1）「然レバヨ、物ニ値ニケルニコソ有ケレ。」　　（27・37、活用語承接）
　（2）　僧正、其ノ気色ヲ恠ムデ問テ云ク、「彼レハ誰ソ」ト。答テ云ク、「陽勝ニ候フ」　　　　　　　　　　　　　　　（13・3、固有名詞承接）

これに対して、「にてあり」には前接語の制約があり、原則として、（1）のように活用語に接続することはなく、（2）のように固有名詞や代名詞に接続することもない。次に挙げるような資格や境遇を表す名詞に接続した例が多い。
　（3）　男子二人有ケルガ、兄ハ人ノ侍ナドニテ被仕ケリ、弟ハ比叡ノ山ノ僧ニテナム有ケル。　　　　　　　　　　　　（27・33、資格）
　（4）　此ノ女叫ビテ云ク、「我レハ此ノ家ノ娘ニテ有シガ、羊ニ成テ有ル也」　　　　　　　　　　　　　　　　　　　（9・18、過去の境遇）

（3）は「比叡ノ山ノ僧」という資格、（4）の「此ノ家ノ娘」は過去の境遇を表している。第14・15章でも述べたように、一般に、名詞には実体（指し示す事物そのもの）を表す側面と属性（実体の持つ性質・様態）を表す側面

の二つが認められ、資格・境遇などの名詞は属性を表す側面が強く、固有名詞・代名詞は実体を表す側面が強い。したがって「にてあり」は、属性を表す側面の強い名詞に接続すると言え、その属性を明示する働きがあると考えられる。

「にてあり」にはまた、(2) のように、質問に対して「～である」と答える応答文や「私は～だ」と自分の正体を明かす自己紹介の文に使われないという制約もある。応答で判断を述べたり、自分の正体という実体を表す側面を問題にしたりする場合に、属性を表す側面を問題にする「にてあり」は使われないのである[2]。ただし、過去の境遇を現在と対比して述べる場合には、(4) のように用いられている。現在と対比されることによって属性が問題とされているから使うことができるのである。

ところで (3) は、兄と弟を対比しており、兄は「侍として召し使われ」と独立動詞で受けているので、弟の「あり」も独立動詞と解したほうが自然である。独立動詞か補助動詞かの認定は困難であるが、次の例は明らかに独立動詞の例である。

(5) 此ノ盗人ハ、其ノ盗タル馬ニ乗テ「今ハ逃得ヌ」ト思ケレバ、関山ノ喬ニ<u>水ニテ有ル</u>所、痛クモ不走シテ、水ヲツブツブト歩バシテ行ケルニ、 (25・12)

この例は「関山ノ喬ニ」とあるように場所格の「に」を伴っているので、「あり」は独立動詞である。このように独立動詞と考えられる例はあるが、補助動詞としか考えられない例を指摘するのは難しいところから、「にてあり」の「あり」は独立動詞と考えたほうがよい。したがって「にてあり」は、「～である」の意を表す「なり」「にあり」に対して、「～としてある (存在する)」の意を表す、属性を明示する存在表現だったと考えられる[3]。

3.2 「にてあり」の表現効果

一見、「にてあり」が属性を表さない語に接続したように見える例もあるが、上で述べた「にてあり」の働きを念頭に置くと、逆に、なぜここで「にてあり」が用いられているのかという「にてあり」の表現効果を読み取るこ

とができる。

　先の（5）は、馬盗人が追っ手から逃げ切ったと思い、馬の速度を緩めて水溜まりをじゃぶじゃぶと歩かせている場面の例である。（3）（4）の「僧」や「娘」に比べ、「水」は属性を表すとは言いにくい。「山ノ喬」と言えば土だらけの地表を思い浮かべるのが普通だが、今の場合は水という属性を有する、つまり水溜まりがある。そのことを表すために「水ニテ有ル」とあるのではないだろうか。地面でありながら水溜まりのある状態だから「水ヲツブツブト歩バシテ行」くのである。

　次の例は、母親を虎に殺された李広が、虎の足跡を追う場面の例である。ついに臥している虎を見つけ、矢を放つと深く突き刺さった。

（6）　李広、我ガ母ヲ害セル虎ヲ射ツル事ヲ喜テ、寄テ見ルニ、射タル所
　　　　ノ虎、既ニ虎ニ似タル岩ニテ有リ。　　　　　　　　　（10・17）

　李広が親の敵の虎を射て喜んで近寄って見てみると、正体が虎に似た「岩」だとわかったというところに「にてあり」が使われている。「岩」も属性を表すとは言いにくい。だが、「寄テ見ルニ」を境として、「虎」から「岩」へと李広の認識が変わっている。つまり、李広にとって射る前に「虎」としてあったものが射た後には「岩」としてあるのである。ものは同じだが様子が変わったということをこの「ニテ有リ」は表しているのである。今昔物語集には、このような「見るに」とか「思へば」「聞けば」などに導かれて主体の認識が変わる描写が多く見られる。それが説話らしいテンポのよさを生み出している一因であると思われるが、「にてあり」を使うことによって、認識の変化後にどのようにあるのかという属性を際立たせる効果が出るのである[4]。

　次も認識が変化した後に用いた例である。固有名詞は属性として捉えにくいために、「にてあり」に接続しないことを先に述べた。しかし、不明だった実体が明らかになったり、実体が変化したりという特殊な状況では固有名詞でさえも属性と捉えうる。

（7）　辛クシテ夜明ヌレバ、先ヅ、我ガ抱キ奉レル仏ヲ見レバ、毘沙門天
　　　　ニテ在マス。　　　　　　　　　　　　　　　　　　　（17・42）

鬼の住む寺にそうとは知らずに老若二人の旅の僧が泊まった。夜半に鬼が現れ老僧は食われてしまう。若い僧は仏壇にのぼり仏を抱いて法華経を心の内で念じながら夜の明けるのを待っていた。夜が明けて抱いていた仏が明らかになったところに「にてあり」が使われている。どのような仏かという仏の属性が問題となった例だと言える。

このように、属性を明示させる「にてあり」の表現効果を意識すると、「なり」「にあり」とあるのとは違った読み方ができるのではないだろうか。

4　文体的視点

「にてあり」は10世紀の和文資料から用例が見られる。漢文訓読資料では用いられていないようで、和文の表現であると考えられる。これを踏まえて、今昔物語集での分布状況を見てみよう。3部に分けて用例数を示すと〔表1〕のようになる。

〔表1〕「にてあり」の分布

	天竺・震旦部	本朝仏法部	本朝世俗部
にてあり	34	141	308

和文の表現であるとの予想通り、本朝世俗部での用例が非常に多く、天竺・震旦部での用例が少ない。和文の表現が分布の偏りを見せる場合、ペアとなる漢文訓読文の表現があるのではないかと探してみると、一般に断定の助動詞とされる「たり」とその非縮約形の「とあり」がそれに当たるのではないかと考えられる。「たり」「とあり」には「にてあり」と同じ用法上の制約がある。(3)にならって前接語が「僧」の例を挙げる。

　（8）　寺ノ内ノ僧等、年ノ内ノ営トシテ法服ヲ調ヘテ、請僧タリ。(12・7)

　（9）　婆羅門僧正ト云フ、此レ也、大安寺ノ僧ト有リ。　　　(11・7)

「にてあり」と同様に、応答文や自己紹介の文に使われることはないが、現在の境遇と対比されるなど属性を表す側面が問題となった場合は用いられている。次の例は、天竺の国王が山で狩りをしている時に出会った、手から

甘露（不老不死の霊液）を降らせる裸の女が前世について述べたことばである。過去の「き」を用いていることからも、過去の境遇であることがわかる。
　(10)　「我レ、前世ニ人ト有リシ時ニ、国王ノ后ト有リキ。」　　　(4・14)
　このように「たり」「とあり」は、和文の表現である「にてあり」に対応する漢文訓読文の表現であると考えられる。今昔物語集の分布状況を見ると〔表2〕のようになる。

〔表2〕「たり」「とあり」の分布

	天竺・震旦部	本朝仏法部	本朝世俗部
たり	7	6	1
とあり	43	24	4

　天竺・震旦部での用例が多く、本朝世俗部での用例が少ない。その点で「にてあり」と相補的な関係にあると言うことはできるだろう。用例数を見ると、「とあり」に比べて「たり」が少なく、「たり」と「とあり」を合わせても「にてあり」より少ない点に気づく。
　「とあり」に比べて「たり」が少ないことに関して、春日和男（1968）は「なるべく和文調のものにしようとする作為的な意図」があると指摘している。漢文訓読語とされる語のなかには、日常的な用語と考えられるものや和文資料に用いられるものもあり、漢文訓読的性格に強弱があることが指摘されているが（関一雄 1991・田中牧郎 1990）、今の場合も、和文資料に僅かながらも例が見出せる「とあり」に対して「たり」は皆無と言ってよいので、「たり」は「とあり」よりも漢文訓読的性格が強いと言える。「たり」よりも「とあり」の使用例が多いのは、漢文訓読的性格の強い要素を避けたためだろう[5]。そして、「たり」「とあり」の用例数が「にてあり」に比べて少ないのも同じ理由によるのだと考えられる。漢文訓読調の強い本朝仏法部で「にてあり」が「たり」「とあり」を圧倒するのは、今昔物語集の撰者の文体として「にてあり」が選択されたことを示している。また、「たり」「とあり」「にてあり」の三者を足してみると、漢文訓読調の強い巻ほど用例数が少なくなるが、これは属性を明示する表現が、出典となった漢文にはないことによるものだ

と思われる。先の（7）は、出典とされる『法華験記』では「至明旦見之、所抱仏者毘沙門天王。」（中・57）とあり、属性明示の表現はない。そこに撰者は属性を明示する表現を使おうとして、「にてあり」を選択したのである。

5　歴史的視点

「にてあり」は「である」「であ」を経て、現代語の「だ」となった表現である。今昔物語集以降、次に挙げるように、活用語や固有名詞・代名詞に接続したり、応答文や自己紹介の文に使われたりした例が現れているので、断定表現に移行したと考えられる。

(11)　「只今御迎ニ参候ワムズルニテ候」　　　（延慶本平家物語、3本20ウ）

(12)　「只今コ、ニ出来タルハナム者ゾ。名乗リ候ヘ」……。直実申ケルハ、「是ハ直実ニテ候」　　　（延慶本平家物語、5本54ウ）

また、断定表現になったことで、属性を明示する表現のため少なかった否定表現の例が多くなり、「あらず」から「なし」への変化も起きて、「にてなし」の形も現れるようになった（小林賢次2000）。

(13)　是ハサセル其者ニテモ無シ、可被行死罪ニ（二）ニテハナケレドモ、

　　　　　　　　　　　　　　　　　　　　（延慶本平家物語、5本36オ）

なお、今昔物語集にも断定表現かと疑われる例が見られる。次の(14)～(16)は活用語に接続した例である。

(14)　心口極テ猛キ者ノ、物恐ヂ不為ニテゾ有ケル。　　　（26・7）

(15)　干タル魚ノ、切々ナルニテナム有ケル。　　　（31・31）

(16)　釈種ノ云ク、「何事ヲカ報ジ給ハム。可然キニテコソ有ラム、今ハカクコソハ有ラメ」ト。　　　（3・11）

(14)(15)はいわゆる同格の「の」があり、連体形の後にそれぞれ「者」「魚」を補って解せる例である。(16)は、次の例の類例と考えられる。

(17)　（家の主が）良藤ニ云ク、「可然キニテコソ此クテ御シツラメ、今ハ此クテ御セ」ト云テ、　　　（16・17）

この例は「にて」と「おはす」が分離しており、「おはす」が独立動詞だ

とわかる。(16)の「あり」も「こうなるはずの運命として、いるのだろう」のように、独立動詞と解するのがよいのである。以上の例は名詞に接続した例に準じて考えられ、平安期から見られる例である。ところが、次に挙げる(18)～(20)は、平安期の例とは異なっている。

(18) 此腫女ノ云ク、「……。独々ニ見セ奉レバ、各心々ニ宣ヘバ、何ニ可付ニテカ有ラムト思ヘテ、墓々シクモ被治不侍ヲ、其ニ、今日此集給フト聞テ、参タル也」　　　　　　　　　　　　　　(24・7)

(19) 「抑モ尼ハ何者ニテ有シゾ」ト問バ、尼、「己ハ故宰相殿ノ物張ニテナム侍リシ」　　　　　　　　　　(24・27、第15章注9の例)

(20) 其ノ尼、本ヨリ公ニ申シテ行フ事ニテモ无カリケレバ、訴ヘ申ス事モ無カリケリ。　　　　　　　　　　　　　　　　(31・1)

(18)は、先の例と同じく活用語に接続した例であるが、名詞に接続した例に準じて考えることはできない。「どの診断に従うのがよいだろうか」と解せるところで、属性とは捉えにくく「あり」を存在と見るのも難しい。(19)は、前接名詞は過去の境遇を表しているので問題はないものの、断定表現を要求する質問文に対する応答に用いている点で断定表現とも言えそうな例である。(20)は、今昔物語集に1例だけ見られる「にてなし」の例であり、「にてなし」の最も古い例となる[6]。

しかし、上の3例を日本語文法史上の断定表現の最古の確例とするには問題がある。2節で挙げたように、これらの例は、鈴鹿本の無い巻で、古本系統の本文が見られない巻の例であるからである。院政期の言語事象の例として今昔物語集を利用する場合、鈴鹿本にない用例については慎重に取り扱ったほうがよい。上の3例は、その点で問題のある例なのである。

6　おわりに

今昔物語集の「にてあり」という表現をとりあげ、二つの視点から考察した。文体的な視点からは「たり」「とあり」と相補的な関係にあることを示した上で、撰者の文体として「にてあり」が選択されたことを指摘した。歴

史的な視点からは、断定表現になる前の、属性を明示する存在表現の段階に留まっていることを指摘した。ただし、鈴鹿本の現存しない巻には、新しい表現が混入していると思われることを述べた。

今昔物語集を語法史研究で用いる場合には、古代語という大きな括りのなかで扱う場合はともかくとして、中古から中世にかけて変化する語法を対象とするのであれば、本文の資料性について留意する必要がある。今昔物語集に限らず、日本語の歴史を描くにあたって、資料の成立年代と書写年代とを同一視しないよう心掛けておかなければならない[7]。

注
1) 佐藤武義（1984）に詳細な研究史の記述がある。また、撰者固有の文体を探る研究は、変体漢文の影響を論じた峰岸明（1986）を受けて、山口佳紀（1993）が、撰者固有の文体が変体漢文を基調としたものと主張したことから注目されるようになる。それに対して舩城俊太郎（2011・第4章）は、当時の僧侶の口頭語が基調であるとした。その他に、撰者の個性的な文体に迫る山口仲美（1984）や、『法華験記』からの影響を撰者の文体に見ようとする藤井俊博（2003）の論もある。
2) 南里一郎（1995）は「対象を唯一無二の何であるかに同定して示した表現」に「にてあり」を用いた例がないことを指摘している。
3) このような見方は、「あり」を存在表現として、前接語を「状態・資格」と捉えた佐伯梅友（1956）や「在り方」と捉えた南里一郎（1995）と重なる。山口堯二（2003）も「にて」を「格助詞寄り」とし「助動詞寄り」の「にて」とは区別している。
4) 桜井光昭（1982）はこのような例を断定表現への移行的な例とするが、平安期にも例があるので認識変化の描写の多い説話というジャンルの性格上目立つと解される。
5) 山口佳紀（1993）がク語法に生産性がないことを指摘しているように、今昔物語集の撰者には漢文訓読的性格の強い要素を避けようとする意図があるように思われる。漢文訓読語とされる要素についても、「すみやかに」が和文的な用法を引き継いだものであることを明らかにした山本真吾（1988）のように、その語の性格を改めて検討する必要がある。
6) 同じく古い例としては堤中納言物語の「思はぬ方にとまりする少将」に、「あ

るまじき所へおはする<u>にても</u>なし」(64頁)の例があるが、物語の成立時期と資料性に問題がある。活用語に接続している点からも時代の下った例ではないかと思われる。

7) このような意識のもとに、吉田永弘 (2012) では、平家物語をとりあげて、日本語史の資料としての取り扱い方を考察し、吉田永弘 (2002) では、語法史の観点から、屋代本平家物語の書写年代の推定を試みた。

使用テキスト

【あ行】

天草版平家物語……近藤政美・池村奈代美・濱千代いづみ『天草版平家物語語彙用例総索引』(勉誠出版、1999)

天草本金句集……山内洋一郎『天草本金句集の研究』(汲古書院、2007)

あゆひ抄……勉誠社文庫(勉誠社)

和泉式部日記……東節夫・塚原鉄雄・前田欣吾『和泉式部日記総索引』(武蔵野書院、1959)

伊勢物語……[2・15章]日本古典文学大系(岩波書店)、[7・8・11章]新編日本古典文学全集(小学館)、大野晋・辛島稔子『伊勢物語総索引』(明治書院、1972)

今鏡…………榊原邦彦・藤掛和美・塚原清『今鏡本文及び総索引』(笠間書院、1984)

浮世風呂……日本古典文学大系(岩波書店)

雨月物語……鈴木丹士郎『雨月物語本文及び総索引』(武蔵野書院、1990)

宇治拾遺物語……日本古典文学大系(岩波書店)、栄田四郎『宇治拾遺物語総索引』(清文堂出版、1975)

打聞集………東辻保和『打聞集の研究と総索引』(清文堂、1981)

うつほ(宇津保)物語……新編日本古典文学全集(小学館)、宇津保物語研究会『宇津保物語 本文と索引』(笠間書院、1982)

雲州往来……三保忠夫・三保サト子『雲州往来 享禄本 研究と総索引』(和泉書院、1997)

栄花物語……日本古典文学大系(岩波書店)、高知大学人文学部国語史研究会『栄花物語 本文と索引』(武蔵野書院、1985)

エソポのハブラス……大塚光信・来田隆『エソポのハブラス 本文と総索引』(清文堂出版、1999)

延慶本平家物語……北原保雄・小川栄一『延慶本平家物語(本文篇・索引篇)』(勉誠出版、1999)

応永二十七年本論語抄……抄物大系(勉誠社)

往生要集　→最明寺本往生要集

落窪物語……[10章]日本古典文学大系(岩波書店)、[13章]新編日本古典文

学全集（小学館）、松尾聰・江口正弘『落窪物語総索引』（明治書院、1967）

御伽草子……日本古典文学大系（岩波書店）、榊原邦彦・藤掛和美・塚原清『御伽草子総索引』（笠間書院、1988）

大鏡…………［3・7・13章］新編日本古典文学全集（小学館）、［4・14・15章］日本古典文学大系（岩波書店）

おらしよの飜譯……林重雄『ばうちずもの授けやう　おらしよの飜譯　本文及び総索引』（笠間書院、1981）

折たく柴の記……日本古典文学大系（岩波書店）

【か行】

海道記………鈴木一彦・猿田知之・中山緑朗『海道記総索引』（明治書院、1976）

覚一本平家物語……［1・3・4・5・6・10・11章］新日本古典文学大系（岩波書店、底本は高野本）、［2・15章］日本古典文学大系（岩波書店、底本は龍谷大学本）、近藤政美・武山隆昭・近藤三佐子『平家物語　高野本　語彙用例総索引　自立語篇』（勉誠社、1996）、近藤政美・武山隆昭・池村奈代美・濱千代いづみ・近藤三佐子『平家物語　高野本　語彙用例総索引　付属語篇』（勉誠出版、1999）

神楽歌拾遺……日本古典文学大系『古代歌謡集』（岩波書店）

蜻蛉日記……［1・5章］新編日本古典文学全集（小学館）、［2・15章］日本古典文学大系（岩波書店）、［4・10章］佐伯梅友・伊牟田経久『改訂新版かげろふ日記総索引』（風間書房、1981）

仮名書き法華経……中田祝夫『足利本仮名書き法華経』（勉誠社、1976）

仮名法語集……日本古典文学大系（岩波書店）

鎌倉遺文……竹内理三『鎌倉遺文』（東京堂出版）

義経記………日本古典文学大系（岩波書店）、大塚光信・天田比呂志『義経記文節索引』（清文堂、1982）

きのふはけふの物語……日本古典文学大系（岩波書店）

ぎやどぺかどる……豊島正之『キリシタン版ぎやどぺかどる　本文・索引』（清文堂、1987）

九暦…………大日本古記録（岩波書店）

狂言六義……北原保雄・小林賢次『狂言六義全注』（勉誠社、1991）

玉塵抄………抄物大系（勉誠社）

桐火桶………日本歌学大系（風間書房）

愚管抄………日本古典文学大系（岩波書店）
群書治要……小林芳規・山本秀人・原卓志・山本真吾・佐々木勇『宮内庁書陵部蔵本群書治要経部語彙索引』（汲古書院、1996）
解脱門義聴集記……土井光祐『鎌倉時代法談聞書類の国語学的研究　影印篇』（汲古書院、2010）
源氏物語……池田亀鑑『源氏物語大成　校異篇』（中央公論社、1984 普及版）、上田英代・村上征勝・今西祐一郎・樺島忠夫・上田裕一『源氏物語語彙用例総索引　自立語篇』（勉誠社、1994）、上田英代・村上征勝・今西祐一郎・樺島忠夫・上田裕一・藤田真理『源氏物語語彙用例総索引　付属語篇』（勉誠社、1996）
源平盛衰記……『源平盛衰記（三）』（三弥井書店、1994）
建礼門院右京大夫集……新編日本古典文学全集（小学館）、井狩正司『建礼門院右京大夫集　校本及び総索引』（笠間書院、1969）
好色一代女……日本古典文学大系（岩波書店）
好色五人女……日本古典文学大系（岩波書店）
好色伝受……坂梨隆三・小木曽智信・酒井わか菜・村上謙『好色伝受　本文・総索引・研究』（笠間書院、2000）
興福寺本大慈恩寺三蔵法師伝……築島裕『興福寺本大慈恩寺三蔵法師伝古点の国語学的研究』（東京大学出版会、1965）
古今和歌集……［1・6・7・8章］新日本古典文学大系（岩波書店）、［11章］日本古典文学大系（岩波書店）、［13章］新編日本古典文学全集（小学館）、西下経一・滝沢貞夫『古今集総索引』（明治書院、1958）
古今和歌六帖……『新編国歌大観　第2巻』（角川書店）
古今著聞集……［2・4・15章］日本古典文学大系（岩波書店）、［14章］新潮日本古典集成（新潮社）、峰岸明・有賀嘉寿子『古今著聞集総索引』（笠間書院、2002）
古事談………有賀嘉寿子『古事談語彙索引』（笠間書院、2009）
後撰和歌集……新日本古典文学大系（岩波書店）
権記…………『増補史料大成』（臨川書店）
古本説話集……［4・14章］山内洋一郎『古本説話集総索引』（風間書房、1969）、新日本古典文学大系（岩波書店）
コリャード懺悔録……大塚光信『コリャード懺悔録』（岩波文庫、1986）
金光明最勝王経古点……春日政治『西大寺本金光明最勝王経古点の国語学的研究』勉誠社復刊、1969

今昔物語集……日本古典文学大系（岩波書店）、馬淵和夫『今昔物語集文節索引』（笠間書院）

【さ行】

最明寺本往生要集……築島裕・坂詰力治・後藤剛『最明寺本　往生要集（影印篇・譯文篇・索引篇）』（汲古書院、1988-2003）

狭衣物語……日本古典文学大系（岩波書店）、塚原鉄雄、秋本守英、神尾暢子『狭衣物語語彙索引』（笠間書院、1975）

定頼集………森本元子『定頼集全釈』（風間書房、1989）

讃岐典侍日記……［10章］今小路覚瑞・三谷幸子『校本讃岐典侍日記』（初音書房、1967）、［14章］新編日本古典文学全集（小学館）

更級日記……［5・7・8・10・11章］新編日本古典文学全集（小学館）、［14章］日本古典文学大系（岩波書店）、東節夫・塚原鉄雄・前田欣吾『更級日記総索引』（武蔵野書院、1956）

三教指帰注……築島裕・小林芳規『中山法華経寺蔵本三教指帰注総索引及び研究』（武蔵野書院、1981）

三宝絵詞……馬淵和夫・中央大学国語研究会『三宝絵詞自立語索引』（笠間書院、1985）

三宝感応要略録……芳賀矢一『攷証今昔物語集　天竺震旦部』（冨山房、1913）、『大正新脩大蔵経』51（大正新脩大蔵経刊行会、1973）

史記桃源抄（史記抄）……亀井孝・水沢利忠『史記桃源抄の研究』（日本学術振興会、1965-1973）

四条宮下野集……久保木哲夫『四条宮下野集　本文及び総索引』（笠間書院、1970）

地蔵十輪経元慶七年点……中田祝夫『改訂版　古点本の国語学的研究』（勉誠社、1979）

十訓抄………新編日本古典文学全集（小学館）、泉基博『十訓抄本文と索引』（笠間書院、1982）

沙石集………［2・4章］日本古典文学大系（岩波書店）、『慶長十年古活字本沙石集総索引』（勉誠社、1980）

斜陽…………『太宰治全集　9』（ちくま文庫、1989）

拾遺和歌集……新日本古典文学大系（岩波書店）

周易抄………鈴木博『周易抄の国語学的研究（影印篇・研究篇）』（清文堂出版、1972）

捷解新語……林義雄『四本和文対照捷解新語』（専修大学出版局、2006）

正徹物語……日本古典文学大系『歌論集能楽論集』(岩波書店)
正法眼蔵……日本古典文学大系 (岩波書店)
正法眼蔵随聞記……日本古典文学大系 (岩波書店)
小右記………大日本古記録 (岩波書店)
続日本紀宣命……北川和秀『続日本紀宣命　校本・総索引』(吉川弘文館、1982)
新古今和歌集……新日本古典文学大系 (岩波書店)、滝沢貞夫『新古今集総索引』
　　　　　　　(明治書院、1970)
信西日本紀鈔……中村啓信『信西日本紀鈔とその研究』(高科書店、1990)
新続古今集……和歌文学大系 (明治書院)
神皇正統記……日本古典文学大系 (岩波書店)
親鸞集………日本古典文学大系 (岩波書店)
世阿弥自筆能本……月曜会『世阿弥自筆能本集』(岩波書店、1997)
西源院本太平記……鷲尾順敬『西源院本太平記』(刀江書院、1936)
世間胸算用……日本古典文学大系 (岩波書店)
醒睡笑………岩淵匡他『醒睡笑　静嘉堂文庫蔵　本文編』(笠間書院、1982)、岩
　　　　　　淵匡・桑山俊彦・細川英雄『醒睡笑　静嘉堂文庫蔵　索引編』(笠
　　　　　　間書院、1998)
雑兵物語……深井一郎『雑兵物語研究と総索引』(武蔵野書院、1973)
曽我物語……日本古典文学大系 (岩波書店)、大野晋・武藤宏子『曽我物語総索
　　　　　　引』(至文堂、1979)

【た行】

大慈恩寺三蔵法師伝　→興福寺本大慈恩寺三蔵法師伝
太平記………日本古典文学大系 (岩波書店、底本は慶長八年古活字本)　→西源
　　　　　　院本太平記、土井本太平記
太陽コーパス……国立国語研究所『太陽コーパス』(博文館新社、2005)
高倉院升遐記……新日本古典文学大系 (岩波書店)
高野本平家物語　→覚一本平家物語
篁物語………日本古典文学大系 (岩波書店)、小久保崇明『篁物語　校本及び総
　　　　　　索引』(笠間書院、1970)
竹取物語……[1・11章] 新編日本古典文学全集 (小学館)、[8・14・15章] 日
　　　　　　本古典文学大系 (岩波書店)、山田忠雄『竹取物語総索引』(武蔵野
　　　　　　書院、1977)
歎異抄………山田巌・木村晟『歎異抄　本文と索引』(新典社、1986)

使用テキスト　299

近松浄瑠璃（作品名、巻・頁）……近松全集（岩波書店）
竹柏園本平家物語……天理図書館善本叢書45・46『平家物語　竹柏園本（上・下）』（八木書店、1978）
中華若木詩抄……新日本古典文学大系（岩波書店）、勉誠社文庫（勉誠社）、深野浩史『中華若木詩抄巻之上文節索引（巻之中文節索引・巻之下文節索引）』（笠間書院、1983、1986、1989）
中興禅林風月集抄……来田隆『中興禅林風月集抄総索引』（清文堂、2008）
筑波問答……日本古典文学大系『連歌論集俳論集』（岩波書店）
堤中納言物語……［16章］新日本古典文学大系（岩波書店）、［2・15章］日本古典文学大系（岩波書店）、鎌田広夫『堤中納言物語総索引』（白帝社、1966）
徒然草………［1・7・8・10・11・12章］新日本古典文学大系（岩波書店、底本は正徹本）、［4章］日本古典文学大系（岩波書店、底本は烏丸光広本）、時枝誠記『改訂版徒然草総索引』（至文堂、1967）
貞信公記……大日本古記録（岩波書店）
土井本太平記……西端幸雄・志甫由紀恵『土井本太平記　本文及び語彙索引』（勉誠社、1997）
東海道中膝栗毛……日本古典文学大系（岩波書店）
多武峯少将物語……小久保崇明『多武峯少将物語　本文及び総索引』（笠間書院、1972）
土左日記……［1・7・8・11章］新編日本古典文学全集（小学館）、［2・4・10・15章］日本古典文学大系（岩波書店）
杜詩続翠抄……続抄物資料集成（清文堂出版）
どちりなきりしたん……小島幸枝『どちりなきりしたん総索引』（風間書房、1971）
虎明本狂言……大塚光信『大蔵虎明能狂言集　翻刻註解』（清文堂、2006）、［2章］池田廣司・北原保雄『大蔵虎明本狂言集の研究』（表現社、1972）
とはずがたり……新潮日本古典集成（新潮社）

【な行】

長門本平家物語……岡山大学池田家文庫等刊行会『岡山大学本平家物語　二十巻』（福武書店、1975）
難波鉦………酉水庵無底居士作・中野三敏校注『色道諸分　難波鉦』（岩波文庫、1991）
南総里見八犬伝……新潮日本古典集成（新潮社）

日蓮遺文……『日蓮大聖人御真蹟対照録』立正安国会
日蓮集………日本古典文学大系（岩波書店）
日葡辞書……土井忠生・森田武・長南実『邦訳日葡辞書』（岩波書店、1980）、『キリシタン版日葡辞書　カラー影印版』（勉誠出版、2013）
日本永代蔵……日本古典文学大系（岩波書店）
日本大文典（頁）……土井忠生訳『ロドリゲス　日本大文典』（三省堂、1992 復刊）
人間失格……太宰治『人間失格・グッド・バイ　他一篇』（岩波文庫、1988）

【は行】

ばうちずもの授けやう……林重雄『ばうちずもの授けやう　おらしよの翻譯　本文及び総索引』（笠間書院、1981）
浜松中納言物語……日本古典文学大系（岩波書店）、池田利夫『浜松中納言物語総索引』（武蔵野書院、1973）
百二十句本平家物語……慶應義塾大學附属研究所斯道文庫『平家物語　百二十句本』（汲古書院、1970）
平家物語　→天草版平家物語、延慶本平家物語、覚一本平家物語、長門本平家物語、百二十句（斯道文庫）本平家物語、真字熱田本平家物語
平家物語〈流布本〉……梶原正昭『平家物語』（桜楓社、1977、底本は元和七年刊本）
平治物語……日本古典文学大系（岩波書店）
仏教説話集……山内洋一郎『金澤文庫本　佛教説話集の研究』（汲古書院、1997）
平安遺文……竹内理三『平安遺文』（東京堂出版）
平中物語……［8 章］新編日本古典文学全集（小学館）、［2・10・15 章］日本古典文学大系（岩波書店）、曽田文雄『平中物語総索引』（初音書房、1968）
保元物語……日本古典文学大系（岩波書店）
方丈記………［1 章］新日本古典文学大系（岩波書店）、［2 章］日本古典文学大系（岩波書店）、青木伶子『方丈記総索引』（武蔵野書院、1965）
法然書状……『昭和新修法然上人全集』（平楽寺書店）
宝物集……月本直子・月本雅幸『宮内庁書陵部蔵本宝物集総索引』（汲古書院、1993）
法華経玄賛巻第三……石山寺文化財綜合調査団『石山寺資料叢書聖教篇第一』（法蔵館、1999）
法華験記……日本思想大系（岩波書店）

法華百座聞書抄……小林芳規『法華百座聞書抄総索引』（武蔵野書院、1975）
発心集………高尾稔・長嶋正久『発心集　本文・自立語索引』（清文堂出版、1985）

【ま行】

舞の本………新日本古典文学大系（岩波書店）
枕草子………［2・14・15章］日本古典文学大系（岩波書店）、［6・7・12・13章］新編日本古典文学全集（小学館）、松村博司『枕草子総索引』（右文書院、1967）
増鏡…………日本古典文学大系（岩波書店）、門屋和雄『増鏡総索引』（明治書院、1978）
真字熱田本平家物語……『真字熱田本平家物語』（侯爵前田家育徳財団、1941）
万葉集………［3・4章］日本古典文学大系（岩波書店）、［5・8章］……新日本古典文学大系（岩波書店）
三河物語……日本思想大系（岩波書店）
水鏡…………榊原邦彦『水鏡　本文及び総索引』（笠間書院、1990）
御堂関白記……大日本古記録（岩波書店）、『陽明文庫蔵本御堂関白記自筆本総索引』（汲古書院）
無名草子……新潮日本古典集成、坂詰力治『無名草子総索引』（笠間書院、1975）
室町物語集……新日本古典文学大系（岩波書店）
紫式部日記……［2・7・15章］日本古典文学大系（岩波書店、底本は群書類従本）、新日本古典文学大系（岩波書店、底本は黒川本）、『黒川本紫日記　宮内庁書陵部蔵』（笠間書院、1974）、［10章］石井文夫・青島徹『紫式部日記用語索引　改訂増補』（巌南堂、1968）
蒙求抄………抄物資料集成第6巻『毛詩抄・蒙求抄』（清文堂、1971）
毛詩抄………京都大学文学部国語学国文学研究室『林宗二林宗和自筆　毛詩抄』（臨川書店、2005）

【や行】

大和物語……［1・8章］新編日本古典文学全集（小学館）、［2・14章］日本古典文学大系（岩波書店）、塚原鉄雄・曽田文雄『大和物語語彙索引』（笠間書院、1970）
湯山聯句抄……来田隆『湯山聯句抄本文と総索引』（清文堂、1997）
夜の寝覚……［6章］日本古典文学大系（岩波書店）、阪倉篤義、高村元継、志水富夫共『夜の寝覚総索引』（明治書院、1974）

【ら行】

羅葡日対訳辞書……金沢大学法文学部国文学研究室『ラホ日辞典の日本語（本文篇・索引篇）』（勉誠出版、2005再刊）、『羅葡日対訳辞書』（勉誠社、1979）

蘭東事始……日本古典文学大系（岩波書店）

理屈物語……噺本大系（東京堂出版）

梁塵秘抄……小林芳規・神作光一・王朝文学研究会『梁塵秘抄総索引』（武蔵野書院、1972）

驢鞍橋………鈴木正三著・鈴木大拙校訂『驢鞍橋』（岩波文庫、1948）、引用は、万治三年刊本による。

論語聞書……坂詰力治『論語抄の国語学的研究　研究・索引篇』（武蔵野書院、1987）、「国立国会図書館蔵「論語聞書」」『近代語研究　第三集』（武蔵野書院、1972）

【わ行】

和歌庭訓……日本歌学大系（風間書房）

※古記録・古文書の調査には、東京大学史料編纂所のデータベースを利用した。

参考文献

【あ行】

青木博史（2010）『語形成から見た日本語文法史』ひつじ書房
青木博史（2013）「複合動詞の歴史的変化」『複合動詞研究の最先端』ひつじ書房
青木博史（2018）「可能表現における助動詞「る」と可能動詞の競合について」『バリエーションの中の日本語史』くろしお出版
穐田定樹（1976）『中古中世の敬語の研究』清文堂
穐田定樹（2008）『古記録資料の敬語の研究』清文堂
李　淑姫（2002）「『応永二十七年本論語抄』の因由形式の階層」『筑波日本語研究』7
生野浄子（1961）「「ため」「ゆゑ」の意味変化に就いて」『学習院大学国語国文学会誌』5
石井幸子（1979）「尊敬助動詞「る・らる」の一用法―最高級位者を動作主とする場合―」『解釈』25巻9号
石垣謙二（1955）『助詞の歴史的研究』岩波書店
泉　基博（1998）『十訓抄の敬語表現についての研究』笠間書院
出雲朝子（1982）『玉塵抄を中心とした室町時代語の研究』桜楓社
糸井通浩（2008）「不可能の自覚―語りと副詞「え」の用法」『王朝物語のしぐさとことば』清文堂、『古代文学言語の研究』（和泉書院、2018）所収
稲垣瑞穂（1965）「国語史上における指定辞「タリ」・「トアリ」―平安初期の点本より今昔物語集に及ぶ―」『明石工業高等専門学校紀要』1
井上　優（2009）「「動作」と「変化」をめぐって」『国語と国文学』86巻11号
今泉忠義（1931）「助動詞る・らるの意味分化」『国学院雑誌』37巻3号
今井　亨（2017）「「る・らる」の意味術語「自発」の定着まで―古典文法の実用の歴史―」『岐阜聖徳学園大学国語国文学』36
伊牟田経久（1969）「助動詞小辞典・たり（断定）」『月刊文法』1巻7号
ウェスリー・M・ヤコブセン（2004）「日本語における目的表現に関する一考察―「ために」「ように」「のに」を中止に―」『言語と教育―日本語を対象として―』くろしお出版
上村悦子（1987）『蜻蛉日記解釈大成　3』明治書院

江波　煕（1937）『例文通釈新撰古語辞典』冨士出版
遠藤邦基（2002）『読み癖注記の国語史研究』清文堂
大久保一男（1995）『源氏物語の敬語法』おうふう
大久保一男（2016）「「思さる」の「る」」『国語研究』（国学院大学）79
大鹿薫久（1987）「使役と受動（二）」『山辺道』31号
大槻文彦（1889）「語法指南」『言海』所収
大坪併治（1981）『平安時代における訓点語の文法』風間書房
大坪併治（1998）『国語史論集　下』風間書房
大野　晋（1984）「古典語の助動詞と助詞」『時代別・作品別解釈文法』至文堂
大野　晋（1987）『文法と語彙』岩波書店
岡崎正継（1971）「中世の敬語—受益敬語について—」『国学院雑誌』72巻11号、『中古中世語論攷』（和泉書院、2016）所収
岡崎正継・大久保一男（1991）『古典文法別記』秀英出版
岡崎正継（1996）『国語助詞論攷』おうふう
岡部嘉幸（2018）「「非情の受身」のバリエーション—近代以前の和文資料における—」『バリエーションの中の日本語史』くろしお出版
岡村和江（1984）「たり（断定）」『助動詞と助詞の手帖』（『国文学解釈と教材の研究』）
小川栄一（1986a）「指定のニアリとニテアリとの対立—下接助動詞の傾向より考える—（Ⅰ）」福井大学『国語国文学』25
小川栄一（1986b）「「指定のニアリとニテアリとの対立—下接助動詞の傾向より考える—（Ⅱ）」『福井大学教育学部紀要　第Ⅰ部　人文科学（国語学・国文学・中国学篇）』35
奥津敬一郎（1975）「形式副詞論序説—「タメ」を中心として」『人文学報』104
奥津敬一郎（1983）「続・形式副詞論—目的・理由の形式副詞—」『現代方言学の課題　第1巻　社会的研究篇』明治書院
小田　勝（2006）『古代語構文の研究』おうふう
小田　勝（2010）『古典文法詳説』おうふう
小田　勝（2015）『実例詳解古典文法総覧』和泉書院
尾上圭介（1998a）「文法を考える5　出来文（1）」『日本語学』17巻7号
尾上圭介（1998b）「文法を考える6　出来文（2）」『日本語学』17巻10号
尾上圭介（1999）「文法を考える7　出来文（3）」『日本語学』18巻1号
尾上圭介（2001）『文法と意味Ⅰ』くろしお出版
澤瀉久孝（1958）『萬葉集注釋　巻第三』中央公論社

【か行】

春日和男　（1964）「断定の助動詞「たり」」『国文学　解釈と教材の研究』9 巻 13 号
春日和男　（1968）『存在詞に関する研究』第 1 章第 4 節、風間書房
春日政治　（1942）『西大寺本金光明最勝王経古点の国語学的研究』勉誠社 1969 による。
亀井　孝　（1955）『概説文語文法』吉川弘文館
辛島美絵　（2003）『仮名文書の国語学的研究』清文堂
辛島美絵　（2015）「仮名文書の資料性―理由を表す「によりて」節の表現から―」『九州産業大学国際文化学部紀要』61
川端善明　（1978）「形容詞文・動詞文概念と文法範疇―述語の構造について―」『論集日本文学・日本語　5　現代』角川書店
川村　大　（1993）「ラル形式の機能と用法」松村明先生喜寿記念会『国語研究』明治書院
川村　大　（2005）「ラレル形述語文をめぐって―古代語の観点から―」『日本語文法』5 巻 2 号
川村　大　（2012）『ラル形述語文の研究』くろしお出版
川村　大　（2013）「ラレル形述語文における自発と可能」『日本語学』32 巻 12 号
菊地康人　（1994）『敬語』角川書店、講談社学術文庫所収
北原保雄　（1967）「「なり」の構造的意味」『国語学』68
義門　　　（1844）『活語指南』勉誠社文庫による。
清瀬良一　（1986）「天草版平家物語に見られる口語訳の諸相―『平家物語』の尊敬動詞を視点にした場合―」愛知教育大学『国語国文学報』43
清瀬良一　（1987）「天草版平家物語の謙譲動詞―「賜はる」の類について―」『鈴峯女子短期大学人文社会科学研究集報』34
金水　敏　（1991）「受動文の歴史についての一考察」『国語学』164
金田一春彦（1953）「不変化助動詞の本質（上）（下）―主観的表現と客観的表現の別について―」『国語国文』22 巻 2・3 号
国広哲弥　（1982）「タメニ・ヨウニ」『ことばの意味 3』平凡社
黒沢幸子　（1978）「尊敬助動詞「る・らる」の用法―『古今著聞集』を中心として―」東洋大学『文学論叢』53
古川俊雄　（1996）「日本語の授受動詞「下さる」の歴史的変遷」『広島大学教育学部紀要　第二部』45

小久保崇明（1987）「「御衣たまはり給へりしを」小考―「たまはる」について―」日本大学『語文』69
国立国語研究所（2017）『日本語歴史コーパス』バージョン 2017.9 https://chunagon.ninjal.ac.jp/
小杉商一（1979）「非情の受身について」『田辺博士古稀記念助詞助動詞論叢』桜楓社
此島正年（1971）『国語助詞の研究　助詞史素描』桜楓社
此島正年（1973）『国語助動詞の研究　体系と歴史』桜楓社
小林賢次（1996）『日本語条件表現史の研究』ひつじ書房
小林賢次（2000）『狂言台本を主資料とする中世語彙語法の研究』勉誠出版
小林千草（1994）『中世のことばと資料』武蔵野書院
小林芳規（1971）「中世片仮名文の国語史的研究」『広島大学文学部紀要』3
小柳智一（2003）「名詞の論―名詞の本質―」『国語研究』（国学院大学）67
小柳智一（2004）「ベシ・ラシ・ラムの接続について」『国学院雑誌』105 巻 2 号
小柳智一（2005）「上代語―解釈と文法の研究」『国文学』50 巻 5 号、學燈社
小柳智一（2018）『文法変化の研究』くろしお出版
近藤政美（2008）『天草版『平家物語』の原拠本、および語彙・語法の研究』和泉書院

【さ行】

佐伯梅友（1956）「『にあり』から『である』へ」『国語学』26
阪倉篤義（1993）『日本語表現の流れ』岩波書店
坂梨隆三（1975）「ラ行下二段活用の四段化」『国語と国文学』52 巻 1 号、『近世語法研究』（武蔵野書院、2006）所収
桜井光昭（1966）『今昔物語集の語法の研究』明治書院
桜井光昭（1971）「近代の敬語Ⅰ」講座国語史第五巻『敬語史』大修館書店
桜井光昭（1981）「今昔物語集助動詞一覧（一）―『なり』（断定）―」早稲田大学教育学部『学術研究―国語・国文学編―』30
桜井光昭（1982）「今昔物語集に見るダの源流をめぐって」『国語学』131
桜井光昭（1983）『敬語論集―古代と現代―』明治書院
桜井光昭（1985）「今昔物語集の断定の助動詞ナリの周辺―ニアリ・ニテアリと―」『国文学研究』85
佐藤武義（1984）『今昔物語集の語彙と語法』明治書院
柴生田稔（1944）「古代における「ため」の意味用法について」『国語学論集』岩

波書店、『万葉の世界』所収
渋谷勝己（1993）「日本語可能表現の諸相と発展」『大阪大学文学部紀要』33-1
渋谷勝己（2005）「日本語可能形式にみる文法化の諸相」『日本語の研究』1巻3号
渋谷勝己（2006）「自発・可能」『シリーズ方言学2　方言の文法』岩波書店
清水教子（2005）『平安後期公卿日記の日本語学的研究』翰林書房
鈴木　泰（1985）「〈ナリ述語〉と〈タリ述語〉」『日本語学』4巻10号
鈴木　泰（1992）『古代日本語動詞のテンス・アスペクト―源氏物語の分析―』ひつじ書房
鈴木　泰（2009）『古代日本語時間表現の形態論的研究』ひつじ書房
鈴木　博（1972）『周易抄の国語学的研究』清文堂出版
鈴木　恵（1982）「原因・理由を表す「間」の成立」『国語学』128
関　一雄（1991）『平安時代和文語の研究』笠間書院
瀬間正之（2015）「上代日本語敬語表記の諸相―「見」「賜」「奉仕」「仕奉」―」『上智大学国文学科紀要』32

【た行】

高橋太郎（2005）『日本語の文法』ひつじ書房
高見三郎（1996）「抄物の逆接「テモ」」『国語国文』65巻5号
高山善行（2005）「助動詞「む」の連体用法について」『日本語の研究』1巻4号
竹内史郎（2006）「ホドニの意味拡張をめぐって―時間関係から因果関係へ―」『日本語文法』6巻1号
竹内史郎（2007）「節の構造変化による接続助詞の形成」『日本語の構造変化と文法化』ひつじ書房
田島毓堂（1977）『正法眼蔵の国語学的研究』笠間書院
田中敏生（1983）「否定述語・不確実述語の作用面と対象面―陳述副詞の呼応の内実を求めて―」『日本語学』2巻10号
田中牧郎（1990）「平安和文の中の漢文訓読語をめぐって―「訓点特有語」とされる動詞の一考察―」『学苑』602
陳　君慧（2005）「文法化と借用―日本語における動詞の中止形を含んだ後置詞を例に―」『日本語の研究』1巻3号
築島　裕（1963）『平安時代の漢文訓読語につきての研究』東京大学出版会
築島　裕（1969）『平安時代語新論』東京大学出版会
寺村秀夫（1984）『日本語のシンタクスと意味Ⅱ』くろしお出版
土井忠生（1938）「近古の語法」『国語史論攷』（三省堂、1979）所収

土井洋一（1982）「近代の文法Ⅰ」『講座国語史4　文法史』大修館書店
時枝誠記（1941）『国語学原論』岩波書店
土岐留美江（2010）『意志表現を中心とした日本語モダリティの通時的研究』ひつじ書房

【な行】

中田祝夫（1968）「断定（なり・たり・だ・です）」『国文学　解釈と鑑賞』33巻12号
中田祝夫（1976）『応永二十七年本論語抄』解説、勉誠社
中田祝夫（1979）『改訂版　古点本の国語学的研究　訳文篇』勉誠社
中西宇一（1996）『古代語文法論　助動詞篇』和泉書院
中村幸弘（1979）「補助動詞『あり』小論」『田邊博士古稀記念国語助詞助動詞論叢』桜楓社、『補助用言に関する研究』（右文書院、1995）所収
中村幸弘・碁石雅利（2012）『日本古典　文・和歌・文章の構造』新典社
南里一郎（1995）「〈ニテアリ〉語法の表現性をめぐって」『語文研究』79
西田太一郎（1980）『漢文の語法』角川書店
西田直敏（1964）「可能（含自発）の助動詞」『国文学　解釈と教材の研究』9巻13号
仁科　明（2003）「『名札性』と『定述語性』―万葉集運動動詞の終止・連体形終止―」『国語と国文学』80巻3号
仁科　明（2006）「『恒常』と『一般』―日本語条件表現における」『国際関係・比較文化研究』4巻2号
仁科　明（2007）「『終止なり』の上代と中古―体系変化と成員―」『日本語の構造変化と文法化』ひつじ書房
日本語記述文法研究会（2008）『現代日本語文法⑥　第11部複文』くろしお出版
根来　司（1969）『平安女流文学の文章の研究』笠間書院
野村剛史（1993a）「上代語のノとガについて（下）」『国語国文』62巻3号
野村剛史（1993b）「古代から中世の『の』と『が』」『日本語学』12巻10号
野村剛史（1995）「ズ、ム、マシについて」『宮地裕・敦子先生古稀記念論集　日本語の研究』明治書院

【は行】

橋本研一（1979）「『べし』における可能の意味―『可能』の意味史序説―」『田邊博士古稀記念国語助詞助動詞論叢』桜楓社

橋本四郎（1953）「動詞の終止形—辞書・注釈書を中心とする考察—」『国語国文』22巻12号、『橋本四郎論文集　国語学編』所収
橋本進吉（1948）『新文典別記　文語篇』冨山房
橋本進吉（1969）『助詞・助動詞の研究』岩波書店
蜂谷清人（1977）『狂言台本の国語学的研究』笠間書院
浜田　敦（1970）『朝鮮資料による日本語研究』岩波書店
林　巨樹（1958）「『たり』の研究」『国文学　解釈と教材の研究』4巻2号
原　栄一（1969）「今昔物語集における副詞の呼応」『金沢大学教養部論集』6
原　栄一（1974）「平家物語副詞覚書（その一）—今昔物語集との比較から—」『金沢大学教養部論集』11
久山善正（1959）「「タトヒ」（仮使・仮令）についての一考察」『訓点語と訓点資料』11
福嶋健伸（2011）「中世末期日本語の〜ウ・〜ウズ（ル）と動詞基本形—〜テイルを含めた体系的視点からの考察—」『国語国文』80巻3号
藤井俊博（2003）『今昔物語集の表現形成』和泉書院
富士谷成章（1778）『あゆひ抄』勉誠社文庫による。
藤田保幸（2017）『日本語の多様な表現性を支える複合辞などの「形式語」に関する総合研究』平成26〜28年度日本学術振興会科学研究費助成事業、基盤研究（B）（一般）研究成果報告書
舩城俊太郎（2011）『院政時代文章様式史論考』勉誠出版
細江逸記（1928）「我が国語の動詞の相（Voice）を論じ、動詞の活用形式の分岐するに至りし原理の一端に及ぶ」岡倉先生還暦祝賀会『岡倉先生記念論文集』
堀畑正臣（2007）『古記録資料の国語学的研究』清文堂

【ま行】

前田直子（1995a）「スルタメ（ニ）、スルヨウ（ニ）、シニ、スルノニ—目的を表す表現—」『日本語類義表現の文法（下）』くろしお出版
前田直子（1995b）「ケレドモ・ガとノニとテモ—逆接を表す形式—」『日本語類義表現の文法（下）』くろしお出版
前田直子（2006）『「ように」の意味・用法』笠間書院
前田直子（2009）『日本語の複文』くろしお出版
前田直子（2014）「現代日本語における「〜とも」の意味・用法　「〜ても」と比較して」『日本語複文構文の研究』ひつじ書房

益岡隆志（1997）『複文』くろしお出版
松尾　聰（1952）『古文解釈のための国文法入門』研究社
松尾捨治郎（1936）『国語法論攷』文学社、訂正再版 1938 による。
松下大三郎（1928）『改撰標準日本文法』紀元社
松下大三郎（1930）『改撰標準日本文法（昭和五年訂正版）』勉誠社 1974 による。
松村　明（1986）『日本語の世界 2（日本語の展開）』中央公論社
松村博司編（1985）『栄花物語の研究　校異篇』風間書房
丸山諒男（1968）「接続助詞の『間（あひだ）』について」『大東文化大学紀要』3
三矢重松（1908）『高等日本文法』明治書院
峰岸　明（1986）『平安時代古記録の国語学的研究』東京大学出版会
村山昌俊（1981）「副詞「え」考」『国語研究』（国学院大学）44
望月郁子（1969）「類義語の意味領域—ホドをめぐって—」『国語学』78
本居宣長（1779 序）『詞の玉緒』天明 5 年刊本による。
森　昇一（1992）『平安時代敬語の研究』桜楓社
森重　敏（1948）「修飾語格小見（三）—上代の助辞「な、に、の、が」—」『国語国文』17 巻 4 号
森野宗明（1964）「敬譲（含丁寧）・古典語　る・らる」『国文学　解釈と教材の研究』9 巻 13 号、『古代語現代語助詞助動詞詳説』（学燈社、1969）所収
森野宗明（1969）「国語史上よりみたる「讃岐典侍日記」の用語について—待遇表現を中心に—」『佐伯博士古稀記念国語学論集』表現社
森野宗明（1971）「古代の敬語 II」『講座国語史 5 敬語史』大修館書店

【や行】

矢島正浩（2013）『上方・大阪語における条件表現の史的展開』笠間書院
矢島正浩（2014）「【テーマ解説】条件表現」『日本語文法史研究　2』ひつじ書房
山口明穂（1977）「助動詞（2）」『岩波講座日本語 7　文法 II』岩波書店
山口明穂（1988）『国文法講座　別巻　学校文法—古文解釈と文法』明治書院
山口明穂（1991）「平安時代の言葉と思考」『国語と国文学』68 巻 11 号
山口尭二（1996）『日本語接続法史論』和泉書院
山口尭二（2005）「資格・立場の表示史—「たり」「として」とその分化—」仏教大学『文学部論集』89
山口尭二（2003）『助動詞史を探る』和泉書院
山口仲美（1984）『平安文学の文体の研究』明治書院

山口佳紀（1993）『古代日本文体史論考』有精堂
山田　巌（1954）「院政時代の語法」『院政期言語の研究』（桜楓社、1982）所収
山田　潔（2001）『玉塵抄の語法』清文堂
山田孝雄（1908）『日本文法論』宝文館
山田孝雄（1913）『平安朝文法史』宝文館 1952 による。
山田孝雄（1914）『平家物語の語法』宝文館、1970 による。
山田孝雄（1935）『漢文の訓読によりて伝へられたる語法』宝文館
山田孝雄（1936）『日本文法学概論』宝文館
山田孝雄（1952）『平安朝文法史』宝文館
山本　淳（2003）「仮定・婉曲とされる古典語推量辞「む」の連体形―『三巻本枕草子』にある「らむ」「けむ」との比較を中心に―」『山形県立米沢女子短期大学紀要』38
山本真吾（1988）「今昔物語集に於ける「速ニ」の用法について」『鎌倉時代語研究』11
楊　瓊（2017）「原因理由の接続表現「により（て）」について―その文法化と文体とのかかわり―」『日本言語文化研究』21
湯澤幸吉郎（1928）「天草本平家物語の語法」『国語学論考』〈著作集 2〉所収
湯澤幸吉郎（1929）『室町時代言語の研究』風間書房 1970 による。
湯澤幸吉郎（1936）『徳川時代言語の研究』風間書房 1970 による。
吉井　健（2002）「平安時代における可能・不可能の不均衡の問題をめぐって」『文林』36
吉井　健（2018）「「結果的表現」から見た上代・中古の可能」『井出至博士追悼　萬葉語文研究　特別集』和泉書院
吉野政治（2005）『古代の基礎的認識語と敬語の研究』和泉書院
吉田永弘（2002）「屋代本平家物語の語法覚書―書写年代推定の試み―」『鎌倉室町文学論纂』三弥井書店
吉田永弘（2012）「平家物語と日本語史」『説林』60

本書のおわりに

本書の元になった論文と各章との関係は、以下の通りである。

第1章：「古代語と現代語のあいだ―転換期の中世語文法―」(『日本語学』33巻1号、明治書院、2014年1月) を元に加筆。
第2章：「ホドニ小史―原因理由を表す用法の成立―」(『国語学』51巻3号、2000年12月) を元に加筆修正。
第3章：「中世日本語の因果性接続助詞の消長―ニヨッテの接続助詞化を中心に―」(青木博史編『日本語の構造変化と文法化』ひつじ書房、2007年7月) を元に、「接続助詞ニヨッテの源流」(『国学院雑誌』108巻11号、2007年11月) の一部を加え、再構成した。
第4章：「タメニ構文の変遷―ムの時代から無標の時代へ―」(青木博史編『日本語文法の歴史と変化』くろしお出版、2011年11月)
第5章：「「とも」から「ても」へ」(秋元実治・青木博史・前田満編『日英語の文法化と構文化』ひつじ書房、2015年11月)
第6章：「副詞「たとひ」の構文」(『国学院大学大学院紀要―文学研究科―』47輯、2016年3月)
第7章：「「る・らる」における肯定可能の展開」(『日本語の研究』9巻4号、2013年10月)
第8章：「「る・らる」における否定可能の展開」(『国語研究』79号、2016年2月)
第9章：第10～12章の原論文の一部を元に書き下ろし。
第10章：「「る・らる」の尊敬用法の拡張」(『説林』62号、2014年3月) を元に改稿。
第11章：「いわゆる「公尊敬」について」(青木博史・小柳智一・高山善行編『日本語文法史研究 2』ひつじ書房、2014年10月) を元に改稿。
第12章：「尊敬用法の「る・らる」の位置づけ」(『国学院雑誌』118巻9号、2017

年9月）を元に改稿。
第13章：1・2・4節は書き下ろし。3節は「「くださる」の成立・粗描」（『説林』54号、2006年3月）を大幅改稿。
第14章：「断定表現「にてあり」の成立―上接名詞に注目して―」（『国学院雑誌』98巻10号、1997年10月）を元に一部修正。
第15章：「体言承接のタリの位置づけ」（『日本語の研究』2巻1号、2006年1月）
第16章：「属性明示の存在表現―「にてあり」の用法と解釈―」（『日本語学』25巻5号、2006年4月）を元に加筆修正。

　その他、表記や語句の統一などの微修正は全体的に行なっている。
　高校の教員になるつもりで大学に入り、もっと学びたくなって大学院に進学したものの、将来設計は何もなく、研究者になるとは思ってもいなかった。今こうして気の向くままに好きなことができて幸せな人生を歩んでいられるのは、多くの方々に支えられ、恵まれた環境で学ぶことができたからである。
　卒業論文の指導教授である和田利政先生には、学部2年生の頃から『苔の衣』を扱った研究会でお世話になった。その会に大学院を出たばかりの小田勝先生もいらっしゃり、まさか同じ職場で働くことになるとは想像だにしなかったが、当時から変わらず優しく接してくださっている。
　大学院では、岡崎正継先生から、文献の扱い方や研究方法をはじめとして多大なご教示を賜った。中村幸弘先生には、修士論文・博士論文の副査・主査としてご指導を賜った。大久保一男先生は、研究面だけではなく生活面も気にかけてくださるなど、よろずのことにお導きくださっている。また、先輩の小柳智一さんは、研究の構想段階から話を聞いてくださるのみならず、内に籠もりがちな私をなかば強引に外に連れ出し、岡部嘉幸・仁科明・福沢将樹・福嶋健伸の各氏との「史的文法学団」や、青木博史・江口正・岡﨑友子・竹内史郎・宮地朝子の各氏と学団員とによる「組」と呼ばれる研究会で、暖かくも厳しい同世代の研究者に出逢う機会を与えてくださった。
　最初の勤務先である愛知県立大学文学部国文学科（当時）の諸先生には、

研究者として生きる機会を与えられ、研究上の視野を広げることができたことに感謝の申し上げようもない。ここに挙げた方以外にも多くの方に支えられ、遅々とした歩みながらも、研究を続けていられるのはありがたいことである。この場を借りて、御礼申し上げる。

　一書としての統一がどれだけはかれているか心許ないが、みずからの頭のなかを整理する機会が得られたのは、和泉書院の廣橋研三氏から出版のお誘いがあったからである。このような需要のない研究書の出版をお引き受けくださったことに厚く御礼申し上げる。

　なお、本書の刊行にあたって、平成30年度「國學院大學出版助成（乙）」の助成を受けた。

2018（平成30）年10月
吉 田 永 弘

人名索引

【あ行】

青木博史　95, 156
鵤田定樹　179, 183, 191, 195, 228, 230, 233
李淑姫　65
生野浄子　73, 81
石井幸子　179, 180, 184, 194
石垣謙二　67
泉基博　177, 186
出雲朝子　53
糸井通浩　172, 173
稲垣瑞穂　268, 270
井上優　144
今泉忠義　231
今井亨　225
伊牟田経久　266
ウェスリー・M・ヤコブセン　78, 82, 92
上村悦子　191
江波煕　154
遠藤邦基　282
大久保一男　177, 180, 186, 265
大鹿薫久　155
大槻文彦　265
大坪併治　101, 117, 127, 134, 223
大野晋　147, 221
岡崎正継　261, 263, 265, 275
岡部嘉幸　182, 225
岡村和江　266
小川栄一　247
奥津敬一郎　83, 92, 94
小田勝　4, 11, 90, 98, 99, 148, 172
尾上圭介　16, 95, 146, 155, 224
澤瀉久孝　73, 94

【か行】

春日和男　268, 281, 289
春日政治　101, 117, 118
亀井孝　151
辛島美絵　66, 192, 205, 219, 221
川端善明　172
川村大　140, 142, 159, 172, 173, 182, 219, 220, 224, 225
菊地康人　239
北原保雄　264
義門　265
清瀬良一　241
金水敏　182, 225
金田一春彦　85
国広哲弥　71, 92, 94
黒沢幸子　177, 185
碁石雅利　4
古川俊雄　238
小久保崇明　239
小杉商一　182
此島正年　98, 177, 185, 210
小林賢次　7, 8, 13, 37, 38, 90, 97, 103, 106, 107, 108, 109, 114, 127, 128, 131, 135, 290
小林千草　21, 22, 34, 43, 44, 45, 46, 56, 65
小林芳規　147, 148
小柳智一　12, 81, 82, 135, 248, 263, 273, 280
近藤政美　88

【さ行】

佐伯梅友　247, 269, 292
阪倉篤義　7, 8, 15
坂梨隆三　236

209, 210, 241, 247, 251, 262, 292
佐藤武義　66, 292
渋谷勝己　142, 143, 150, 155, 172, 212
柴生田稔　73, 82
清水教子　66
鈴木泰　80, 149, 152, 277
鈴木博　148, 172
鈴木恵　42
関一雄　289
瀬間正之　226

【た行】

高橋太郎　141, 155
高見三郎　97, 103, 131, 135
高山善行　3
竹内史郎　40, 41
田島毓堂　135
田中敏生　172, 248, 273
田中牧郎　289
築島裕　48, 71, 72, 80, 82, 101, 113, 117, 118, 122, 196, 210, 272
寺村秀夫　70, 92
土井忠生　146
土井洋一　266
時枝誠記　220
土岐留美江　85, 95

【な行】

中田祝夫　33, 93, 265, 267, 268
中西宇一　79, 140, 141, 142, 154, 164
中村幸弘　4, 262
南里一郎　247, 292
西田太一郎　223
西田直敏　140, 141, 159
仁科明　7, 8, 14, 17, 95, 111, 114, 155
根来司　231, 234
野村剛史　16, 248, 273

【は行】

橋本研一　155
橋本四郎　95
橋本進吉　39, 68, 220
蜂谷清人　90
浜田敦　97, 103, 131
林巨樹　266
原栄一　103, 122, 135
久山善正　101, 117, 124
福嶋健伸　4, 64, 86, 95
藤井俊博　66, 292
富士谷成章　265, 277
藤田保幸　40
舩城俊太郎　292
古川俊雄　238
細江逸記　225
堀畑正臣　199, 200, 202, 204, 207, 210, 216, 218

【ま行】

前田直子　78, 83, 92, 99, 135
益岡隆志　82, 92
松尾聰　182
松尾捨治郎　265, 266, 277
松下大三郎　7, 221
松村明　22
丸山諒男　39
三矢重松　277
峰岸明　292
村山昌俊　172
望月郁子　22, 36
本居宣長　265
森昇一　228, 231
森重敏　82
森野宗明　177, 178, 179, 185, 210, 220, 226

【や行】

矢島正浩　7, 9, 37, 114
山口明穂　16, 150, 151
山口堯二　23, 68, 84, 98, 103, 105, 106, 123, 135, 281, 292
山口仲美　292
山口佳紀　66, 271, 292
山田巖　146, 284
山田潔　13, 37, 68
山田孝雄　73, 139, 140, 148, 154, 219, 266, 277, 281
山本淳　16
山本真吾　292
楊瓊　67
湯澤幸吉郎　86, 97, 103, 128, 131, 148, 150, 153, 266
吉井健　154, 155
吉野政治　94

事項索引

【い】

いかに　99, 103
意志　211
意志性　9, 80, 93, 96
意志性述語　70, 77
意志的　145, 146, 155, 157, 160, 169, 171
已然形　5
已然形＋ども　170
已然形＋ば　6, 13, 37, 43, 60, 62, 89, 103, 106, 109, 149, 156, 170
位相　47, 177, 196, 210, 218
一時的　28, 248, 274
一般条件　7, 37, 60, 89, 103, 106, 107, 111, 122, 149, 156, 170
一般尊敬　178, 185, 196, 209
一般論　8, 10, 103, 122, 147, 148, 153, 156, 160, 170
因果関係　17
〈因果性〉　31
因果的用法　21

【う】

う　3, 45, 61, 76
う＋ほどに　62
受身　213, 216, 231, 238
「受身」起源説　221
うずる　62, 153
うとも　90, 107
うば　90, 108

【え】

えーず　166

【お】

応答文　259, 275, 286
仰す　228
仰せたまふ　228
仰せらる　177, 204, 227
公尊敬　178, 185, 196, 209

【か】

確定条件　6, 60
活用形と意味の対応　12
活用形の意味機能　16, 37, 60
活用形の変容　95
活用語承接率　52
仮定　89

仮定・婉曲　3
仮定形　5
仮定条件　8, 60, 111, 156
可能　212, 216
「可能」起源説　219
漢文訓読資料　101, 288
漢文訓読調　264, 284
漢文訓読調の排除　271

【き】

既実現　9, 90, 110, 156, 157, 161, 171
既実現可能　141, 144, 146, 159, 160
既実現不可能　162, 165
〈企図〉　83
逆接確定　97
逆接仮定　97
客観的因由　63

【く】

偶然条件　6, 17, 37
くださる　227
訓点語　268, 269, 271, 280
訓点資料　47, 71, 117

【け】

敬意逓減　218
〈原因〉　70, 79
原因理由　6, 21, 37

【こ】

行為者　183, 184, 196, 200, 206
恒常条件　7, 106
恒常的　28, 32, 248, 274
恒常的事態　142, 145, 155
肯定可能　9, 139, 157, 212
コピュラ　264
固有名詞　258, 273

【さ】

(さ)せらる　198, 202, 207
(さ)せらるる　210, 218

【し】

使役　200, 215, 275
使役＋尊敬　207
使役の主体　201
時間的用法　24
事態把握の変化　88
実現可能　142
実体　248, 273, 285
指定　264
自発　10, 140, 146, 155, 157, 158, 161, 212, 216, 232
「自発」起源説　220
終止形接続　13
〈重時性〉　25, 35, 39, 41
修辞的仮定　97
受益敬語　236, 261
主観的因由　63
主催　207, 210, 213, 216, 227
主催者　183, 184, 196, 201, 206
主題の「は」　56, 59, 65, 66
述語句　106
出来文　224
準体句　54, 106

【す】

す・さす　198, 200, 216

【せ】

静的な動詞　187, 210, 218, 221
接続助詞化　65, 106
〈先後性〉　29, 35
潜在可能　142, 155, 170

【そ】

属性　　248, 273, 285
尊敬　　177, 207, 209, 227
存在表現　　247, 276, 278, 280, 286
存在表現から断定表現へ　　261, 276

【た】

た　　13, 70, 90
対比の「は」　　67
代名詞　　258, 273
たし　　62, 81, 90
たとえ　　115
たとひ　　99, 101, 115
たぶ　　241
たまはる　　239
たまふ　　187, 194, 198, 241
ために　　4, 70
たらば　　13, 38, 60, 89, 107
たり　　264, 283
断定の助動詞　　264, 281
断定表現　　247, 264, 275, 276, 277, 278

【ち】

抽象名詞　　273

【て】

であり　　262, 276
テ型補助動詞　　261, 279
ても　　97

【と】

とあり　　265, 288
動的な動詞　　187, 190, 191, 192, 193, 194, 210, 218, 223
としてあり　　272
とてあり　　272
とも　　90, 97
ども　　99, 107

【な】

ならば　　13, 38, 60, 89, 107
なり　　248, 264, 285

【に】

にあり　　248, 265, 285
にしてあり　　272
にてあり　　247, 269, 283
にてなし　　290
によって　　43, 89, 106, 109
によりて　　46

【の】

望み　　141, 146, 157, 171
のたまはす　　228
のたまふ　　228

【は】

ば　　6
場所格　　275
反事実文　　99
反実仮想文　　99, 104

【ひ】

非意志性　　80
非意志性述語　　70
非意志的　　145, 146, 153, 155, 157, 165, 167, 169, 170, 171
非意志的実現　　212
必然条件　　6
否定可能　　9, 139, 157, 213
否定事態の自発　　161

【ふ】

不可能　　9, 139, 157, 169, 173
普通名詞　　273
不定語　　99, 103
文体差　　73, 279

文体的対立　269
文体的な偏り　71, 73, 101, 119, 130, 236
文法化　264, 276, 278, 280

【へ】

変体漢文資料　47, 71, 189, 196, 203, 210

【ほ】

放任用法　127, 135
ほどに　21, 43, 60, 65, 89, 106, 109

【み】

未実現　5, 9, 90, 91, 92, 96, 110, 111, 154, 157, 161, 171
未実現可能　141, 142, 146, 151, 153, 155, 156
未実現不可能　162, 167, 169
未然形＋ば　13, 38, 60, 89, 107
未然形接続　13

【む】

む　3, 61, 70, 77, 85, 87, 92, 152, 170
「む」の衰退　3, 85
「む」の変化　70
無標形　4, 14, 85, 87, 92, 148, 154
無標形の侵出　88

【め】

名詞　248

名詞句　54, 106
名詞の性質　273
めば　62

【も】

〈目的〉　70, 74
もし　8, 117

【よ】

用言句　58
ように　83
〈予期〉　82

【る】

る・らる　9, 139, 157, 177, 196, 209

【れ】

連用形　90
連用形接続　13

【わ】

和文語　268, 269, 271, 280
和文資料　21, 47, 71, 101, 117, 177, 189, 196, 210, 288
和文調　52, 264, 284

■ 著者紹介

吉田 永弘（よしだ ながひろ）

1972年4月、千葉県市川市に生まれる。1995年3月、国学院大学文学部文学科卒業。2001年3月、国学院大学大学院文学研究科博士課程後期修了。博士（文学）。2002年10月、愛知県立大学文学部講師。2005年10月、愛知県立大学文学部助教授。2007年4月、国学院大学文学部准教授。2015年4月から国学院大学文学部教授。

研究叢書 508

転換する日本語文法

2019年 2月20日　初版第一刷発行
2020年11月20日　初版第二刷発行

著　者　　吉　田　永　弘
発行者　　廣　橋　研　三

〒543-0037　大阪市天王寺区上之宮町7-6
発行所　有限会社　和　泉　書　院
　　　　　　　　　　電話 06-6771-1467
　　　　　　　　　　振替 00970-8-15043

印刷／製本　亜細亜印刷

Ⓒ Nagahiro Yoshida 2019 Printed in Japan　　ISBN978-4-7576-0899-3 C3381
本書の無断複製・転載・複写を禁じます

── 研究叢書 ──

書名	著者	番号	価格
天草版『平家物語』の原拠本、および語彙・語法の研究	近藤　政美　著	376	13000 円
都市と周縁のことば 紀伊半島沿岸グロットグラム	岸江　信介 太田有多子　編著 中井　精一 鳥谷　善史	434	9000 円
王朝助動詞機能論 あなたなる場・枠構造・遠近法	渡瀬　茂　著	441	8000 円
日本植物文化語彙攷	吉野　政治　著	443	8000 円
引用研究史論	藤田　保幸　著	446	10000 円
詩・川柳・俳句のテクスト分析 語彙の図式で読み解く	野林　正路　著	448	8000 円
近世武家社会における待遇表現体系の研究 桑名藩下級武士による『桑名日記』を例として	佐藤志帆子　著	451	10000 円
現代日本語の受身構文 タイプとテクストジャンル	志波　彩子　著	454	10000 円
対称詞体系の歴史的研究	永田　高志　著	455	7000 円
語源辞書　松永貞徳『和句解』 本文と研究	土居　文人　著	457	11000 円

（価格は税別）

研究叢書

書名	著者	番号	価格
蘭書訳述語攷叢	吉野 政治 著	460	13000 円
院政鎌倉期説話の文章文体研究	藤井 俊博 著	468	8000 円
仮名遣書論攷	今野 真二 著	469	10000 円
鷹書の研究　宮内庁書陵部蔵本を中心に	三保 忠夫 著	472	28000 円
中世近世日本語の語彙と語法　キリシタン資料を中心として	濱千代いづみ 著	474	9000 円
中古中世語論攷	岡崎 正継 著	475	8500 円
国語論考　語構成的意味論と発想論的解釈文法	若井 勲夫 著	477	9000 円
テキストにおける語彙的結束性の計量的研究	山崎 誠 著	483	8500 円
古代地名の国語学的研究	蜂矢 真郷 著	487	10500 円
古代文学言語の研究	糸井 通浩 著	491	13000 円

（価格は税別）

═══ 研究叢書 ═══

書名	著者	番号	価格
「語り」言説の研究	糸井 通浩 著	492	12000円
言語文化の中世	藤田 保幸 編	498	10000円
形式語研究の現在	藤田 保幸／山崎 誠 編	499	13000円
日本鉱物文化語彙攷	吉野 政治 著	502	11000円
ゴンザ資料の日本語学的研究	駒走 昭二 著	503	10000円
仮名貞観政要梵舜本の翻刻と研究	加藤 浩司 著	507	12500円
転換する日本語文法	吉田 永弘 著	508	8000円
二合仮名の研究	尾山 慎 著	509	13000円

——○——○——

| 実例詳解 古典文法総覧 | 小田 勝 著 | | 8000円 |

（価格は税別）